杭州职业技术学院文库

2023年浙江省社科规划"高校思想政治工作"专项课题

"大数据技术赋能高校精准思政价值意蕴与路径创新研究"

（项目编号:23GXSZ062YBM）研究成果

数智化背景下

高校课程思政研究与实践

楼韵佳 ◎ 著

中国纺织出版社有限公司

内 容 提 要

本书旨在探索将思政教育融入专业课程的新路径，利用数字智能技术提升思政教育实效性。第一章介绍数智化背景下高校课程思政的相关概述及价值意蕴；第二章分析当前高校课程思政开展的普遍状况，探讨数智技术给课程思政带来的冲击；第三章介绍如何利用数智技术优化和增强课程思政教育的设计和实施；第四章以高校的 12 类专业课程为例，阐述"思政元素+数智技术"联合赋能课程思政教学过程；第五章构建数智化背景下的高校课程思政的效果评估指标体系；第六章提出数智化背景下高校课程思政在内容审核、组织机制以及师资队伍方面的实施保障；第七章对数智化背景下高校课程思政的未来发展趋势进行前瞻性思考。希冀为高校课程思政数智化转型提供全面指南。

图书在版编目（CIP）数据

数智化背景下高校课程思政研究与实践／楼韵佳著.
北京：中国纺织出版社有限公司，2024. 11. --（杭州职业技术学院文库）. --ISBN 978-7-5229-2243-0

Ⅰ. G641

中国国家版本馆 CIP 数据核字第 2024N6D795 号

责任编辑：施 琦　　责任校对：高 涵　　责任印制：王艳丽

中国纺织出版社有限公司出版发行
地址：北京市朝阳区百子湾东里 A407 号楼　邮政编码：100124
销售电话：010—67004422　传真：010—87155801
http://www.c-textilep.com
中国纺织出版社天猫旗舰店
官方微博 http://weibo.com/2119887771
三河市宏盛印务有限公司印刷　各地新华书店经销
2024 年 11 月第 1 版第 1 次印刷
开本：787×1092　1/16　印张：14.5
字数：282 千字　定价：89.00 元

前　言

　　课程思政建设是全面提高人才培养质量的重要任务。高等学校人才培养是育人和育才相统一的过程。建设高水平人才培养体系，必须将思想政治工作体系贯通其中。在数智化背景下，高校课程思政研究与实践的意义在于，一是能利用先进的信息技术提升思政教育的吸引力和实效性，使思政教育更加贴近学生需求；二是促进教育资源的优化配置与共享，推动思政教育模式的创新与变革，积极探索以数智赋能助推课程思政的"聚变生能"，不断创新教育教学模式，培养德智体美劳全面发展的社会主义建设者和接班人。

　　在撰写本书之前，笔者调查发现，高校许多教师对于开展课程思政仍然面临诸多问题，纵然许多高校加强课程思政示范课程建设，部分高校对教师提供相应培训，但是在开展过程中教师在思政元素挖掘、课程思政教学设计、如何不生硬地融入思政元素以及如何评估自己的课是否起到了课程思政要达到的效果方面，均表现出一些迷惘。因此，本书主要面向高校各专业教师，为教师们提供开展课程思政的可行思路与实践参考。

　　全书分为七章，从基本概述到实施保障，为读者提供了全面的视角和实践指导。当前，学界关于课程思政相关的研究多集中于课程思政元素挖掘、教学设计、教学改革方面，鲜少关注在数智化背景下课程思政的变革以及开展效果的评估。故此，本书所涉内容试图分析清楚三个问题：一是数智化技术赋能下，高校课程思政会出现哪些转变？其转变包括新机遇，也包括新挑战、新风险，教师需要明确如何充分利用数智技术带来的便利，同时预防和警惕相应的问题。二是如何设计"数智技术+课程+思政元素"的教学，先前大家探讨较多的为如何将思政元素融入课程中，但是数智化背景下，要求教师具备数智素养，能够利用技术将思政元素更加"丝滑"地融入课程，并引发学生兴趣、丰富课堂体验、增加学生所学所获。三是明确如何评估课程思政的开展效果，毕竟思政教育是一个长期的过程，如何构建评估指标、如何进行指标赋分、如何用数智化技术优化评估过程、如何保障课程思政评估与开展顺畅实施，均需要被探讨和实践。

　　本书为笔者独著，同时感谢来自杭州职业技术学院的徐蒙蒙和黄杰两位同学协助搜寻与整理资料。作为在数智化背景下的课程思政创新尝试，主要目的是推动实践，疏漏之处望全国教育领域专家和教师同仁前辈赐教。

楼韵佳　杭州职业技术学院

2024 年 7 月 23 日

目　录

第一章

数智化背景下
高校课程思政的基本概述

    本章围绕数智化背景下高校课程思政的基本概述展开，旨在为读者提供关于数智化背景下高校课程思政的全貌性理解。第一节探讨课程思政的演进脉络、本质及其概念，阐明课程思政在教育体系中的重要地位和作用。第二节解释高校课程思政的动因、理论基础和主要内容，强调其在落实立德树人、提升人才培养质量等方面的关键作用，并介绍相关理论支撑。第三节聚焦数智化的概念和关键技术，介绍其在国内外高校的应用情况，提供理解数智化背景下课程思政转型的技术和背景。第四节分析数智化背景下课程思政的价值意蕴，探讨全媒体时代、教育现代化和人的数字化生存对课程思政的影响，指出其在精准教学和学生个性化成长中的重要性。

第一节 课程思政

一、课程思政的演进脉络

随着社会的发展和变化，教育模式也在不断调整和优化。改革开放以来，我国的教育事业取得了巨大的成就，教育理念不断更新。然而，在教育内容和方式的现代化过程中，如何有效地将思想政治教育融入，成为教育界思考的重要问题。特别是随着高等教育进入普及化发展阶段，大学生的思想政治教育需要更加精准和深入地推进。进入21世纪，随着社会经济的快速发展和全球化进程的加快，思想政治教育的重要性日益凸显。2004年，中共中央、国务院发布了《关于进一步加强和改进大学生思想政治教育的意见》，指出"要把思想政治教育融入到大学生专业学习的各个环节，渗透到教学、科研和社会服务各个方面。"2015年，中共中央办公厅、国务院办公厅印发了《关于进一步加强和改进新形势下高校宣传思想工作的意见》，强调"坚持育人为本、德育为先。"

党的十八大以来，党中央高度重视思想政治工作，提出了"立德树人"的根本任务。2016年，全国高校思想政治工作会议召开，习近平总书记在会上指出："要坚持把立德树人作为中心环节，把思想政治工作贯穿教育教学全过程，实现全程育人、全方位育人，努力开创我国高等教育事业发展新局面。"这是"课程思政"理念的重要指导思想，这一讲话标志着课程思政进入了一个新的阶段。2017年9月，中共中央办公厅、国务院办公厅印发《关于深化教育体制机制改革的意见》，第一次将"课程思政"写入中央文件，要求"健全全员育人、全过程育人、全方位育人的体制机制，充分发掘各门课程中的德育内涵，加强德育课程，思政课程，注重学科德育，课程思政。"2017年12月，中共教育部党组印发了《高校思想政治工作质量提升工程实施纲要》提出要"大力推动以'课程思政'为目标的课堂教学改革，优化课程设置，修订专业教材，完善教学设计，加强教学管理，梳理各门专业课程所蕴含的思想政治教育元素和所承载的思想政治教育功能，融入课堂教学各环节，实现思想政治教育与知识体系教育的有机统一。"2019年，中共中央办公厅、国务院办公厅印发了《关于深化新时代学校思想政治理论课改革创新的若干意见》，指出"各类课程同思政课建设的协同效应有待增强，学校、家庭、社会协同推动思政课建设的合力没有完全形成，全党全社会关心支持思政课建设的氛围不够浓厚。"问题所在，提出必须切实增强办好思政课的信心，全面提高思政课质量和水平。

2020年，教育部发布了《高等学校课程思政建设指导纲要》（以下简称《纲要》），明确了课程思政建设的目标要求和内容重点，指出"在全国所有高校、所有学科专业全面推进，促使课程思政的理念形成广泛共识"。《纲要》对公共基础课、专业课、实践课，三大类课程提出了课程思政教学重点，为文学、历史学、哲学类，经济学、管理学、法学类，教育学类，理学、工学类，农学类，医学类，艺术学类，这七大类专业课程指明了课程思政建设结合专业特点的推进方向。《纲要》提出，教师是全面推进课程思政建设的关键，要提升教师课程思政建设的意识和能力；人才培养效果是课程思政建设评价的首要标准，要建立健全课程思政建设质量评价体系和激励机制；课程思政建设是一项系统工程，要加强课程思政建设组织实施和条件保障。由此，各高校应充分发挥课程思政在人才培养中的重要作用，通过政策引导、资源保障和机制创新，推动课程思政建设的落地实施，为培养德智体美劳全面发展的社会主义建设者和接班人提供坚实保障。此后，各高校纷纷响应，通过政策引导、课程改革和教师培训等措施，全面推进课程思政的实施。2021 年 11 月，教育部办公厅发布《关于推荐教育部高等学校课程思政教学指导委员会委员的通知》，遴选教指委以开展高校课程思政教学研究、咨询、指导、评价和服务等工作；发布《教育部大中小学思政课一体化建设指导委员会章程》，进一步强化对大中小学思政课一体化建设进行政治领导和工作指导，为高校课程思政开展提供有力保障。2022 年 7 月，教育部等十部门印发了《全面推进"大思政课"建设的工作方案》的通知，旨在推动思想政治教育改革创新，全面推进实施"大思政课"建设，强调要"坚持开门办思政课，强化问题意识、突出实践导向，充分调动全社会力量和资源"，改革创新主渠道教学、善用社会大课堂、搭建大资源平台、构建大师资体系、拓展工作格局、加强组织领导。因此，需要融合线上线下教学，形成多层次、多维度的育人格局，通过实践育人、文化育人、网络育人等多种方式，提升思想政治教育的实效性和覆盖面，实现全员、全程、全方位育人，培养德智体美劳全面发展的社会主义建设者和接班人。2022 年 11 月，教育部印发《关于进一步加强新时代中小学思政课建设的意见》强调推进大中小学思想政治教育一体化建设，提出"强化专业指导与引领，建立思政课教师教研共同体，广泛开展网络教研、远程教研和跨区域教研，鼓励有条件的教研机构、中小学校与党校、高校等合作开展思政课教研工作。"为全国大中小学绘制了发挥思想政治课立德树人关键作用的实施"路线图"。

从具体的实践来看，上海率先在教育部的指导下，从 2014 年起开展了"课程思政"试点工作，出台《上海高校课程思政教育教学体系建设专项计划》，积累了宝贵的经验和成效。上海先后将复旦大学、上海交通大学、同济大学等 12 所高校立项为"整体试点校"；将东华大学、上海理工大学、上海海事大学等 12 所高校立项为"重点培育校"；将上海财经大学、第二军医大学、上海音乐学院、上海戏剧学院等34 所高校立项为"一般培育校"。随着全国高校思想政治工作会议的召开和全国范围内课程思政实践的深入推广，各地各校也陆续开展"课程思政"试点工作，部分学校立足当地文化，颇具特色，体现了学校办学定位和专业特色。2017 年，华东理工大学在党委统一领导、党政齐抓共管、各部门紧密配合的工作领导体制和工作机制下，着力开展学校课程思政教育教学改革试点工作。2021年，深圳大学贯彻落实教育部《高等学校课程思政建设指导纲要》要求和《广东省教育厅关于强化课程思政建设一流课程的意见》文件精神，开展《关于开展深圳大学课程思政"四个一"试点项目建设工作的通知》工作，实施试点专业、试点团队、试点课程和试点课堂"四个一"试点项目。2021年，山西省教育厅印发了《山西省高等学校课程思政建设实施方案》的通知，将建设思政发展新格局、推进课程思政集成创新、促进课程思政教师能力提升为三大主要任务。2023年，东北农业大学根据黑龙江省教育厅印发的《全面推进高等学校课程思政建设工作方案》（黑教发〔2020〕84号）文件要求，立足龙江"四大精神""五色教育""东农精神"和历史文化教育等，开展2023年校级"课程思政"试点课程建设项目立项工作，细化提出了项目验收核心指标及保障措施。可以看出"课程思政"作为一种重要的教育理念和教育实践，正在全国范围内进行广泛推广和深入实施。各地高校积极响应、主动作为，结合自身特色和办学定位，积极推广和实践"课程思政"，形成了多层次、多类型的试点布局，进一步推动了高校思想政治工作的深入发展。

二、课程思政的概念与内涵

课程思政的"课程"是指公共基础课、专业课、实践课；"思政"是指通过特定的思想观念、政治观点和道德规范，对社会成员进行有目的、有计划和有组织的影响，使其形成符合社会要求的思想品德的教育活动。"课程思政"是在课程的基础上进行思想政治教育，将思想政治教育有机融入各学科课程的教学过程中，通过专业知识与思政元素的结合，提升课程的教育高度。它不仅在于传授专业知识，更在于培养学生的价值观、社会责任感和综合素质。课程思政强调教师在教学中有意识地融入社会主义核心价值观、职业道德和社会责任等内容，使学生在学习专业技能的同时，也能够接受思想政治教育。这种教育模式不仅丰富了课程内容，提升了学生的思想高度和认知水平，还促进了他们全面发展，为社会培养了德才兼备的人才。

高校课程思政与小学、中学课程思政相比，具有一定区别，主要体现在教育目标、内容深度、方法策略以及实施主体等方面。

从教育目标来看，高校课程思政更侧重于培养具有独立思考能力、创新能力和社会责任感的高素质人才。大学生已具备一定的认知能力和知识基础，课程思政旨在引导他们树立正确的价值观、人生观和世界观，并具备在复杂社会环境中自主分析和解决问题的能力。而小学和中学阶段的课程思政更多地侧重于基本价值观和行为规范的养成，旨在培养良好的道德品质和基本的社会责任感。

从内容深度来看，高校课程思政涉及的思想政治教育内容更加深入和广泛。高校课程需要将思政教育融入各个专业课程中，使学生在学习专业知识的同时，能理解和应用马克思主义基本原理和中国特色社会主义理论，关注国家发展和社会进步。而小学和中学阶段的课程思政则相对简单，主要通过德育课程和活动来传递基本的道德观念和社会规范。

从方法策略来看，高校课程思政强调跨学科融合和实践创新。通过将思政教育元素有机融入专业课程，实现知识传授和价值引领的统一。例如，通过社会实践、课题研究、创新创业等活动，培养学生的实践能力和创新精神。小学和中学阶段因处于"拔节孕穗期"，故更多地采用课堂教学、主题班会和校内外活动等方式。

但是，育人是一场"接力赛"。大中小学课程思政需要沟通互联、循序渐进、螺旋上升地进行课程思政，这是培养一代又一代社会主义建设者和接班人的重要保障。习近平总书记在中国人民大学考察调研时指出："鼓励各地高校积极开展与中小学思政课共建，共同推动大中小学思政课一体化建设。"因此，即便是高校课程思政，也不应完全与其他阶段的教育脱节，高校课程思政是上一阶段课程思政的延续，也是下一阶段课程思政的起点。只有将思想政治教育贯穿于学生的整个学习历程，形成一个完整的、连续的育人体系，才能真正实现协同育人，构建全员、全程、全方位育人大格局，把立德树人的根本任务落到实处。

概念厘清：课程思政与思政课程的关系

思政课程教育教学的主要功能是传播马克思主义理论和中国共产党的创新理论，特别是用习近平新时代中国特色社会主义思想铸魂育人，教育引导学生掌握科学理论知识，坚定理想信念，坚定"四个自信"，树立正确的世界观、人生观和价值观，厚植爱国主义情怀，养成优良的思想品德、健康心理，主要体现出的是立德和育人的特征要求；课程思政的主要功能是通过系统专业的知识体系和实际技能的教育教学，培养学生成长成才，把爱国情、强国志、报国行自觉融入坚持和发展中国特色社会主义事业、建设社会主义现代化强国、实现中华民族伟大复兴的奋斗之中，主要体现出树人与育才的特征要求。思政课程与课程思政的有机结合，就是这两方面功能的相互配合相互支撑，做到既立德又树人、既育人又育才，实现立德与树人、育人与育才的有机结合、辩证统一。

——《围绕立德树人根本任务　探索思政课程与课程思政有机结合》

郑州大学马克思主义学院教授、黄河科技学院副校长　于向东

（一）课程思政的意涵

在广义上，"课程思政"是一种教育理念和教育体系，强调将思想政治教育

贯穿于高校教育的全过程和全方位，实现全员、全程、全课程的育人格局。这种理念超越了传统意义上单一思政课程的界限，将思政教育融入所有非思政课程中，包括通识课程、基础课程、专业课程，甚至拓展到没有具体课程形态的隐性课程。

首先，"课程思政"体现了教育目标的全面性。它不仅关注知识的传授和能力的培养，更将学生的思想品德、价值观念、人文素养等作为教育的重要目标，要求教师在教学过程中，不仅要传授专业知识，更要注重引导学生树立正确的世界观、人生观和价值观，培养学生的社会责任感和使命感。其次，"课程思政"强调了教育资源的整合性。它要求高校充分挖掘和利用各类课程中的思政教育资源，将思想政治教育元素有机地融入各类课程中，形成协同效应。这种整合性不仅体现在课程内容的融合上，还体现在教学方法、教学手段的协同上，旨在通过多元化的教学方式，使学生在潜移默化中接受思政教育。最后，"课程思政"体现了教育过程的持续性。思政教育贯穿于学生从入学到毕业的整个学习过程，形成持续的教育影响。这种持续性不仅体现在课堂教学上，还体现在课外实践、校园文化、社会实践等各个环节中，旨在通过全方位的教育活动，塑造学生的思想品德和人格魅力。

在狭义上，"课程思政"则更多地指向一种具体的教学实践模式，即通过非思政课程开展思想政治教育的一种尝试和探索。这种模式下，"课程思政"不是指某一门具体的课程或课程体系，而是指通过所有非思政课程来实现思想政治教育目标的一种内容与方法体系。

狭义的"课程思政"要求专业课教师在传授专业知识的同时，有意识地融入思政元素，如历史背景、文化传承、伦理道德等，使学生在学习专业知识的同时受到思想政治教育的熏陶；在专业课程中融入思政元素，旨在引导学生树立正确的价值观，如爱国情怀、社会责任感、职业道德等。这些价值观的培养不仅有助于学生个人的成长和发展，更是社会和谐稳定的重要基石；强调隐性教育的作用，即通过潜移默化的方式影响学生的思想和行为。专业课教师应在日常教学中注重言传身教，以自己的言行举止为学生树立榜样，引导学生形成积极向上的思想品质和道德风貌；要求教师在融入思政元素时注重因材施教。根据专业特点和学生的实际情况，灵活选择思政元素和教学方法，使思想政治教育更加贴近学生的生活实际和思想实际。

"课程思政"的广义与狭义意涵各有侧重但又相互关联。广义的"课程思政"强调教育的整体性和系统性，要求所有课程和所有教师都参与到思想政治教育中；而狭义的"课程思政"则更多地指向具体的教学实践方式，即将思政元素融入专业课程的教学之中。两者共同构成了"课程思政"的完整内涵，为实现立德树人的根本任务提供了有力支撑。

（二）课程思政的表征

1. 课程思政具备全面性

第一，课程思政要求所有教师都承担思想政治教育的责任，不仅限于思政课教师，而是将所有课程教师都纳入思政教育的实施主体中。这种全员参与的模式确保思想政治教育不再是特定课程或特定教师的"专利"，而是每一位教师在教学过程中的重要职责。通过各学科教师的共同努力，形成全校上下齐抓共管的育人格局，全面覆盖所有学生。第二，课程思政强调思想政治教育融入所有学科课程之中，不再局限于传统的思政理论课程。无论是理工科、文科、艺术类还是体育类学科，都要结合自身学科特点和专业要求，融入思想政治教育内容。这种做法不仅扩大了思政教育的覆盖范围，也通过专业课程的具体案例和实际应用，使思想政治教育更加贴近学生的学习和生活，增强其实际效果。第三，课程思政不仅关注课堂教学，还强调思想政治教育贯穿于课前、课中和课后的各个环节。课前准备阶段，教师可以通过选取适当的教学素材和案例，潜移默化地进行思想政治引导；课堂教学阶段，通过讨论、互动等方式，引导学生主动思考和参与；课后辅导和实践活动中，继续巩固和深化思想政治教育内容。这种全过程的育人模式，能够确保思想政治教育无缝衔接，始终贯穿于学生的学习和生活中。

2. 课程思政具备渗透性

第一，课程思政是一种思维方式，需要教师在授课过程中、课程内容中、实践操作中将这种思维融入其中，让学生无形之中受到熏陶。思想政治教育内容可以自然地渗透到专业知识的讲解、案例分析、实验操作等教学环节中。譬如，在学生实训操作过程中，有意识地培育工匠精神。通过这种无缝融合，学生在学习专业知识的同时，也能够潜移默化地接受思想政治教育，使二者相互促进、共同发展。第二，课程思政"第一课堂"与"第二课堂"互促互进、坚持"学校小课堂"与"社会大课堂"融通融合。通过社团活动、志愿服务、社会实践等多种形式，使思想政治教育内容能够渗透学生的日常生活和社会实践中。这种课内外相结合的方式，使思想政治教育不再局限于特定的时间和地点，而是无处不在、无时不有，进一步增强了其渗透性。第三，课程思政过程中还强调了教师角色的转变。在课程思政中，所有教师都承担思想政治教育的责任，这使思想政治教育能渗透到各个学科、各个课堂。教师在讲授专业知识的同时，也会有意识地融入思想政治教育内容，通过自己的言行和教学实践，潜移默化地影响学生。教师的这种角色转变，使思想政治教育不再局限于特定的课程或特定的时间，而是贯穿于整个教学过程中，起到"启智润心"的作用。

3. 课程思政具备灵活性

第一，课程思政强调将思想政治教育内容有机地融入各学科课程的教学之中，而不是独立成一个单独的教育模块。无论是人文社科类课程还是理工科类课程，都可以根据其学科特点和教学目标，将社会主义核心价值观、职业道德、社会责任等内容融入课程。这种灵活的内容整合方式使思想政治教育不再局限于特定课程，而是渗透到各个学科领域，使教育内容更加丰富和多样。第二，课程思政不仅限于传统的课堂教学，还包括课外活动、社会实践、网络教学等多种形式。教师可以灵活运用各种教育资源和平台，组织学生参加社会实践、志愿服务、企业实习等活动，使学生在真实的社会环境中接受思想政治教育。此外，利用互联网和新媒体技术，开展线上教学、在线讨论、网络研讨等活动，使思想政治教育更加灵活和便捷。第三，课程思政的评价体系更加灵活多样。传统的思想政治教育主要依赖于书面考试，而课程思政则通过平时表现、课堂参与、实践活动、创新能力等多种维度，综合评估学生的思想政治素质和综合素养。例如，教师可以通过课堂讨论、小组项目、社会实践报告等方式，评价学生的思政教育效果。这种多样化的评价方式，不仅全面反映了学生的成长和进步，也促进了思想政治教育目标的全面实现。

4. 课程思政具备多元性

第一，课程思政将思想政治教育的责任从专职的思政教师扩展到所有学科教师，实现了教育主体的多元化。每一位教师都在自己教授的课程中承担起思想政治教育的任务，从而使教育内容得以在各个学科中有机融合。这种多元化的教育主体结构，不仅增强了思想政治教育的覆盖面和渗透力，也使各学科教师在专业教学中自觉地融入思想政治教育内容。第二，课程思政涵盖了广泛的教育内容，不仅包括传统的思想政治理论，还涉及职业道德、社会责任、科学精神、文化素养等多方面内容。各学科根据自身特点，选择适当的思想政治教育内容进行融合，例如，理工科课程可以结合工程伦理和科学精神进行教育，文科课程可以通过历史事件和文学作品讲述价值观和道德观。多元内容使思想政治教育更为全面和立体，满足了学生多样化的发展需求。第三，课程思政强调教学方法的创新和多样化，鼓励教师根据不同课程的特点和学生的实际情况，采用灵活多样的教学方法。例如，案例教学、项目式学习、翻转课堂、小组讨论、角色扮演等多种教学方法都可以用于课程思政中。教师可以更好地激发学生的学习兴趣和参与积极性，使思想政治教育更加生动、具体和有趣。第四，课程思政注重因材施教，根据学生的个性特点、兴趣爱好、学习基础和发展需求，提供多样化的教育支持。教师可以灵活调整教学内容和方法，为不同层次、不同背景的学生提供个性化的教育方案。这种对学生个体的多元关注，使思想政治教育更加贴近学生的实际情况，增强了教育的针对性和实效性。

三、课程思政的本质

课程思政的本质在于将思想政治教育的内容和要求融入各类课程的教学过程，实现知识传授与价值引领相结合。课程思政不仅是思想政治理论课的任务，还是全体教师、所有课程的共同责任。其核心在于，通过课程教学的全方位渗透，培养学生正确的世界观、人生观和价值观，全面提升学生综合素质和社会责任感。

从教育学的角度来看，课程思政的本质回归意味着教育理念回归到以德育为首位，即重视学生思想道德品质的培养。教育的目标不仅是知识传授，还包括人格培养、价值观塑造等方面。通过在专业课程中融入思想政治教育元素，强调学科教育与思想政治教育的有机结合，实现学生综合素质的全面提升，不仅提升学生的学术能力，还培养其社会责任感和公民意识。回归的本质还体现在教育目标的重新定位，即从单一的知识获取向全面素质培养的转变。课程思政通过引导学生树立正确的价值观念和社会责任感，实现教育目标的多元化和全面性。

从社会学的角度来看，教育是社会化的重要手段，通过课程思政的本质回归，可以加强学校对学生社会化的引导作用，培养其正确的社会文化认同和价值观念。教育制度和社会结构密切相关，教育系统通过"课程思政"可以影响和塑造学生的社会角色认知和行为方式，从而使其更好地融入社会并发挥积极作用。马克思主义认为，教育是"为改变一般人的本性"。课程思政的本质回归要求通过思想政治教育，培养具有社会责任感、创新精神和国家意识的高素质人才，为社会主义现代化建设提供坚实的人才支撑。课程思政的本质回归强调教育制度与社会结构的互动关系，通过教育内容和方法的改革，推动学生社会角色认知和行为方式的积极变化，使其更好地融入社会并发挥积极作用。通过回归思想政治教育的核心和本质，课程思政可以为教育体制和社会变革的互动提供有力支持，推动教育系统和社会结构的良性互动。

从心理学的角度来看，学习不仅是认知层面的活动，还涉及情感和态度的培养。通过"课程思政"，可以促进学生的认知发展和情感情绪的调节，使其在学习和生活中更具有积极向上的心理素质。心理学强调个体的自我认知和社会交往的平衡。通过"课程思政"，可以帮助学生建立积极的自我认知，同时培养他们在社会环境中的适应能力和社交技巧。有研究表明，学习动机和目标导向对学习成效有重要影响。在"课程思政"的框架下，教育者可以通过激励机制和目标设定，增强学生的学习动机，提升其对思想政治教育的接受和参与度。

第二节　高校课程思政

截至 2024 年，大学专业目录分类包含哲学、经济学、法学、教育学、文学、历史学、理学、工学、农学、医学、管理学、艺术学 12 个门类，共计 816 个本科专业。这些专业目录已经加入了近年来增设的多个本科专业，如 2021 年增设的 31 个本科专业、2022 年增设的 21 个本科专业以及 2023 年增设的 24 个本科专业。这些新增专业已列入相关高校 2024 年本科招生计划中。

随着社会变革和科技进步的加速，思政教育不再仅限于传授理论知识，而是更加注重引导学生树立正确的世界观、人生观、价值观，培养其社会责任感和创新精神。新增的本科专业反映了社会对新兴领域人才的需求，如直播电商、人工智能等，这些专业的开设不仅满足了市场需求，也为思政教育提供了新的载体和实践平台。通过将思政教育融入各专业课程，高校能在学术与实践中促进学生思想政治教育的全面提升，使其在知识储备和价值观念上，具备更强的综合素质和创新能力，以应对日益复杂和多样化的社会挑战。

概念厘清：思政教育与职业素养教育的关系

思政教育与职业素养教育之间存在着密切的联系和一定的区别，这反映了教育的多层次与多维度发展需求。在联系方面，课程思政和职业素养不仅在内容上有重叠，而且在教学方法和教育理念上也可以相互借鉴和通用。职业素养中的诸多要素，例如敬业精神、诚实守信、团结合作等，实质上体现了社会主义核心价值观的一部分，这些正是思政教育所强调的道德品质和社会责任感。同时，职业素养的具体要求如精细化的专业技能与工作态度，也是思政内容在实践中的具体表现。在教师的教学实施中，诸如专业讲授、学情分析等教学环节，不仅可以促进专业技能的学习，同时也是培养学生思想政治素养的有效途径，展示了内容与方法的紧密互动。

思政教育与职业素养教育也有其区别之处。首先，思政教育通常从宏观视角出发，涵盖了广泛的社会和伦理问题，旨在培养学生的全面发展与社会责任感。相比之下，职业素养更偏向于具体的专业技能与职业道德规范，强调的是在特定工作环境下的行为准则和实际操作能力。其次，职业素养与技术技能的直接联系更为密切，更强调实践性与应用性，而思政教育则更多涉及方法论、价值观念等高层次的认知与影响因素。当然，不排除思政教育中的部分内容与职业素养中的具体职业要求存在较少交叉关联之处。

综上所述，课程思政与职业素养在教育实践中展现出互补与共通之处，同时也在教育目标和实施方式上有所区别。理解和平衡二者之间的关系，有助于构建更为全面和有效的教育体系，既能满足学生专业技能培养的具体需求，又能够促进其综合素质和社会责任感的全面发展。这种综合性的教育方法不仅符合现代职业教育的要求，也为培养适应社会发展需求的高素质人才奠定了坚实的理论与实践基础。

一、高校课程思政的动因

（一）落实立德树人根本任务的重要抓手

高校课程思政作为落实立德树人根本任务的重要抓手，体现了教育的本质要求和内在逻辑。立德树人是我国教育事业的根本任务，要求教育工作者不仅要传授知识和技能，更要培养学生的道德品质和价值观。课程思政通过将思想政治教育融入各类课程中，使学生在学习专业知识的过程中，潜移默化地接受社会主义核心价值观的教育。这种教育模式不仅可以帮助学生树立正确的人生观、价值观和世界观，还能培养他们的社会责任感和使命感。在实践中，课程思政通过在专业课程中渗透思想政治教育内容，使每一门课程都成为育人平台。例如，在经济学课程中，教师可以引导学生思考社会主义市场经济与资本主义市场经济的区别，强调公平与正义的重要性；在工程学课程中，教师可以通过案例分析，培养学生的社会责任感和职业道德。这种方式不仅增强了思想政治教育的实效性，还使学生在专业学习中感受到思政教育的存在，避免了思想政治教育的孤立化和形式化。

（二）社会主义办学方向的客观要求

高校课程思政作为社会主义办学方向的客观要求，体现了我国高等教育系统在培养社会主义建设者和接班人方面的根本任务和指向。在党的领导下，高校不仅是知识传授的场所，更是社会主义核心价值观的传播和弘扬平台。课程思政通过将思想政治教育融入各类课程，使学生在学习专业知识的同时，深刻理解和接受社会主义理念和道德标准，从而树立正确的人生观、价值观和世界观。这种教育模式不仅确保了高校教育的政治方向和社会责任，还有助于培养学生的社会责任感和使命感，使他们成为对国家和社会具有积极影响力的人才。因此，高校课程思政的动因在于强调高等教育与社会主义建设的紧密结合，以及在思想政治教育中不断强化马克思主义理论的主导地位，确保高等教育系统始终服务于国家和人民的根本利益，为实现中国特色社会主义事业不懈奋斗。

（三）全方位协同育人的关键环节

高校课程思政是全方位协同育人的关键环节，体现了教育的系统性和整体性。《高校思想政治工作质量提升工程实施纲要》将"大思政"格局中的"三育人"拓展为课程、科研、实践、文化、网络、心理、管理、服务、资助、组织等方面的"十大育人"体系，为"大思政"融入育人过程从实施内容、载体、路径、方法带来了切实的实践方案。"三全育人"理念的核心在于"全"，即强调整体性。可见，三全育人视域下，在"全人"的培养过程中，打破传统教育中思政教育与专业教育的界限，全方位、全过程的协同育人势在必行。课程思政强调各学科之间的协同配合。不同学科的课程有各自的知识体系和教育目标，但都可以通过课程思政的方式，融入思想政治教育内容，实现共同的育人目标。课程思政要求学校各个部门之间的协同配合。思想政治教育不仅是课堂教学的任务，还需要学校管理、学生工作等各个方面的共同努力。只有全方位、一体化的协同配合，才能够形成强大的育人合力，提高思想政治教育的整体效果。

（四）全面提高人才培养质量的重要任务

高校课程思政是全面提高人才培养质量的重要任务，体现了教育的育人导向和质量标准。新时代对人才的需求不仅是知识和技能的掌握，更是综合素质和能力的提升，这就要求高校在人才培养中必须高度重视思想政治教育，通过课程思政的方式，提高学生的综合素质和能力。现代社会对人才的要求不仅是专业知识的掌握，还包括综合素质的提升。课程思政通过将思想政治教育融入各类课程中，使学生在学习专业知识的同时，增强思想政治素养，提升综合素质。同时，课程思政过程也促进教师的专业发展和素质提升，有助于提高教师的教学能力和水平。课程思政要求教师不仅要具备扎实的专业知识和技能，还要具备较高的思想政治素养和育人能力。教师在教学过程中，不仅要传授知识，还要引导学生树立正确的价值观和人生观。这就要求教师不断学习和提升自己，提高自己的思想政治素养和教学能力，做到"学高为师，身正为范"，为学生树立榜样。

二、高校课程思政的理论基础

（一）马克思主义关于人的全面发展理论

马克思认为"人的全面发展"是人类社会发展的最终目的。在《德意志意识形态》中，马克思指出："只有在共同体中，个人才能获得全面发展其才能的手段。"这一论述强调了个体在社会关系中的全面发展，不仅包括物质生活的丰富和提高，更重要的是在思想、精神和道德等方面的全面提升。在马克思主义理论视域下，只有通过社会主义制度和社会主义精神文化建设，才能最终实现人的全面发展和个人自由的真正统一。高校思政教育通过对马克思主义基本原理和社会主义核心价值观的深入讲解和实践引导，帮助学生树立正确的人生目标和行为准则，为个体和社会的和谐发展提供理论支持和实践动力。基于马克思主义的观点，高校思政教育的首要任务是通过教育引导学生理解社会发展的规律，认识到个体发展与社会发展的密切关系。这种教育不仅是知识的传授，更重要的是培养学生的社会责任感和参与意识，使他们能在社会主义建设中充分发挥作用。马克思主义强调个体发展与社会发展的统一，即个体的全面发展是社会发展的结果和目标之一。高校思政教育通过多维度的教育内容和实践活动，旨在培养学生综合发展的能力，包括思想品德、专业素养、创新能力等，从而为个体的成长和社会的进步提供坚实的理论基础和实践指导。

（二）建构主义理论

建构主义认为，知识不是通过感觉而被个体被动地接受的，而是由认知主体主动地建构起来的，建构是通过新旧经验的相互作用而实现的。在高校思政教育中，知识的建构性意味着教育不仅是教师向学生灌输知识，更重要的是通过讨论、实践和反思，引导学生参与到知识的共同建构过程中。建构主义强调个体的学习和发展是在社会文化背景中进行的，个体的认知和情感发展受到社会和文化环境的影响。在高校思政教育中，理解和分析社会主义核心价值观、马克思主义基本原理等，不仅是学术性的探讨，更是培养学生在社会文化中的参与意识和行为准则。建构主义还强调学习者的积极性和主动性，认为学习的最有效方式是通过实际经验和交互来建构个体的知识结构。在高校思政教育中，通过讨论、案例分析、实践活动等方式，激发学生的学习兴趣和主动参与，帮助他们深入理解和运用理论知识，形成独立思考和判断能力。此外，建构主义理论还涉及教师角色的转变。教师不再是单方面的知识传授者，而是学习过程的引导者和合作伙伴。在高校思政教育中，教师应该成为学生学习的引导者和合作伙伴，通过启发和激励，帮助学生理解和建构知识，促使他们在思想政治教育中更加积极地参与和思考。

（三）人本主义课程论

人本主义课程论是以学习者为中心的课程理论，强调课程应该以培养个体的全面发展和人文素养为中心，课程内容的选择上贯彻"适切性"原则，强调学校教育要尊重学生的本性和需要。在该理论视域下，教育的目的不仅是传授知识和技能，更重要的是促进个体的自我实现和社会参与。

卡尔·罗杰斯（Carl Ranson Rogers）是人本主义心理学的重要代表人物。罗杰斯认为，每个人天生都具有自我实现和成长的能力，每个人都有很大的潜能理解自己并解决自己的问题。在高校课程思政教育中，应当关注学生个体的自我实现过程，通过教育帮助他们发现和发展自己的潜力，培养积极向上的人生态度和自我认同。人本主义课程论强调尊重个体和自由发展，主张教育应当尊重学生的个性和特长，为其提供充分的发展空间和选择权。在高校思政教育中，应当通过开放的课程设置和灵活的教学方法，满足学生多样化的学习需求，激发他们的学习兴趣和创造力。此外，人本主义课程论倡导教育的人文关怀和关爱。高校思政教育应当关注学生的心理健康和情感成长，通过教师的关怀和支持，帮助他们克服困难，发挥潜能。课程设置应当注重个性化教育和学生发展的多样性，培养学生的自信心和社会适应能力。

（四）社会学习理论

社会学习理论是由美国心理学家阿尔伯特·班杜拉（Albert Bandura）于 20 世纪 50 年代初提出的一种心理学理论，强调了社会因素在个体学习和行为形成中的重要作用。该理论不仅对个体内部的认知和情感过程进行解释，更关注社会环境如何塑造和影响个体的学习、态度和行为。社会学习理论认为，个体可以通过观察他人的行为和结果来学习新的技能、知识和价值观。在高校思政教育中，教育者可以通过设置正面榜样和展示优秀典范，引导学生模仿和学习社会主义核心价值观、道德规范以及领导者的行为方式。社会学习理论强调环境中的强化和惩罚机制对学习的影响。在高校思政教育中，教育者可以通过奖励正面行为和惩罚不当行为，加强学生对正确行为和价值观的学习和接受，促进其道德品质和社会责任感的培养。同时，社会学习理论认为，学习是在社会环境和具体情境中进行的。在高校思政教育中，教育者应创造积极的学习环境和文化氛围，通过多样化的教学方法和活动设计，使学生能够在不同的社会情境中理解和应用社会主义核心价值观。最后，社会学习理论强调学习是一个持续的过程，个体通过后续反馈和自我调节来调整和改进自己的学习行为。在高校思政教育中，教育者应提供及时的反馈和指导，帮助学生在实践中不断完善自己的思想品德和行为习惯，实现个人发展和社会责任的统一。

三、高校课程思政的主要内容

《高等学校课程思政建设指导纲要》明确课程思政建设内容要紧紧围绕坚定学生理想信念，以爱党、爱国、爱社会主义、爱人民、爱集体为主线，围绕政治认同、家国情怀、文化素养、宪法法治意识、道德修养等重点优化课程思政内容供给，系统进行中国特色社会主义和中国梦教育、社会主义核心价值观教育、法治教育、劳动教育、心理健康教育、中华优秀传统文化教育。

（一）政治引领

政治引领作为高校课程思想政治教育的主要内容，其重要性在于通过系统的理论教育和实践活动，引导学生紧密团结在党的周围，树立正确的政治立场和世界观，提升其公民意识和法治观念，促进学生全面发展，使他们成为社会主义事业的坚定建设者和接班人。这不仅有助于学生个人的成长，也对整个社会的发展起到积极推动作用。

1. 培养正确的政治立场和世界观

政治引领，就是引导社会成员正确认识"引领谁"与"谁来引领"的问题。这不仅是理论知识的传授，更重要的是引导学生认识党的基本路线、方针政策，理解和支持国家的发展战略，增强对社会主义制度的认同和信仰，从而在中国共产党的领导下，中国青年实现从"跟着走"到"跟着党走"的转变。

2. 提升公民意识和法治观念

通过了解国家的法律法规、学习政治理论，学生能更好地理解和遵守法律，增强法治意识，培养守法守纪的行为准则，为未来成为合格的公民和社会建设者打下坚实的基础。

3. 引导学生参与社会实践和社会主义建设

政治引领不仅是静态的理论教育，更重要的是通过教育引导学生积极参与社会实践和社会主义建设。既要在政治逻辑与理论逻辑上引领，也要从实际操作和实践活动上引导，例如通过参与志愿服务、社会调查、实习实训等，学生在实践中进一步巩固和发展其政治观念和理论知识，增强实践能力和创新能力。

4. 促进学生综合素质的全面发展

通过全面系统的政治教育，帮助学生全面发展其思想、品德、智力、体魄、美育等各个方面的素质。这种全面发展不仅是学术上的提升，更是为学生未来在各个领域的发展奠定坚实的思想基础。

（二）价值引领

将"价值引领"作为中国高校课程思想政治教育的主要内容，在教育过程中积极引导学生形成正确的价值观念和道德观念，通过教育引导学生树立这些正确的价值观，有助于他们在成长过程中形成积极向上的人生追求和社会行为准则。

1. 塑造正确的社会主义核心价值观

引导学生把国家、社会、公民的价值要求融为一体，提高个人的爱国、敬业、诚信、友善修养，自觉把小我融入大我，教育不断追求国家的富强、民主、文明、和谐和社会的自由、平等、公正、法治，将社会主义核心价值观内化为精神追求、外化为自觉行动，培养具有社会责任感和奉献精神的新时代青年。

2. 提升学生的道德素养和社会责任感

价值引领不仅是关于理论的传授，更重要的是通过实际的教育活动和案例分析，引导学生认识到道德在个人和社会生活中的重要性。这包括如何在面对挑战和诱惑时保持道德准则，如何在日常行为中体现出社会责任感和公民道德，从而培养学生成为品德高尚、行为端正的社会主义建设者。

3. 弘扬中华民族传统美德和文化精髓

通过课程教育，学生能了解中华民族传统文化中重视的孝道、仁爱、诚信等价值观，这些价值观不仅是文化传统的延续，也是中国社会稳定和谐发展的重要保障。

4. 促进学生全面发展和终身学习

价值引领作为高校课程思想政治教育的主要内容，旨在促进学生全面发展和终身学习能力的培养。通过正确的价值观引导，学生能够在日常学习和职业发展中保持积极向上的心态，不断提升自己的专业素养和社会责任感，成为具备影响力和竞争力的社会主义建设者。

（三）中华优秀传统文化教育

将"中华优秀传统文化教育"作为高校课程思想政治教育的主要内容，在全面推进社会主义现代化建设的过程中，以文化为基础，以精神为动力，培养具有爱国主义精神和改革创新精神的新时代青年，为实现中华民族伟大复兴不断汇聚正能量。

1. 培养爱国主义精神和民族认同感

中华优秀传统文化教育重视讲仁爱、重民本、守诚信、崇正义、尚和合、求大同的精神和良好行为规范，这体现了中华民族的深厚情感和精神追求。通过教育引导学生深刻理解和内化这些思想精华，可以有效培养他们的爱国主义精神和民族自豪感，使他们在思想上牢固树立起对国家、对民族的责任感和归属感。

2. 引领学生理解时代精神和创新精神

中华优秀传统文化不仅包含传统价值观，还蕴含着对改革创新的探索和追求。历代文化巨匠在文学、哲学、艺术等领域的创新实践，体现了中华文化在变革中的生命力和活力。通过教育引导学生理解这种时代精神和创新精神，激发他们在现代社会中勇于创新、勇于探索的意识和能力，培养他们成为具有国际视野和全球竞争力的人才。

3. 传承中华文脉，强化文化认同和凝聚力

中华优秀传统文化是中华民族的文化根基和精神家园，是国家和民族凝聚力的重要源泉。通过教育引导学生深入学习和传承这一文脉，使他们在成长过程中具备深厚的文化认同感和凝聚力，不仅能在全球化背景下自信地面对世界，也能在国家文化认同的基础上，为实现中华民族伟大复兴贡献力量。

4. 推动社会主义核心价值观的深入实践

中华优秀传统文化与社会主义核心价值观有机融合，共同构成了中国特色社会主义的精神支柱。通过教育引导学生理解和实践中国传统文化中强调的诚信、正义、和合等价值观，有助于落实社会主义核心价值观在实际生活和工作中的具体要求，为社会主义事业的持续发展提供思想支持和文化底色。

5. 促进国家软实力和文化自信的提升

中华优秀传统文化教育不仅有助于个人的成长和全面发展，更重要的是为国家的软实力建设和文化自信的提升贡献力量。通过教育引导学生深入领会传统文化中的智慧和价值，使他们成为具有国际影响力和竞争力的文化使者。

（四）法治教育

将"法治教育"作为高校课程思想政治教育的主要内容，通过深化法治理念和

法治原则的认知，提升学生的法治观念和法治能力，推动社会主义法治建设和国家治理体系现代化，为实现中华民族伟大复兴提供坚实的法治保障和法律支持。

1. 强化法治观念

法治教育旨在帮助学生树立法治观念，深刻理解和坚定走中国特色社会主义法治道路的理想和信念。习近平总书记提出的全面依法治国新理念，强调法治是国家治理的基本方式，是实现社会公平正义、维护社会秩序的重要保障。通过教育引导学生学习习近平新时代中国特色社会主义思想，特别是关于法治建设的重要论述，使他们深刻认识到法治对国家发展和社会稳定的重要性，增强法治信仰和使命感。

2. 深化对法治理念和法治原则的认知

法治教育不仅是传授法律知识，更重要的是深化对法治理念和法治原则的认知。这包括宪法精神、法治国家理念、法治社会建设等方面的学习，帮助学生理解法律的根本原则和制度设计的内在逻辑，培养他们在法治框架内思考和行动的能力。

3. 提升法治素养和法治意识

法治教育通过案例分析、法律实务演练等形式，提升学生的法治素养和法治意识。学生要学会遵守法律、尊重法律、维护法律权威，在个人行为和社会活动中自觉维护法律的尊严和权威。

4. 培养运用法治思维和方式解决问题的能力

法治教育旨在培养学生运用法治思维和方式解决问题的能力。包括个人权利的维护，还涉及参与社会公共事务、化解矛盾纠纷等方面。学生通过理论学习和实践操作，掌握法治工具的使用技巧，增强在法治框架内进行有效沟通、协商和决策的能力，为社会和谐稳定作出积极贡献。

5. 强化国家治理体系和治理能力的建设

法治教育作为高校课程思想政治教育的主要内容，不仅有助于学生个人成长，也为国家治理体系和治理能力的建设提供人才支持。通过培养具有法律素养和法治精神的人才，能有效提升国家的法治水平和治理效能，推动社会主义现代化建设不断向前迈进。

（五）职业理想与职业道德

将"职业理想与职业道德"作为中国高校课程思想政治教育的主要内容，是为了通过教育引导学生树立正确的职业理想和道德标准，培养他们的职业责任感和良好的职业品格，以适应现代社会发展的需求和挑战，为国家的长治久安和社会的和谐发展培养具有道德情操和创新能力的高素质人才。

1. 塑造正确的职业理想和追求

职业理想是个人对职业生涯的长远目标和价值追求的表达。通过课程教育和实践活动，学生能够深入探讨各行业的职业精神和职业理想，了解不同行业对人才的要求和社会责任，从而明确个人的职业发展方向，树立积极向上的职业理想，并为实现个人价值和贡献社会奠定基础。

2. 强化职业责任感和社会使命感

职业道德要求从业者遵循职业规范和伦理标准，具备遵纪守法、爱岗敬业、无私奉献、诚实守信、公道办事、开拓创新等职业品格。通过教育引导学生深刻理解和实践这些职业道德要求，能够增强他们的职业责任感和社会使命感，使其在职业生涯中保持良好的职业行为习惯和社会责任意识。

3. 培养良好的职业品格和行为习惯

良好的职业品格和行为习惯是个人在职业生涯中的重要素养，涵盖了道德操守、专业素养和团队合作等方面。通过系统的课程设置和实践教育，学生能逐步形成和发展遵纪守法、诚实守信、公道正派等良好的职业品格，提升自身的职业竞争力和社会声誉。

4. 适应现代社会发展的需求和挑战

当代社会对人才的需求不仅是专业技能，更重要的是具备良好的职业道德和社会责任感。通过职业理想与职业道德的教育，高校能为学生提供全面发展的教育环境和平台，使他们能在职业生涯中面对各种复杂情境和挑战时保持清醒头脑和正确行为，不断提升自我修养和职业素养。

5. 推动社会主义核心价值观在职业领域的实践应用

职业理想及职业道德教育与社会主义核心价值观密切相关，共同促进了个人价值追求与社会公共利益的统一。通过培养具有社会责任感和良好职业道德的新时代青年，不仅有助于个人成长和社会稳定，也为社会主义建设贡献了人才力量和思想支持。

第三节　数智化和教育数智化

一、数智化的概念与内涵

"数智化"一词可以追溯到信息技术和数据科学的发展历程中。随着大数据、人工智能、物联网等技术的日益成熟和普及，人们开始意识到，通过数字化和智能化的手段处理和利用数据，可以带来更高效、更智能的解决方案。

（一）"数智化"提出的背景与发展脉络

在 20 世纪 80~90 年代，中国开始大规模推进信息化建设，主要集中在计算机和互联网的普及应用上。国家出台了一系列政策和规划，推动计算机和互联网技术在各行业的应用。如"金税工程""金卡工程"等大型信息化工程的实施，标志着中国数字化建设的起步。进入 21 世纪，随着互联网技术的不断发展，尤其是移动互联网、物联网（Internet of Things，IoT）、大数据等新兴技术的崛起，智能化概念逐渐被提出，人工智能技术取得了显著突破。人工智能与先进制造技术的深度结合，催生了数字化、网络化和智能化的新型智能制造，成为引领新一轮工业革命的核心动力。新一代智能制造的显著特征在于其制造系统具备"认知学习"能力。通过深度学习、增强学习和迁移学习等技术的应用，制造领域的知识生产、获取、应用和传承效率将发生革命性变化，大幅提升了创新与服务能力。随着制造知识生产方式的变革，新一代智能制造逐步形成了全新的制造范式。

2011 年，国务院印发《工业转型升级规划（2011—2015 年）》，主要阐述了推动工业转型升级的总体目标、重点任务和政策措施。这一规划明确提出了加快推进工业结构调整和技术创新，促进传统产业优化升级，推动先进制造业发展，加强基础设施建设等战略方向和具体举措。该规划的实施旨在提升中国工业的整体竞争力，推动经济转型升级，适应新的经济发展阶段和国际竞争环境的要求。

德国的"工业4.0"战略是数字化转型的典范。通过引入智能制造技术，实现了生产过程的自动化和智能化。在中国，"数智化"作为一个新兴概念，一般认为最早是 2015 年由北京大学"知本财团"课题组组长史宪文教授在《思索引擎设计方案》中首次提出的，用以阐述讨论"数字智商"（Digital Intelligence Quotient）问题，意为"数字智慧化"与"智慧数字化"的结合。制造业数字化转型是最早进行的领域之一。通过引入物联网、大数据和云计算等技术，制造企业实现了生产过程的数字化监控和优化。2016 年，工业和信息化部、财政部联合制定了《智能制造发展规划（2016—2020 年）》（以下简称《规划》），提出到 2025 年，智能制造支撑体系基本建立，重点产业初步实现智能转型。《规划》还提出了包括加快智能制造装备发展、加强关键共性技术创新、建设智能制造标准体系等十个重点任务，旨在统筹国内智能制造发展，加快形成全面推进制造业智能转型的工作格局。与此同时，数字经济是数字化转型的一个重要方面。通过数字化技术，经济活动的效率和创新能力得到了显著提升。麻省理工学院的埃里克·布莱恩约弗森（Erik Brynjolfsson）和安德鲁·麦卡菲（Andrew McAfee）（2014 年）的研究表明，数字技术正在重塑全球经济。华为高管常成提供了一组数据：从 2015~2025 年，数字经济的占比将提高 15%~24%；人工智能计算对全球 GDP 的增长贡献将达到 1.2%，在中国这一比例将达到 1.67%。据此推算，到 2030 年，这一产业基本将达到万亿级别，甚至可能达到两万亿级别。2016 年，国务院关于印发《"十三五"国家战略性新兴产业发展规划的通知》，提出要实施网络强国战略，加快建设"数字中国"，推动物联网、云计算和人工智能等技术向各行业全面融合渗透，构建万物互联、融合创新、智能协同、安全可控的新一代信息技术产业体系。可见，我国将信息技术作为战略性新兴产业的重点发展方向，并通过政策引导和支持，促进数字经济的快速发展，推动经济结构转型升级，致力于提升国家在全球经济中的竞争力和影响力。2021年，国务院关于印发《"十四五"数字经济发展规划的通知》，强调数字化转型是必然趋势，分析了新一轮科技革命和产业变革深入发展过程中面临的新形势，进一步阐明数字经济核心产业的重要性，提出要从技术、资本、人才、数据等多要素共同推进、支撑数字化转型，点明要深提升全民数字素养和技能，鼓励将数字经济领域人才纳入各类人才计划支持范围。

随着全球化和信息化进程加速，中国经济发展已经从高速增长阶段转向高质量发展阶段。面对内外部复杂多变的经济形势，特别是外部市场需求和技术进步带来的挑战，中国必须依靠创新驱动，提升生产力水平和质量。习近平总书记在中共中央政治局第十一次集体学习时强调："高质量发展需要新的生产力理论来指导，而新质生产力已经在实践中形成并展示出对高质量发展的强劲推动力、支撑力，需要我们从理论上进行总结、概括，用以指导新的发展实践。"新质生产力代表先进生产力的演进方向，是由技术革命性突破、生产要素创新性配置、产业深度转型升级而催生的先进生产力质态。其中，更高素质的劳动者是新质生产力的第一要素，能为发展新质生产力提供人才支撑；"数智化"为实现新质生产力提供了技术支撑和路径选择，能为实现新质生产力注入技术动力。

概念厘清：数字化与数智化的关系

数字化是数智化的基础。数字化通过将物理信息转化为数字形式，使信息的存储、管理和传输更加便捷、高效，为数智化奠定了坚实的数据基础。没有数字化，就无法实现数据的高效采集和管理，数智化也就无从谈起。因此，数字化是数智化的前提条件。

数智化是数字化的高级阶段和必然延伸。数智化不仅依赖于数字化所提供的数据，还通过人工智能、机器学习、大数据分析等先进技术，对这些数据进行深度挖掘和智能化处理，实现自动化决策和优化管理。数智化使得数据从静态的数字信息转变为具有动态智能的决策依据，提升了数字化的应用价值和实际效用。

数字化为数智化提供了源源不断的数据输入，而数智化通过智能分析和反馈，又进一步推动了数字化的深化和优化。两者共同作用，形成了一个从数据采集、处理到智能应用的完整闭环，促进了组织和社会的持续进步。

（二）"数智化"的关键技术及其特征

"数智化"（Digital Intelligence）一词是数字化（Digitization）与智能化（Intelligentization）的结合，指的是利用数字化、数据化和智能化技术手段来实现信息的收集、分析、处理和应用，从而提高数据的价值和应用效率。它不仅关注数据的获取和存储，更强调如何通过先进的技术手段（如大数据分析、机器学习、人工智能等）实现数据的智能化应用，以支持决策、优化流程和改善服务。反映了现代科技在信息化和智能化方面的双重进步。随着信息技术的快速发展，数字化和智能化逐渐成为推动社会进步和经济发展的重要力量。数字化主要指通过信息技术将传统的物理世界转换为数字形式；智能化则是指利用人工智能、机器学习等技术对数据进行深度分析和决策支持，从而实现系统和设备的自主学习和优化。可见，数智化是指利用先进的信息技术和数据分析方法，将大数据、人工智能等技术应用于各个领域，通过对数据的采集、处理和分析，实现智能化的决策和管理。

地平线报告由美国新媒体联盟（New Media Consortium，NMC）在 2024 年 5 月发布，报告中描述了预计会对未来的教学产生重大影响的六项"关键技术和实践"，分别为寻找人工智能技术使用的领域、支持人工智能的流畅性、支持公平且包容的学习、保护数据隐私和安全、应对错误信息以及支持心理健康。数智化技术是利用数字化、数据化和智能化技术手段来实现信息智能化处理和应用的一种发展趋势和技术范畴。它涵盖了大数据、人工智能、物联网、云计算、虚拟现实与增强现实、区块链等多个关键技术，这些技术共同推动着各行各业的数字化转型和智能化发展。具体而言，数智化技术涵盖以下六项关键技术。

1. 大数据（Big Data）

大数据技术是指处理和分析大规模数据的方法和工具集合，是数智化技术的基础之一，涉及收集、存储、处理和分析大量的结构化、半结构化和非结构化数据。大数据技术的核心挑战包括数据的管理和处理效率、数据的质量和完整性、数据隐私和安全等方面。主要技术包括分布式文件系统（Hadoop Bistributed File System，HDFS）、分布式计算框架（如 MapReduce）、实时数据处理平台（如 Apache Kafka、Spark Streaming）、大数据分析和挖掘工具（如 Apache Hadoop、Spark、Hive、Pig等），以及数据可视化和商业智能工具。大数据技术包括数据的获取、存储、处理、分析和可视化，通过数据挖掘算法和分析模型，揭示数据背后的模式和规律，组织和个人能从海量数据中挖掘出有价值的信息和趋势，帮助实现数据驱动的决策和创新发展。

2. 人工智能（Artificial Intelligence，AI）

人工智能是一种模拟人类智能思维过程的计算机系统，用以执行需要智能的任务。这些任务包括理解语言、学习、推理、解决问题和适应环境等。人工智能系统通过模拟人类的感知、认知和决策过程，可以自动化执行复杂的任务，其核心方法包括机器学习、深度学习、知识表示与推理等。这里不得不提到另一种特殊类型的人工智能，即生成式人工智能（Generative Artificial Intelligence），其主要特征是能生成新的内容，如图像、音乐、文本等，而不仅是处理和分析现有数据。生成式人工智能系统通常基于深度学习模型，特别是生成对抗网络（GAN）或变分自编码器（VAE）等技术。这些模型能学习并模仿输入数据的统计特征，进而生成与输入与数据类似但又不完全相同的新数据。

3. 物联网（Internet of Things，IoT）

物联网技术是指通过互联网连接和管理各种物理设备，使它们能相互通信和交换数据的技术系统，实现设备之间的数据交换和协同工作。物联网通过传感器、嵌入式系统和网络连接，实现了物理世界与数字世界的深度融合。其核心特点包括实时感知、远程控制、自动化和大数据分析等，从而提高生产效率、优化资源利用，甚至改善人们的生活质量。在工业自动化、智能家居等领域，物联网技术发挥着重要作用。

4. 云计算（Cloud Computing）

云计算是一种通过互联网提供计算资源（如存储、处理能力和应用程序）的技术。其核心理念是将计算资源作为服务交付，用户可以按需使用、灵活配置、并按使用量付费。云计算具有高弹性、可扩展性和成本效益等显著特点。云计算在大数据处理、人工智能模型训练、企业信息化等方面有广泛应用，促进了数智化技术的发展和普及。

5. 虚拟现实（Virtual Reality，VR）和增强现实（Augmented Reality，AR）

虚拟现实是一种通过计算机技术生成的三维仿真环境，用户通过佩戴 VR 头显等设备，可以沉浸在这个虚拟环境中，与虚拟世界进行互动。增强现实则是在现实世界的基础上，叠加计算机生成的虚拟信息，使用户能够同时感知和互动真实环境和虚拟元素。在教育培训、产品设计、医疗手术等领域，虚拟现实和增强现实技术可以改善学习效果、提升设计创新和优化工作流程。

6. 区块链（Blockchain）

区块链技术是一种去中心化的分布式账本技术，通过加密算法和共识机制，确保数据的不可篡改性和透明性。其核心特征包括分布式存储、去中心化、数据不可篡改和透明可追溯。区块链技术最初应用于数字货币领域，在数据交换、金融支付、供应链管理等领域，区块链技术可以实现安全的数据传输和可追溯的交易记录，支持数字化转型和智能化应用的发展，其独特的优势使其在多个行业中得到广泛关注和应用。

从"数"与"智"的角度来看，数智化不仅是信息化和数字化的延伸，更是数据驱动和智能化应用的集成体现。在今天的社会和经济发展中，数智化已经成为推动各行各业变革与提升的重要力量（图1-1）。

数字化是将传统的模拟信息转化为数字形式，通过信息技术手段进行数据的采集、存储、处理和传输。数字化的核心在于利用计算机和网络技术，对信息进行电子化处理，以实现数据的高效管理和利用。智能化是指利用人工智能技术，使系统或设备具备感知、学习、决策和执行的能力，以实现自主化和智能化的操作。智能化的核心在于通过机器学习、自然语言处理、计算机视觉等技术，使计算机系统能模拟和扩展人类智能。数智化是数字化与智能化的深度融合，旨在通过数据的数字化和智能化处理，实现各个领域的高效运作和智能决策。数智化不仅是对信息的电子化处理，更是对数据进行智能分析和利用，从而推动系统和组织的优化和创新。数智化具有以下五个显著特征。

图 1-1　数智化技术涵盖的六项关键技术

（1）数据驱动：数智化以数据为基础，通过数字化技术采集和存储海量数据，为智能化处理提供数据支持。数据驱动的决策使得系统能够实时响应环境变化，优化资源配置。

（2）智能分析：利用人工智能和机器学习技术，对海量数据进行深入分析，提取有价值的信息和知识。智能分析不仅提高了决策的准确性，还能发现潜在的趋势和机会。

（3）智能决策：通过智能化算法，对复杂问题进行分析和决策，提供最优解决方案。智能决策系统能够在面对复杂和动态环境时，作出快速而准确的反应。

（4）自主执行：利用自动化和机器人技术，将智能决策转化为具体的操作和行为，实现自主化执行。自主执行系统能够在无人干预的情况下，完成复杂的任务和操作。

（5）持续优化：通过不断的数据采集和智能分析，持续改进和优化系统和流程，提高整体效能。持续优化使得系统能不断适应环境变化，保持高效和稳定的运行。

当然，随着时代变迁和技术产业的快速转型升级，数智化技术的内涵还在不断外延。其技术更加多元、更加智慧。譬如，生成式人工智能的出现不仅加强了数据分析和预测的能力，还深化了人机交互的智能化水平。此外，随着 5G、区块链、边缘计算等新兴技术的融合，数智化技术正朝着更广泛、更深入的应用方向发展，为各行业带来了更多创新机会和效益提升空间。转型的时代是需要守正创新的时代，"数智化"通过学习分析和个性化学习平台，高校可以更好地理解学生的学习需求和进度，提供定制化的教育方案和支持；研究者可以利用大数据技术来分析和挖掘科研数据，加速科学研究的进程，发现新的知识和解决方案，有助于提升教育质量和科技创新能力。

（三）高等教育领域对于"数智化"的研究与理解

以"数智化"为主题词在中国知网中进行主题检索，搜索的学科选定为"高等教育"，截至 2024 年 7 月 23 日，共检索到 441 篇文献（图 1-2）。2019 年，随着《中国教育现代化 2035》提出加快信息化时代教育变革，推进教育治理体系和治理能力现代化，高等教育学界开始纷纷关注智能技术对于教育的赋能。在中国知网上可搜寻到的最早的文献是由王珮等学者于 2020 年在《校企合作机制下财务专业人才培养模式的探索与实践》文中提到了关于学生"数智化能力"培养的相关概念。2021 年，天津大学教育学院刘玲学者将"数智化"与思想政治教育相结合，提出通过智能技术对思想政治教育影响，旨在提升高校教育教学质量和水平。信息社会背景下，我国教育信息化从 1.0 时代走到 2.0 时代，全国教育工作会议提出实施国家教育数字化战略行动。自此以后，随着人工智能技术的突破和大数据等技术的应用，数智化也成为教育领域改革创新的发展方向，数智化背景下高等教育领域的相关研究也呈逐年上升趋势。

文献总数：420 篇；检索条件：主题——数智化；检索范围：总库　—●— 年度趋势

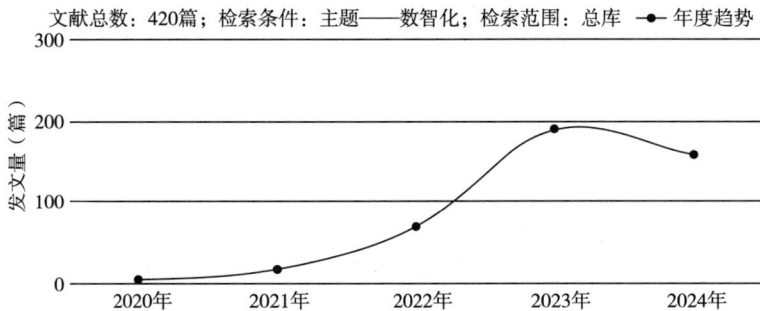

图 1-2　以"数智化"为主题词在高等教育领域的发文趋势

在研究内容方面，有关高等教育"数智化"转型逐渐形成了两种话语体系。一种是数智化背景下的技术主义，主要探讨新技术给教育带来的前景与期待，倒逼高校育人模式的创新变革，以及技术异化带来的风险警惕与防范措施；另一种是以高等教育的本质属性为基点，探讨数智技术与教育的共生环境，相互影响的关系，重在实现高等教育内部一致的主体性价值。

同济大学校长郑庆华院士在接受人民网的专访时指出，在全球范围内，人工智能技术的持续演进正日益凸显为教育革新的核心驱动力。在教育界，这一技术不仅在教学手段、学习模式及未来教育形态上引发了深刻的变革，还深刻渗透到教育的核心理念、文化根基及整体生态体系之中。具体而言，人工智能技术的运用促进了定制化学习的兴起，如智能导学系统的应用、虚拟教学助手的辅助以及学习过程的即时反馈与评估机制，使"个性化教育"理念得以强化。数据驱动的人工智能技术不仅显著提高了科学研究的效率和深度，还推动了科学思维方式的革新。在这一变革中，教师的角色虽然无法被取代，但善于运用人工智能的教师将具备显著的竞争优势。郑庆华院士以同济大学为例，介绍了学校采用"1+N"策略推进人工智能的应用，其中，"1"指的是人工智能本体的理论技术突破，依赖于学校的重点实验室和相关学科；"N"指的是其他所有学院，包括传统学科和人文社科类的学院。强调将人工智能作为通识教育的一部分，渗透到本科和研究生教育中，并改造专业课程，还强调人工智能在教育中的赋能作用与育人平衡，通过规划、贯通和服务等多种手段，全面推动人工智能技术的应用，促进学科交叉融合，培养更多创新型人才。

福建省职业技术教育学会会长陈瑞晶在《数智化赋能职业教育、高等教育、继续教育协同创新发展》一文中认为职业教育、高等教育和继续教育的协同创新是建设终身学习体系的关键。数智化能够打破这些教育类别之间的壁垒，促进资源共享和相互补充，从而提高整体教育质量。从整体系统的角度出发，提出数智化赋能"三教"协同创新发展的实践应呈现开放包容、融通转换、共享互补、智慧治理的生态。此文对数智技术创新"三教"协同发展的现代化转向充满期待。广西师范大学冯世昌博士在《拓维与共生：数智时代高校教学评价体系建设的高质量发展路径》中分析高校教学评价体系存在教学主体缺位、教学功能异化、教学评价结构的非对称性、教学评价效果的非互惠性，提出了在数智时代推动高校教学评价体系高质量发展的综合策略，强调数智技术与教学评价深度融合的重要性。

在当今技术变革迅速的时代，高等教育界正积极探索和理解"数智化"的重要性与意义。这不仅是关于数据和技术的应用，更是关于如何在科技发展的同时，保持和强化人文关怀的平衡。传统的高等教育强调学科专业和实用技能的培养，但现在我们需要更多关注跨学科的融合和知识的综合运用。例如，北京大学的"数智化+"战略和"数字与人文年"倡议，旨在通过跨学科的交叉和知识的融合，让学生不仅能掌握技术工具，还能够深入理解世界的真、善、美，培养出具有全面人文素养和科技应用能力的新一代人才。这种综合的教育理念不仅有助于学术研究的创新，也能够更好地引领学生面对未来的挑战和机遇。

但是，根据中国知网的数据统计，从相关文献的学科分布来看，"数智化"背景下教育领域相关研究主要集中于会计、计算机软件及计算机应用、贸易经济等学科，鲜少有研究将"数智化"与思想政治教育相结合（图1-3）。因此，深入探索数智化技术在思想政治教育中的应用显得尤为必要。这不仅有助于提升思想政治教育的效果，还能促进教育整体的创新与发展。

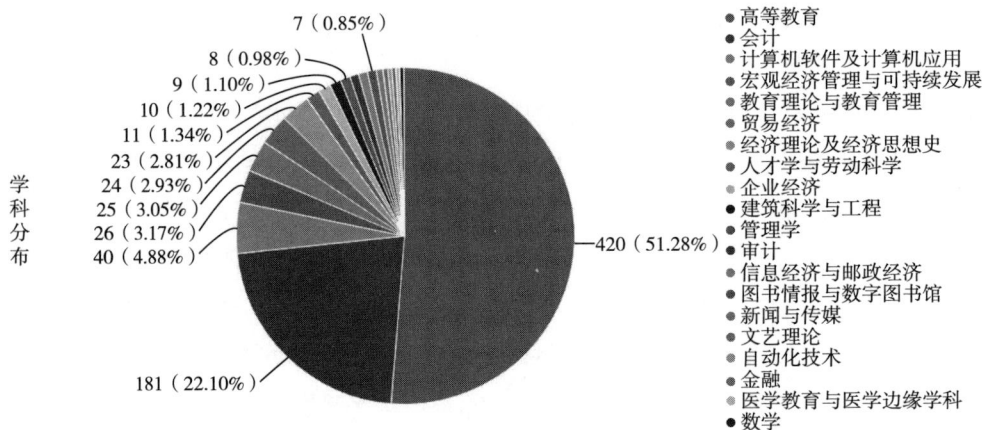

图 1-3　以"数智化"为主题词的相关文献学科分布

二、教育数智化

（一）教育数智化概念

《中国智慧教育蓝皮书》指出智慧教育是数字时代的教育新形态，与工业时代教育形态有着质的差别。根据《中国教育现代化 2035》提出的战略目标，到 2035年，中国将总体实现教育现代化，迈入教育强国行列，推动我国成为学习大国、人力资源强国和人才强国。广义上的教育数智化涵盖了教育系统的全面数字化和智能化，是一个系统性和综合性的变革过程。而狭义上的教育数智化则更侧重于具体的教学和管理环节，通过应用数字技术和智能技术提高教学质量和管理效率。两者相辅相成，共同推动教育现代化的发展。

《2024 年政府工作报告》提出要大力推进现代化产业体系建设，加快发展新质生产力；深入实施科教兴国战略，强化高质量发展的基础支撑。当前，在中国已经有许多成功的数智化教育应用案例，如智慧校园、智能课堂、在线教育平台等，这些应用验证了数智化技术在教育中的有效性和可行性。现代社会对高素质、创新型人才的需求不断增加，传统的教育模式已经难以满足这种需求。教育数智化为培养适应新时代要求的人才提供了新的路径。

北京大学张平文院士认为教育是数智化的应用场景之一，教育引导数智化发展，数智化对教育的影响体现在教师、学生、终身学习、学科建设、校园公共设施建设、国际交流、教育公平、创新能力与人才培养等方面。提出教育引导以人为本的数智化发展的理念。

华东师范大学祝智庭教授指出，教育的数字化转型主要集中在"将数字化转型看作一种策略或方法"和"将数字化转型视为一种过程或者模式"两个方面，其价值取向是建立在数字化转换和数字化升级的基础上，使教育系统具有更强的运行活力与更高的服务价值。

教育数智化是指将数字技术和智能技术广泛应用于教育领域，旨在提升教育质量、优化教育资源配置、实现个性化学习和教育公平，是运用先进的数字技术和智能化工具，如大数据分析、人工智能、虚拟现实等，深化教育教学管理，提升教育效率和质量的重要途径。教育数智化的推广不仅可以提升教育公平和服务质量，还能为产业发展提供高素质人才支持，推动现代化产业体系的建设和新质生产力的发展。因此，教育数智化不仅是教育数字化的转型，更是通过数字化转换和升级，为国家经济社会发展提供持续的智力支持和科技创新动力。

（二）数智化技术在国内外高校的应用情况

采用数智化技术对于全球大学来说变得越来越重要。这些技术能够帮助教育机构响应个性化教育的需求，提升研究能力，提高行政效率，营造一个更加高效、个性化和数据驱动的教育环境（图1-4）。

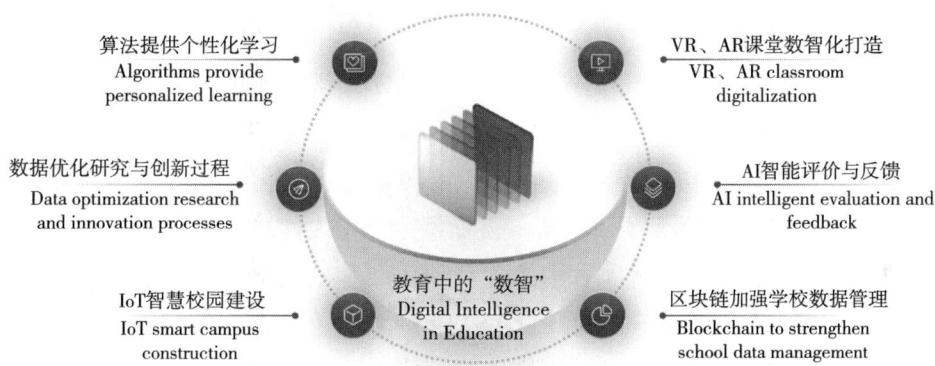

图1-4 数智化技术在教育中的六大应用场景

1. 算法提供个性化学习

个性化学习是数智化产生重大影响的另一个领域。哈佛大学开发了自适应学习平台，利用机器学习算法根据个人学生的需求定制教育内容。哈佛的个性化学习计划使用AI驱动的平台来跟踪学生进度、识别学习差距，并建议定制的学习路径。这种方法提高了学生的参与度和学业表现。清华大学以"千亿参数多模态大模型GLM"为平台与技术基座，研发了AI助教系统，以支持各学科教师教学和学生学习。自2023年秋季学期起，清华大学有八门课程进行了试点，其中五门课程的相关系统已完成第一阶段的开发，并开始初步使用。这些AI助教系统不仅能够提供全天候个性化学习支持、智能评估和反馈，还可以辅助学生进行深入思考和激发学习灵感，创新了教学模式。当前，上海正大力推进AI垂直领域的产业发展，对交叉人才的需求显著增加。复旦大学在2024年推出了"AI课"，建立了包括AI通识基础课程、AI 专业核心课程、AI 学科进阶课程和 AI 垂直领域应用课程在内的完整课程体系。复旦大学成立了 AI 大课建设团队和专家委员会，以不断完善 AI 课程的建设和质量控制机制，确保课程质量，并致力于将优质课程资源推广至社会。

2. 数据优化研究与创新过程

美国麻省理工学院（MIT）利用 AI 和大数据来提升研究能力，从数据收集和分析到新研究工具的开发。麻省理工学院的计算机科学与人工智能实验室（CSAIL）使用机器学习来处理和分析大量的研究数据。这加速了科学发现的步伐，并使更复杂的跨学科研究项目成为可能。美国加州大学伯克利分校实施了一个数据分析平台来管理学生入学、课程安排和教师分配。该系统利用预测分析来预测入学趋势，帮助大学更有效地分配资源并减少瓶颈。浙江大学通过建设"一站式"服务平台，整合了校内各类资源和服务，方便师生通过一个入口完成多种事务的办理。学校学生可根据自己的兴趣、关注的研究方向，精准寻找合适的科研项目和学术导师；学校教师也可自由发布科研项目，招募本科生并指导其开展科学研究，这不仅提高了办事效率，还提升了用户体验。

3. IoT 智慧校园建设

智慧校园计划旨在通过集成 IoT、AI 和数据分析技术创建一个更加互联和高效的校园环境。英国格拉斯哥大学在实施智慧校园解决方案方面处于前沿。格拉斯哥大学在其校园内部署了 IoT 传感器，以监控能源使用、优化供暖和制冷系统，并增强建筑安全。此外，AI 驱动的聊天机器人能够帮助学生解答问题，提升整体校园体验。上海交通大学基于云计算、大数据等新型应用基础设施，开展数据治理提供数据支撑，推出"交我办"移动校园建设 APP，上线"公共基础设施云计算平台"，涵盖学校教学、科研、校务治理、校园服务等方面，为学生提供了多种服务，提升了整体校园体验。此外，在 2024 年 5 月，上海交通大学推出了试用版的"思源 AI 助学平台"。目前，该平台支持学生自行绘制知识图谱，强化学习，并能生成专业知识地图，找出重叠和差异明显的知识点，从而优化课程体系。

4. VR、AR 课堂数智化打造

当前，已有不少高校利用物联网、人工智能和大数据技术，打造互动性强、个性化教学的学习环境。高校采用智能设备如电子白板、平板电脑和学习管理系统（LMS），可以实时收集学生的学习数据，通过 AI 分析学生的学习行为和表现，提供个性化的学习建议和反馈。同时，许多高校引进虚拟现实和增强现实技术，让学生能在沉浸式环境中进行实践操作和模拟实验，提升学习体验和效果。例如，学生可以通过 VR 设备，身临其境地体验历史事件、科学实验或地理环境，增强对知识的理解和记忆。AR 技术可以将虚拟的教学内容与现实环境相结合，增强课堂互动性和趣味性。通过 AR 应用，学生可以将课本中的图形和动画投影到现实中，进行互动操作，加深对抽象概念的理解。此外，VR 和 AR 技术还可以用于职业教育和培训，模拟真实的工作环境和操作过程，提高学生的实践技能和职业素养。

5. AI 智能评价与反馈

智能评价与反馈系统利用生成式 AI 技术和大数据分析，实现对学生学习情况的全面评估。通过自动化的测试和数据分析，教师能快速了解学生的知识掌握情况和能力发展水平。智能评价系统不仅能够进行传统的考试评分，还可以通过分析学生的学习过程数据，提供更为详细和精准的反馈报告。这些反馈能帮助教师调整教学策略，帮助学生识别自身的优势和不足，制订改进计划，促进学生全面发展。当前，复旦大学开发了基于生成式人工智能 AIGC 的智能学术评价系统和基本学术指标表现监测平台。智能学术评价系统可以对学术论文、期刊等进行全面、客观、科学的评价。该系统利用 AIGC 的强大能力，从多个维度和角度挖掘和呈现学术数据的规律和特征，生成各种指标，展示学术质量、影响力、趋势、热点等信息。基本学术指标表现监测平台能够对比分析学校与对标院校在 22 个 ESI 学科的发展情况，并且对学校内部的详细发文清单进行指派。

6. 区块链加强学校数据管理

区块链在学历和证书管理方面具有显著优势。通过区块链技术，学历、学位证书及其他教育资质可以得到永久、不可篡改的存档记录，有效防止伪造证书的现象。去中心化的存储方式能保证证书的真实性和透明性，简化用人单位和教育机构的验证过程。学生的学习记录、成绩单、课堂表现等数据也可以通过区块链进行安全存储和管理。这样不仅能确保数据的完整性和安全性，还能使得教育数据在不同教育机构之间无缝对接，便于学生转学、升学和跨校交流。此外，区块链技术可以应用于教育资源共享和版权保护。教育资源如课件、视频、电子教材等可以通过区块链进行分发和管理，确保资源的版权得到保护，并实现资源的合理共享，促进教育公平与透明。

第四节　数智化背景下课程思政的理念与价值

一、数智化背景下课程思政的生成逻辑

（一）全媒体时代催生思政育人载体变革

多伦多传播学派的先驱哈罗德·亚当斯·伊尼斯（Harold Adams Innis）认为"一种新媒介的长处，将导致一种新文明的产生"。在数智化背景下，全媒体传播的迅速发展催生了思想政治教育载体的变革，为课程思政的生成提供了新的背景和契机。全媒体传播作为一种新型的信息传播方式，涵盖了传统媒体、新媒体、社交媒体等多种形式，形成了无处不在、无时不有的信息传播网络。这种传播方式不仅改

变了信息的传播路径和方式，还深刻影响了思想政治教育的内容、方法和载体，为课程思政的创新发展提供了丰富的资源和广阔的空间。

首先，全媒体传播的广泛覆盖和实时性为思想政治教育提供了更广阔的传播平台。在数智化背景下，学生通过各种媒介接触到的信息量大幅增加，信息获取的便捷性和及时性显著提高。这为课程思政提供了更多的教育契机和传播途径。教育者可以利用全媒体平台，如微信、微博、短视频平台等，将思想政治教育内容及时传播给学生，增强教育的覆盖面和影响力。其次，全媒体传播的互动性和参与性为思想政治教育提供了更多的互动渠道和反馈机制。传统的思想政治教育方式往往是单向灌输，缺乏互动和反馈，而全媒体传播则为师生之间的互动和交流提供了更多的可能性。通过在线讨论、互动问答、实时反馈等方式，教师可以与学生进行深入的思想交流和探讨，及时了解学生的思想动态和学习需求，从而有针对性地进行教育引导。最后，全媒体传播的开放性和共享性为思想政治教育的资源共享和协同创新提供了新的平台。在数智化背景下，各类教育资源和教学成果可以通过全媒体平台实现共享和传播，打破了时空限制，促进了教育资源的公平分配和高效利用。

（二）教育现代化促使学生全面发展

实现教育现代化是国家发展的重要战略目标，旨在提升教育质量，促进学生全面发展。数智化背景下，教育现代化不仅体现在教育理念和教育内容的创新，更体现在教育手段和教育模式的变革。课程思政作为教育现代化的重要路径之一，通过将思想政治教育有机融入各类课程中，推动教育现代化进程，实现"立德树人"的根本任务。

首先，教育现代化强调以人为本，关注学生的全面发展。传统的教育模式往往侧重于知识传授，忽视了学生的思想品德和价值观念的培养。而课程思政通过将思想政治教育内容融入专业课程，使学生在学习专业知识的同时，也能接受思想政治教育，培养正确的价值观和社会责任感。这种教育理念的转变，符合教育现代化的要求，推动了教育模式的创新。其次，教育现代化要求教学内容的综合性和系统性。课程思政通过将思想政治教育与各类课程内容有机结合，实现了知识体系教育与思想政治教育的有机统一。在理工科课程中，教师可以结合工程伦理和科学精神进行思想政治教育；在文科课程中，可以通过历史事件和文学作品讲述价值观和道德观。这种综合性的教育内容，不仅提升了课程的教育价值，也增强了学生的综合素质和实践能力。最后，教育现代化推动了教育评价体系的改革。传统的教育评价体系往往侧重于学科知识的掌握和考试成绩，忽视了思想政治教育和综合素质的培养。而课程思政通过数字化手段，将思想政治教育纳入评价体系，实现对学生全面素质的综合评价。可以通过在线平台记录学生的课堂参与、实践活动、创新能力等方面的表现，形成多维度的评价体系。这种评价体系的改革，有助于全面反映学生的学习效果和思想进步，促进学生全面发展。

（三）人的数字化生存样态日益加深

随着互联网、大数据、人工智能等技术的快速发展，人的数字化生存样态日益加深，深刻影响了人们的生活方式和思维方式。这种背景下，课程思政的生成和发展具有重要意义。

首先，数字化技术的广泛应用改变了传统的教学方式。通过在线学习平台、虚拟仿真技术、智能课堂等手段，课程思政可以更加灵活和高效地开展。教师可以利用在线平台进行互动式教学，通过虚拟仿真技术让学生体验真实的社会情境，从而增强思想政治教育的实效性。这种教学方式的变革，不仅提高了教学效果，也提升了学生的学习体验和参与积极性。其次，数字化时代的信息传播速度和范围大大增加，社会价值观呈现出多元化趋势。在这种复杂的社会环境中，如何帮助学生树立正确的价值观和良好的道德品质，成为教育的重要任务。课程思政通过整合信息技术和思政教育资源，利用互联网和社交媒体等渠道，传播社会主义核心价值观和思想政治教育内容。学校可以通过微信公众号、短视频平台等途径，发布思想政治教育内容，扩大思想政治教育的覆盖面和影响力。这种多元化的信息传播方式，有助于引导学生形成正确的价值观和社会责任感。最后，数字化技术为课程思政的个性化和差异化教育提供了可能。通过大数据分析和人工智能技术，教师可以精准了解每个学生的学习情况和思想状况，制定个性化的教育方案。可以通过学习管理系统记录学生的学习轨迹和思想动态，分析他们的兴趣爱好和发展需求，提供有针对性的教育支持。这种个性化和差异化的教育方式，不仅提高了教育的针对性和实效性，也促进了学生的全面发展。

二、数智化背景下课程思政的基本理念

（一）以尊重人的差别为根本前提

在数智化背景下，课程思政的基本理念之一是尊重人的差别。从行为主义的角度来说，个人差异论提出，在进行劝服性传播之前，大众传播媒介应首先了解受众的兴趣、爱好、需求、价值观和态度，然后选择相应的信息进行传播。由此，在数智化背景下，课程思政教育应关注和尊重学生个体的差异性，以此为基础开展思想政治教育工作。从哲学视角来看，尊重人的差别体现了教育人本主义的核心理念。人本主义学习理论强调教育应以人为本，尊重个体的独特性和自主性。数智化技术的应用能够将这一理念得以实践。通过对个体差异的尊重和关注，教育不仅是知识的传递，更是对学生个体价值和潜能的认同和激发。课程思政在这一理念的指导下，不仅关注学生思想政治素养的提升，更注重学生全面人格的塑造和个体潜能的发挥。

数智化技术为实现这一理念提供了有力支持。大数据技术能够精确捕捉每个学生的学习轨迹和行为特征，生成详尽的学习画像。这种基于数据的个性化分析，使教师可以在教学过程中因材施教，根据每个学生的特点设计个性化的教学方案。此外，人工智能技术能根据学生的实时学习数据，动态调整教学内容和进度，实现个性化教学的即时反馈和调控。这种技术赋能的教育模式，不仅提升了教学效果，也在尊重个体差异的基础上，最大限度地激发了学生的学习潜力和创新能力。

（二）以服务人的需要为价值立场

课程思政在数智化背景下强调以服务人的需要为价值立场。功能主义理论强调社会各部分在协同合作的基础上，有秩序地为实现社会的需要而发挥作用。教育的功能主义理论重视教育与社会的关系，教育应当服务于个体和社会的多重需求，促进个体的发展和社会的进步。数智化技术的应用，使课程思政在满足学生多样化需求方面具备了前所未有的优势。

首先，数智化技术为满足学生的学习需求提供了丰富的资源和工具。在线教育平台、虚拟现实技术和人工智能等技术手段，使教育资源的获取变得更加便捷和多样化。学生可以根据自己的兴趣和需求，自主选择和学习不同的课程和知识领域。这种自主选择权的赋予，极大地增强了学生的学习动机和自主性。其次，服务人的需要还体现在对学生个体发展需求的关注上。美国心理学家亚伯拉罕·马斯洛（Abraham Maslow）认为，个体的发展需求不仅限于生理和安全需求，还包括社会、尊重和自我实现方面的需求。数智化技术能够通过多维度的数据分析，全面了解学生的需求，并提供个性化的支持和服务。例如，通过智能化的心理健康监测系统，可以及时发现和干预学生的心理问题，提供心理咨询和疏导服务。这种全方位的关注和服务，使得教育更加人性化和全面化。

（三）以促进人的全面发展为目标旨归

深化教育改革终极目标是人的发展。蔡元培先生强调德、智、体、美、劳全面发展的教育目标，这与数智化背景下课程思政的基本理念高度契合。在数智化背景下，课程思政的最终目标是促进人的全面发展。这一目标旨归体现了马克思主义教育观的基本要求，即培养德智体美劳全面发展的社会主义建设者和接班人。数智化技术的应用，为实现这一目标提供了新的路径和方法。

首先，数智化技术在德育方面的应用，使得思想政治教育更加精准和有效。通过大数据分析，教师可以全面了解学生的思想动态和行为表现，针对性地开展思想政治教育活动。其次，数智化技术在智育方面的应用，使得知识的传递和获取更加高效和便捷。在线学习平台、虚拟现实技术和智能学习系统等，为学生提供了丰富的学习资源和工具。学生可以根据自己的兴趣和需求，自主选择和学习不同的课程和知识领域。这种自主学习模式，不仅提升了学生的学习效果，也培养了他们的自主学习能力和创新精神。在体育、美育和劳育方面，数智化技术也发挥了重要作用。通过智能化的健康监测设备和在线运动平台，学生可以进行个性化的体育锻炼，提升身体素质。虚拟现实技术为美育教育提供了沉浸式体验，学生可以在虚拟环境中进行艺术创作和审美活动，增强他们的艺术感受和审美能力。新时代下劳动教育是各层次学校贯彻党的教育方针的必然要求，课程思政通过技术赋能和教育创新，有效促进了劳动教育的发展。通过虚拟实验、在线实践平台和智能化工具，学生可以更直观地了解和参与各种实际工作场景，培养实际操作能力和职业技能。

三、数智化背景下课程思政的价值意蕴

（一）缓解思想政治教育供需失衡问题的迫切要求

在当今的教育环境中，思想政治教育面临供需失衡的问题。学生数量庞大，需求多样化，传统思想政治教育模式难以高效满足这些需求。数智化背景下的课程思政，通过大数据、人工智能等技术，能精准识别和分析学生的思想动态、兴趣爱好和需求，提供针对性更强的教育服务。通过数据分析，教育者可以掌握不同群体学生的思想状况和需求差异，从而制定更加个性化和精准的教育方案。这样不仅提高了教育的覆盖面和实效性，还能有效缓解传统思想政治教育中供需不匹配的问题。数智化技术的应用使得教育资源得以高效整合和共享。通过在线教育平台和虚拟课堂，优质的思想政治教育资源能够突破地域和时间的限制，惠及更多学生。特别是在教育资源相对匮乏的地区，数智化教育手段可以弥补传统教育资源的不足，促进教育公平。这种资源共享模式，不仅提高了教育资源的利用效率，还推动了教育普惠化的发展，满足了广大学生的思想政治教育需求。

更为重要的是，数智化背景下的思想政治教育能够实现即时反馈和动态调整。通过智能教学系统，教育者可以实时监控学生的学习情况和思想动态，及时发现问题并进行针对性的指导和干预。这种即时反馈机制，不仅提高了教育的针对性和有效性，还能够及时调整教育策略，满足学生不断变化的需求，确保思想政治教育的质量和效果。

（二）升级高校思政课精准教学模式的必然选择

在数智化背景下，高校思想政治课的精准教学模式升级是提升教育质量和效果的必然选择。传统的思想政治课教学模式，多采用大班授课和统一教学内容，难以充分满足每个学生的个性化需求和发展要求。数智化技术的引入，通过大数据分析和智能算法，能够实现对每个学生学习情况和思想状况的精准把握，从而制定个性化的教学方案。精准教学模式的核心在于数据驱动和个性化定制。通过对学生学习

数据的实时监控和分析，教育者可以了解学生的学习进度、兴趣点和薄弱环节，进而制订针对性的教学计划和辅导方案。这不仅提高了教学的针对性和有效性，还能够激发学生的学习兴趣和主动性，从而达到更好的教学效果。

数智化背景下的精准教学模式体现了以学生为中心的教育理念。现代教育理论强调学生在学习过程中的主体地位，认为教育应该以学生的需求和发展为导向。数智化技术的应用，通过个性化教学和精准辅导，满足了学生多样化的发展需求，推动了教育质量的全面提升。

（三）促进青年学生个性化成长成才的必由之路

数智化背景下，课程思政为促进青年学生的个性化成长和成才提供了重要路径。传统教育模式往往以教师为中心，忽视了学生个性化发展的需求，而数智化技术通过智能化学习平台和个性化教学设计，能够充分尊重并满足学生的个性化需求，促进其全面发展。建构主义强调学生在学习过程中的主体地位，认为知识是学生在与环境互动中主动建构的结果。个性化成长需要尊重学生的独特性，数智化背景下的课程思政通过智能学习系统，学生可以根据自己的兴趣和学习需求，自主选择学习内容和学习路径，进行个性化的学习。这种自主学习模式，不仅能激发学生的学习兴趣和潜力，还能培养其自主学习能力和创新思维，为其未来的发展奠定坚实基础。

数智化背景下，思想政治教育通过智能化的学习平台和个性化的教学设计，使学生能够在自主学习和实践中不断建构和完善自己的思想体系和价值观念。数智化课程思政还体现了人本主义教育理论的核心思想，关注人的情感、态度和价值观。数智化技术通过个性化教学和智能辅导，能更好地满足学生在认知、情感和价值观等方面的全面发展需求，从而促进学生的个性化成长和成才。

（四）培育新型劳动者发展新质生产力的重要环节

在数智化背景下，课程思政不仅是思想政治教育的重要手段，更是培育新型劳动者、发展新质生产力的重要环节。马克思认为："生产力，即生产能力及其要素的发展"。而劳动者的素质和能力是生产力的重要组成部分。数智化课程思政通过思想政治教育与专业教育的有机结合，通过精准化和个性化的教育手段，通过注重实践和解决实际问题的教育模式，推动了劳动者素质和能力的全面提升，从而促进了新质生产力的发展。新质生产力的核心在于知识、技术和创新，数智化课程思政通过将思想政治教育有机融入各类课程，推动学生综合素质的全面提升，从而为新质生产力的发展奠定坚实基础。

首先，数智化课程思政强调思想政治教育与专业教育的有机融合，这种融合是培育新型劳动者的关键。新型劳动者不仅要掌握先进的技术和专业知识，还需要具备正确的价值观、责任感和社会担当。通过课程思政，思想政治教育内容得以渗透专业课程，使学生在学习专业知识的同时，能够接受系统的思想政治教育。这种教育模式不仅提升了学生的专业素养，还增强了他们的社会责任感和道德意识，为新质生产力的发展奠定了坚实的基础。其次，数智化课程思政通过大数据、人工智能等技术手段，实现了思想政治教育的精准化和个性化。现代生产力的发展需要劳动者具备较强的创新能力和适应能力，而这正是数智化课程思政所关注和培养的重点。再次，数智化课程思政注重培养学生的实践能力和解决实际问题的能力。这与新质生产力对劳动者的要求高度契合。现代生产力的发展不仅依赖于先进的技术和设备，更有赖于劳动者的实际操作能力和创新能力。通过数智化课程思政，学生不仅能够掌握理论知识，还能在实践中不断提升自己的操作技能和应用能力，为新质生产力的发展注入新的活力。

拓展内容

将教育家精神融入高校课程思政

高校作为人才培养的摇篮，其根本任务是立德树人。思政教育是落实立德树人根本任务的关键。将教育家精神融入高校教师思政工作，引导教师主动用习近平新时代中国特色社会主义思想铸魂育人，强化课程思政优秀教师示范引领，对加快教育现代化、建设教育强国具有重要意义。

传统的思政教育往往侧重于理论灌输和说教，难以激发学生的学习兴趣和主动性。高校应根据时代发展的需要和人才培养的目标，不断完善思政课程体系和教学内容。通过增设相关课程、优化教学内容等方式，将教育家精神融入课程思政教学，以生动具体的教育家故事、案例分析等方式，使思政教育更加贴近学生实际，更具针对性和实效性。教育家们的成功经验、思想理念能够为学生提供宝贵的启示和借鉴，帮助他们更好地理解和把握思政教育的核心要义，提高学习效果。高等教育的内涵式发展要求高校在提升教育质量的同时，注重培养学生的创新精神和实践能力。将教育家精神融入课程思政教学，正是实现这一目标的重要途径之一。教育家精神强调理论与实践相结合、知行合一的教育理念，有助于引导学生关注社会现实、积极参与社会实践，培养他们的创新精神和实践能力。高校在课程思政教学中应注重强化实践育人环节，通过开展社会实践活动、志愿服务等活动，让学生在实践中感悟教育家精神，增强社会责任感和使命感。

将教育家精神融入课程思政教学，对于促进教师队伍的专业成长也具有重要意义。教育家精神强调因材施教、求是创新、乐教爱生等教育理念，这些理念对于提升思政课教学质量与效果具有重要意义。将教育家精神融入课程教学，可以促使教师不断更新教育观念，创新教学方法和手段，注重培养学生的创新精神和实践能力。

同时，教育家精神所倡导的敬业精神和奉献精神，也能激励教师更加投入地工作，提高教学热情和责任感，从而提升教学质量和效果。教育家精神是教师职业精神的精髓和灵魂，它要求教师具备高尚的师德师风、深厚的专业素养和不懈的创新精神。通过学习和传承教育家精神，教师可以不断提升自己的教育教学能力和水平，增强自身的责任感和使命感，从而更好地履行教书育人的职责。具有教育家精神的教师具有"生命自觉"，能洞察教育的本质与规律，注重关心爱护每一个学生，尊重他们的个性和差异，为他们提供公平而有质量的教育。在高校课程思政教学中，能够注重培养学生的同理心和关爱他人的意识，让他们成为有担当、有责任感的社会主义建设者和接班人。

第二章

数智化背景下
高校课程思政的现状分析

　　本章主要全面探讨数智化背景下高校课程思政的现实情况及面临的挑战与机遇。第一节从高校课程思政的现实困境出发，分析了传统模式下教育内容和过程的精准化不足问题，以及实施中面临的困难，着重探讨了精准思政的挑战。第二节聚焦数智化技术如大数据、人工智能、物联网等在课程思政中的关键作用，探讨了其在教育内容定制、教育过程控制和教育评价实时化等方面的发力点，同时分析了技术赋能下可能出现的困境和路径把控策略。第三节展示了数智化背景下高校课程思政的机遇转变，强调了教育内容定制化、教学过程可控性调节、教育资源个性化配置以及实时性评价的重要性。第四节深入分析了数智化背景下高校课程思政面临的风险挑战，包括教育主体与数据关系的复杂性和技术应用可能带来的伦理挑战。本章旨在全面评估数智化背景下高校课程思政的现实状况，并为其未来发展提供理论支持和实践指导。

第一节　高校课程思政现状

当前，高校课程思政在"大思政视域"下展现出丰富多彩的发展面貌，通过多种创新举措和教育实践，积极推动思想政治教育工作的全面深化和现代化发展。"行走的思政课"让思政教育从"书本"走向"社会"，将思政教育融入校园生活和社会实践中，通过参观调研、社区服务等方式，使学生能在实践中感受和理解国家政策、社会变革及其背后的价值理念，实现思政小课堂同社会大课堂的巧妙结合，将脚步迈向了更广阔的社会大舞台。大中小思政课一体化建设，与实践为高校课程思政提供了有力的支撑和保障，打破了传统教育阶段的壁垒，实现了从基础教育到高等教育的思政课程无缝对接，确保了思政教育内容的连贯性和系统性。通过跨学段、跨学科的协同合作，高校与中小学共同构建了一个完整的思政教育体系，让学生在不同学习阶段都能接受符合其认知水平和成长需求的思政教育内容，实现思政教育的全程覆盖和全面渗透。

党的十八大以来，经过各级党委、教育主管部门、学校等各方面力量的共同努力，思政教育的思想性、理论性和亲和力、针对性不断增强，取得了显著的教学成效，最直观地表现为学生听课满意度的提升。华中师范大学徐晓军教授通过收集学校 3450 名大学生的调查问卷了解高校"课程思政"建设的现状与效果，结果显示在课程思政内容的教学效果上，学生的反馈总体向好，超过七成学生认为教师在课堂上重视道德情操教育，能积极引导学生树立正确的价值观念，培育学生的自我意识、社会责任感和家国情怀，并表示会在生活实践中坚定践行社会主义核心价值观。

在课程、教学、教师"三位一体"的推动下，学生不仅掌握了扎实的专业知识，还具备了良好的道德品质和社会责任感，成为有理想、有本领、有担当的时代新人；教师的教学积极性和创新能力被充分激发，形成了一支政治强、情怀深、思维新、视野广、自律严、人格正的思政课教师队伍。一代人影响下一代人，凸显了优秀思政教育强大的生命力和影响力。

一、高校课程思政的现实困境

"课程思政"被当作一种全新的育人模式提出，旨在通过革新教育理念和优化教学方法，提升高校思想政治教育的整体质量并全面提高育人实效。尽管这一理念在中国高等教育中得到了广泛认同和推广，但在以实际操作推进教育改革过程中需要扎实的理论基础和现实依据。前文已详细阐述了相关理论，作为合理性维度的论证思考，具体推进过程中遇到的问题应成为关注重点。要开创"课程思政"育人模式的新局面，必须解决建设过程中遇到的实际问题，以下将从四个方面详细阐述国内各高校在课程思政开展上的主要困境及其原因。

（一）课程思政理念与实际教学开展存在脱节

课程思政的理念强调各类课程在教授专业知识的同时，注重思想政治教育的渗透。然而，在实际操作中，课程思政理念与实际教学存在明显脱节，主要体现在三个方面。一是理念认知不足，许多高校在宣传课程思政理念时，教师对其认知存在偏差，部分教师将课程思政简单理解为思想政治理论课的扩展，而没有深入理解其在专业课程中的具体实施方式。二是实践操作缺乏指导，在实际教学过程中，教师往往不知道如何将思想政治教育有机融入专业课程中，存在操作困难和无从下手的情况。三是评价体系不健全，课程思政的效果难以量化评价，现有的评价体系多停留在形式检查，缺乏科学、系统的评价指标。

其归因，一方面由于教师自身的思想观念未能及时转变，缺乏对课程思政深入系统的培训和学习。同时，高校管理层在推行课程思政时，重视政策宣传而忽视了具体实施的培训和指导。另一方面，缺乏具体的实施方案和操作指南，导致教师在教学设计和课程实施过程中感到迷茫。而且，不同学科、不同专业的课程思政实施方式存在较大差异，统一的指导难以满足各类课程的具体需求。再者，思政教育的效果具有隐性和长期性的特点，难以通过传统的考试和测评进行量化。同时，高校在建立课程思政评价体系时，缺乏经验和成熟的评价模型，导致评价体系不完善。

（二）专业课程与思政内容结合有难度

在许多专业课程中，特别是理工科专业课程，将思政内容自然地融入教学内容存在较大困难，其困境主要体现在三个方面。一是课程内容本质差异，理工科课程中的专业知识与思政教育内容在本质上存在差异，教师在讲授专业知识时，往往难以找到合适的契机融入思政教育。二是案例和素材相对缺乏，教师在设计课程时，常常缺乏合适的案例和素材来支持思政内容的融入，导致教学内容生硬，难以引起学生共鸣。三是课程思政创新不足，当前许多课程思政内容仍停留在传统的爱国主义教育、社会主义核心价值观教育等层面，缺乏与时俱进的创新内容。

主要原因如下：第一，理工科课程注重知识和技能的传授，其内容多为客观事实和技术操作，而思政教育内容更多涉及价值观念、政治理论和社会意识形态，这两者在教学目标和内容上存在较大差异，难以自然融合。第二，课程思政资源开发滞后，缺乏针对不同专业课程的具体案例和素材。第三，教师自身也缺乏对这些资源的搜集和利用能力。第四，课程设计者未能充分考虑学生的兴趣和需求，未能将思政教育内容与现代社会热点、学生关注点有效结合。第五，高校对课程思政的创新研究和投入不足，导致思政教育内容单一、陈旧。

（三）课程思政师资力量不足

教育部印发的《高等学校课程思政建设指导纲要》指出，全面推进课程思政建设，教师是关键。要推动广大教师进一步强化育人意识，找准育人角度，提升育人能力，确保课程思政建设落地落实、见功见效。许多教师在专业领域具有较强的教学和科研能力，但在思政教育方面缺乏系统的培训和经验，难以胜任课程思政的要求。许多高校也存在"各自为政"和"单兵作战"的问题。由于缺乏教师集体研讨和共建共享，数字教学资源的开发和整合遇到了瓶颈。资源统筹和信息分享不足，无法最大化优质教学资源的效用。

主要原因在于：第一，高校在教师培养和发展中，重视专业能力的提升，往往忽视了思政教育能力的培养。不少青年教师工作负担重，除了承担专业课程教学外，还要兼职行政工作，缺乏时间和精力进行思政教育的学习和培训。第二，高校在课程思政实施过程中，缺乏统筹协调，未能建立有效的跨学科合作机制。第三，思政教师与专业教师在课程思政的目标、内容和方法上存在认知差异，影响了协同合作的效果。第四，当前思政教师的社会地位和薪资水平较低，缺乏吸引力，导致高素质的思政教师供不应求。第五，高校在师资队伍建设中，对思政教师的重视程度不够，投入不足。

（四）课程思政协同合力不够

在推动课程思政过程中，虽然各学院都制定了独立的人才培养计划，但这些计划在形式上相似，目标都是立德树人。尽管学校倡导的方向与各学院的努力大体一致，但在实际实施过程中，未能形成有效的合力，导致较大偏差，学科建设整合不足，思想上和学术上都有欠缺。其困境主要体现在三个方面。一是各学院的独立性和分散性导致了课程思政推进过程中的"各自为政"。这种情况使得不同学院在实施课程思政时缺乏协调和统一的方向，导致整体效果分散。学院之间缺乏系统性的沟通和合作，造成了思想政治教育资源的浪费和重复建设，难以形成合力。二是教师集体研讨和共建共享的缺失进一步加剧了这种分散性。由于缺乏集体讨论和资源共享的平台，数字教学资源的开发和整合遇到了瓶颈。各学院和教师在设计和实施课程思政时，往往依赖于个人经验和理解，缺乏系统性和科学性的指导。这不仅导致教学资源利用效率低下，也使课程思政内容难以创新和发展。三是开展和落实部门的认识缺乏。在一些学院看来，"课程思政"更多是为了响应学校的号召或完成教学任务，具有"强制执行"的意味。这种应付式的态度背离了课程思政的本质理念，制约了教师的主观能动性，削弱了教师在教学中的创造性和积极性。教师在实施课程思政时，往往感到压力和负担，缺乏主动性和热情，影响了课程思政的实际效果。

其掣肘因素如下：第一，高校内部组织结构较为分散，各学院在管理上具有较大的自主权。这种分散的管理机制虽然有助于学院独立开展工作，但在课程思政这样需要协同推进的项目上，却显得无力。不同学院在实施课程思政时，缺乏统一的指导和协调，导致资源浪费和重复建设。学院之间缺乏系统性的沟通和合作机制，思想政治教育资源未能得到有效共享。由于各学院的目标和任务不同，沟通成本较高，导致在课程思政的实施过程中，各自为政，难以形成有效的资源整合和协同合作。第二，部分教师和管理者对课程思政的理念理解不到位，认为课程思政只是学校的一项任务或政策要求，缺乏深入的认识和理解。这种应付式的态度使得教师在实施课程思政时，缺乏主动性和积极性，难以发挥主观能动性和创造性。对于一线教师来说，由于缺乏系统性的指导和科学性的规划，教师在实施课程思政时，教学资源的利用效率低下。教师在设计课程时，往往缺乏创新性和创造性，难以将课程思政内容与专业知识有机结合，影响了教学效果。第三，学校在推动课程思政过程中，缺乏有效的激励机制，未能激发教师的积极性和创造性。教师在实施课程思政时，存在缺乏成就感和认同感的现象，影响了课程思政的实施效果。同时，教师之间交流受限于相应平台和机制的提供，使得互动有阻碍，同行的交流与认同难以获得。

（五）部分大学生对于课程思政开展淡漠化

"课程思政"的成效落点还是在学生。虽然课程思政旨在通过学校环境和专业课教师的引导，塑造符合社会发展要求的价值观，其成效主要体现在强调学生的主体性和自觉能动性上。然而，部分大学生对专业课中渗透思政元素持淡漠态度。其"淡漠化"主要体现在三个方面：一是学生对课程思政内容的理解和接受度不高。许多学生将课程思政视为传统思政教育延续，认为其内容过于抽象和理论化，与实际生活和专业学习脱节。他们往往缺乏对课程内容的深入探索和思考，对其教育价值产生怀疑，导致在课堂上表现出漠视或不积极参与的态度。二是许多大学生在接受课程思政教育时表现出兴趣缺乏和参与积极性不高。在带有思政元素的实践活动如"第二课堂"中，一些学生表现出消极懈怠，回避参加活动，而花费大量时间和精力沉迷于网络的虚拟世界中，日常不规律作息。三是部分学生对于课程的教学方法和形式感到厌倦和无趣。课堂上单一的教学模式和缺乏互动的传统教学方式，未能激发学生的学习兴趣和参与欲望。这种情况下，学生容易产生对课程的消极情绪，对教学过程持消极态度，表现出敷衍了事或者流于形式的现象。

造成"淡漠化"的因素，一方面存在于课程思政内容设计与学生实际生活的距离。课程思政内容的传达方式和表达方式未能与学生的思维方式和兴趣相契合。部分学生可能对传统的课堂讲授和单向传递的教学方法感到厌倦，认为这种方式缺乏足够的互动和实践性，变成被动接受课程思政的教育，影响育人效力。而且，课程思政内容设计在涉及教育与生活密切相关的问题时，有时可能未充分考虑学生的生活经历和社会背景。例如，对于当前青年学生面临的社会挑战和发展需求，思政教育的内容设计是否能够及时回应和适应，是一个亟须解决的问题。如果学生感觉到课程思政未能关注到他们真正关心和面对的问题，他们可能会对课程内容产生畏难情绪，从而表现出对课程的淡漠态度。另一方面，课程思政的开展场域仍局限于课堂，与专业课程、思政课程拉不开差别。传统的思政教育往往被学生视为课堂上的一种教育义务，而非真正能渗透到学生日常生活和学术研究中的有机组成部分。因此，即使课程思政试图通过专业课程中的思政元素来扩展其影响力，若仍然沿用传统的教学方式和场景，学生可能难以感受到思政教育对其学术和职业发展的直接价值。

二、高校精准思政的现实困境

精准思政，即根据学生的具体情况、有针对性地开展思想政治教育工作，是新时代思想政治教育的重要发展方向，强调的是因材施教、个性化指导，从而达到最佳教育效果。在数智化背景下，课程思政的实施更需要关注学生的个体差异和具体需求，这与精准思政的理念相契合。课程思政是大范围的覆盖，而精准思政则是具体化和个性化的实施。因此，在数智化背景下的课程思政，有必要分析当前精准思政工作的开展现状，拓宽研究视野，从而助力学科范式转换。

基于数智化技术积极开辟思想政治教育新阵地，深入挖掘数智化技术背景下思想政治教育的全新模式与多元样态，有利于持续创新思想政治教育理念、方法、载体与话语体系，推动思想政治教育理论向着尊重学生、关注学生的方向发展。通过精准思政的理念，能更精准地分析和理解学生的思想政治教育需求，从而优化课程思政的设计和实施策略，可以更有效地将思想政治教育融入不同专业、不同课程的教学中，使其更加贴近学生的实际，增强课程思政的实效性和吸引力。然而，当前数智化技术在思政教育中的应用还处于探索阶段，尽管许多高校逐渐引入数智化技术，希望通过其赋能来提升思想政治教育的效果，但是目前仍然存在一些挑战和限制。

（一）精确之困：学生群体多样性造成需求动态难把握

面对学生群体的多样性，高校在实施精准思政教育时面临着一个挑战，即学生需求的动态性。大数据技术虽然可以帮助高校收集和分析学生的数据，但要做到及时准确地捕捉到学生需求的变化并进行有效的调整，仍然需要高校拥有一定的灵活性和反应速度。

随着社会的发展和个人成长环境的变化，学生的需求也在不断变化。学生群体的多样性主要体现在个体之间的差异性以及群体之间的差异性两个方面。一方面，个体之间的差异性使每位学生在思想观念、学习习惯、兴趣爱好等方面都存在着较大的差异。由于每个人的成长环境、家庭背景、性格特点等因素不同，他们对于思政教育的接受程度和方式也会有所不同。例如，有些学生可能更倾向于通过听讲座、参加讨论等方式来获取知识，而另一些学生则可能更喜欢通过阅读书籍、观看视频等途径来进行学习。有些学生可能对某些热点话题更感兴趣，而另一些学生可能更注重实践和应用。因此，如果高校只是简单地依靠大数据技术进行整体推送或者推广，很难做到因材施教，满足每位学生个性化的需求。另一方面，群体之间的差异性也是影响高校思想政治教育的重要因素。不同专业、不同年级、不同背景的学生往往具有不同的思维方式、学习目标和需求特点。比如，理工科学生可能更注重实践能力的培养，而文科学生则更关注人文素养的提升；本科生可能更看重专业知识的学习，而研究生则更重视学术研究的深度和广度。因此，高校在进行思政教育时，需要根据不同群体的特点和需求来有针对性地开展工作，及时准确地捕捉学生需求的变化，并采取相应措施进行有效调整和优化，才能更好地满足学生的个性化需求，提高思政教育工作的针对性和实效性。

（二）精密之困：教学资源分散化引发思政元素难聚合

随着社会的不断发展和学科的不断深化，高校的学科体系日益细分，不同学科或专业的教学目标存在差异，一些高校在组织架构上存在体系分立的情况，存在思政教育资源分散的现象，使得思政教育的元素无法在教学过程中得以聚合统一地体现和传播。虽然部分高校已经开始利用大数据技术进行智能化的数据分析，但是存在欠缺深入挖掘、发现不同教学资源之间的内在联系和价值的问题，从而影响在思政教育工作中进行更为精准的资源配置和利用。

一方面，教学资源分散导致了思政教育元素的碎片化。在当前高校的思政教育体系中，思政教育的内容涵盖了政治理论、国家政策、社会文化等多个方面，需要各个学科的支持和协调。然而，由于各学科之间的界限和教学资源的分散，思政教育往往呈现出碎片化的状态，难以形成系统化的教学内容和方法。这使得学生在接受思政教育时往往只能零散地了解一些知识点，缺乏整体性和深度性的学习体验。另一方面，教学资源分散也导致了思政教育过程中的信息孤岛现象。在高校中，思政教育的资源可能分布在不同的学院、不同的部门，甚至不同的教师之间，形成了信息孤岛，难以实现资源的共享和整合。这就意味着即使有了大数据技术的支持，也很难将各个部门、学科的思政教育资源整合起来，无法形成统一的教学体系和教学方法。这不仅增加了学校管理的复杂度，也影响了思政教育的效果和质量。再者，教学资源分散还会导致思政教育工作的重复建设和浪费。在各个学院或部门都开展思政教育的情况下，可能会出现相同或类似的教学内容和方法被重复建设的现象，造成资源的浪费和教学效率的降低。而如果能够将教学资源进行整合和共享，不仅可以避免资源浪费，还能够提高思政教育工作的效率和质量。因此，高校在思政教育工作中需要借助大数据技术的支持，对教学资源进行全面、系统的管理和分析，加强跨学科合作，整合和共享教学资源，构建统一的教学体系和教学方法。

（三）精妙之困：教学手段传统化致使思政课堂欠新颖

数智化时代下学生对于教学形式的需求在不断变化，需要更加丰富多样的教学手段来激发学生的学习兴趣和主动性。然而，由于传统教学模式的束缚和教师教育观念的滞后，当前一些高校的思政课堂教学仍然停留在传统模式下，无法充分利用大数据技术的优势，导致思政教育赋能效果不佳。

一方面，传统化的教学手段影响了思政课堂教学的创新性和灵活性。传统的思政教学过程往往以教师为中心，教学模式相对固定，缺乏创新的教学内容和方法，难以吸引学生的注意力和兴趣，学生参与度和互动性不高，难以将大数据技术充分介入课堂教学过程，开展个性化教学、数智化教学等，从而导致思政课堂教学缺乏吸引力和实效性。并且，随着社会的发展和进步，思政教育需要不断更新和创新，以适应时代的变化和学生的需求。在传统教学模式下，教学内容和案例的单一化导致教学过程中产生的数据有限且难以量化，使大数据技术无法充分发挥其在思政教育中的作用，对学生的学习情况和需求进行精准分析和指导。

另一方面，传统化的教学手段还限制了大数据技术在思政教育中的应用。大数据技术具有强大的数据分析和挖掘能力，可以帮助教师更好地了解学生的学习情况和需求，从而实现个性化教学。然而，由于思政课堂教学仍然采用传统的教学手段，教师很难将大数据技术与教学相结合，无法充分利用大数据技术为思政教育提供精准的支持和指导，导致即使有了大数据技术的支持，思政教育仍然难以实现精准化。此外，囿于教师的教学惯性思维，缺乏对信息技术的把控力和数据的敏感度，难以有效地处理和分析大数据。出现了在大量数据下，教师无法从中提取有效信息并进行分析，发挥大数据技术在思政教育中作用的现象。因此，高校需要改变传统的教学方式，采用更加创新和灵活的教学手段，将大数据技术与思政教育相结合，通过引入新颖的教学技术和工具，加强教学手段的创新和多样化。

（四）精当之困：教学评价滞后性导致学情分析不及时

数智化技术需要依托大量的数据来进行分析和挖掘，传统的教学评价往往设置在每学期结束，且可能需要较长的时间来收集、整理和分析数据，导致评价结果的滞后，无法及时反馈给系统，就会导致数据的积累速度缓慢，从而影响了数据分析的准确性和全面性。

一方面，传统的教学评价主要以学生的考试成绩和课堂表现为主要依据，而对于学生的思想政治素养、价值观念和社会责任等方面的评价往往缺乏系统性和全面性。这使得教学评价无法全面反映学生的整体发展水平和特点，也无法提供对学生思政学情的深入分析和洞察。同时，传统的教学评价往往依赖于周期性的考试成绩和定期的学生评教，这种评价方式的反馈周期较长，往往需要等到学期末才能获取评价结果。而在这段时间内，学生的学习情况和思想动态可能已经发生了变化，因此依靠这种滞后的评价方式很难及时了解学生的实际需求和问题，也难以对思政教育工作进行及时的调整和优化。另一方面，教学评价结果的反馈机制不够健全。当前高校对于思政教育的教学评价往往采用传统的问卷调查、师生座谈会等方式，评价周期较长，结果反馈时间较晚，使教师无法及时了解学生的学习情况和思想动态，难以及时调整和优化教学内容和方法。并且，在获取教学评价结果后，倘若缺乏有效的反馈机制，也难以将评价结果及时传达给相关教师和管理者，并进行针对性的指导和反馈，会导致思政教师及管理者无法及时了解学生的学情和需求，无法针对性地开展思政教育工作。因此，高校亟待借助大数据技术的支持，建立起信息化的教学评价体系，加强对数据收集和处理的管理和优化，完善系统和平台建设，以提升评价结果及时性和准确性。

思想政治教育不仅是信息的传递，还涉及人文关怀和思想引领，如何在数据驱动的背景下保持思政教育的人文温度和深度，是需要认真思考和解决的问题。数智化技术的应用为精准思政提供了丰富的学生数据和精准化的教育策略。对数智化背景下高校精准思政的现实困境进行分析，不仅有助于厘清实施过程中的挑战和限制，更能为制定出针对性的政策措施提供理论和实践支持。

第二节　数智化背景下高校课程思政现状

一、数智技术赋能课程思政的重要发力点

正如前章提到，数智化技术涵盖了大数据、人工智能、物联网、云计算、虚拟现实与增强现实、区块链等多个关键技术。数智化技术与课程思政的创新融合，不仅可以提升教育教学的效率和质量，还能深化学生的思想政治教育效果和实践能力。随着技术的不断进步和教育理念的更新，数智化技术在教育领域的应用将继续扮演重要角色，为构建现代化、智慧化的教育体系贡献力量。

（一）大数据技术与课程思政的融合

第一，大数据技术能通过对学生学习数据的分析，实现个性化教育的目标。美国的 Knewton 公司（一家总部位于纽约的网上教育初创企业）利用大数据技术开发了智能教育平台，根据学生的学习情况和学习风格，精准推荐课程内容和学习路径，

提升学习效果。在课程思政中，可以通过分析学生的思想动态和行为模式，针对性地设计课程内容和教学方法，增强教育的针对性和实效性。第二，大数据技术可以监测和分析社会舆情，帮助政府和学校及时掌握社会各界的思想动态和舆论走向，从而有针对性地进行思想政治教育和社会管理。例如，一些舆情分析公司就运用大数据技术，为政府和企业提供舆情监测服务，通过数据分析帮助客户更好地应对社会事件和舆论挑战。在课程思政中，可以利用这一技术优势，及时了解学生群体的思想动向和情绪变化，从而有针对性地进行思想引导和舆论教育。在中国，已经有不少高校开始利用大数据分析学生的网络行为和社交媒体言论，把握学生的思想动态，开展思政工作。第三，通过大数据技术分析教育资源的分布和利用情况，可以更公平地配置教育资源，提升教育服务的均等化和普惠性。例如，一些教育科技公司利用大数据分析，优化学校和教育资源的分配，确保更多学生能够获得优质的教育资源，从而促进社会的公平与包容。第四，大数据技术可以通过跟踪和分析学生在思想政治教育课程中的表现和反馈数据，评估教育效果和学生的思想政治素质提升情况。例如，法国巴黎政治学院利用大数据技术，分析学生在课程思政教育中的互动和反馈数据，评估不同教育策略的有效性，为教育政策的调整提供科学依据。

（二）人工智能与课程思政的融合

2023 年是生成式人工智能迅猛发展的一年。通过美国开放人工智能研究中心（Open AI）、谷歌旗下人工智能助手（Gemini）和英伟达推出的大语言模型（AI Foundry）提供的 API 和大型语言模型，不少教育科技初创公司已经开始在生成式人工智能（Generative artificial intelligence）领域探索。

生成式人工智能有如下优势：第一，人工智能技术可以根据学生的学习习惯、知识点掌握情况和学习进度，提供个性化的学习路径和内容推荐。印度领先的教育技术公司 Adda247 创始人兼首席执行官阿尼尔·纳加尔（Anil Nagar）表示："人工智能和机器学习的集成将使教育科技平台能够根据个人需求定制教育内容，为学生创建个性化的学习风格和学习路径。"美国斯坦福大学两名计算机科学教授创办的大型公开在线课程项目 Coursera 和哈佛大学和麻省理工学院共同创立的非营利性在线教育项目 edX 等在线学习平台利用 AI 技术，分析学生的学习行为数据，自动调整课程难度和推荐学习资源，以提升学习效果和学生的学习动机。第二，人工智能有助于课程思政内容生成，无形中推翻各学科之间的壁垒。中国的一些教育科技公司开发了基于 AI 的智能辅导系统，能识别学生的情感状态，提供个性化的心理疏导和情感支持，从而促进学生的全面发展和思想政治教育效果。仅在 2024 年初，中国就有超过 19 个大语言模型研发厂商，例如阿里云"通义千问"、科大讯飞"星火"、昆仑万维"天工"等。随着大语言模型对社会相继开放，有望在课程思政内容生成中发挥关键作用，通过深度学习和自然语言处理技术，将不同学科的理论与实践知识进行有机融合，从而加强学生对复杂社会问题的综合理解和解决能力。这种跨学科的内容生成不仅可以增强课程的深度和广度，还能够培养学生的跨学科思维和创新能力，为未来的学术研究和社会实践提供有力的人才支持，有助于推动课程思政教育的现代化转型，为培养具有全球竞争力的人才奠定坚实基础。第三，人工智能可以降低学习成本，提高课程思政触及学生、影响学生的效率。课程思政质量是不可忽视的，由于学生表现出对课程思政学习的淡漠化，主观能动性较差，加之，不同的学生有不同的兴趣、需求和能力，评估课程思政的在线学习系统的绩效是很困难的。加拿大教育科技初创公司 Korbit Technologies 为学生开发了基于对话的智能辅导系统（ITS），将其命名为 Korbit，为学生定制由 AI 支持的个性化学习体验，轻松地扩展到数千个科目，可以帮助学生以经济实惠的方式更快更好地学习。在课程思政领域，通过智能辅导系统，学生可以在个性化的学习环境中自主探索和学习，进而增强他们对课程思政的理解和认同，提升整体的教育质量和效果，通过突破场域界限，去中心化的教育模式，有效降低学习成本，推动课程思政迈向智能化发展。

（三）物联网技术与课程思政的融合

放眼全球，各类物联网教育设备的销量持续增长，预计到未来几年将更多地被应用于教育领域，促进学习资源的普及和教育服务的优化，为课程思政的跨学科整合提供技术支持和实施基础。第一，物联网技术可以通过传感器和设备，实时监测学生在学习过程中的行为和反应。例如，教室内安装的传感器可以收集学生的出勤率、学习集中度和互动情况等数据。这些数据可以被用于分析评估课程思政的实施效果，帮助教师了解学生的学习状态和情感反应，及时调整教学策略和内容；也可以供学校教学督导及时关注教师在课程思政教育过程中的动态表现。芬兰的智能课堂项目通过物联网设备监测学生的注意力和情绪变化，帮助教师实时调整教学策略，提升了课堂互动和学生参与度。此项目的成功应用表明，物联网技术在增强课程思政教学互动性和个性化方面具有显著优势。第二，物联网技术支持在线教育平台和远程学习系统的建设，通过互联的设备和网络，实现跨地域的协同学习和资源共享。例如，国际上一些教育机构利用物联网技术建立虚拟教室和实时互动平台，让学生能够跨越地域障碍，共同参与课程思政的学习和讨论，促进跨文化理解和共识的形成。在 2022 年联合国经社理事会青年论坛上，来自科技、环保、教育等领域的中国青年就通过线上视频会议的形式，向国际发出富有建设性的声音，向世界展示中国青年的坚定主张和铿锵力量。第三，物联网技术可以支持创建智能化课堂环境，例如利用智能白板、智能设备和传感器等设备，实现教师与学生之间的互动和实时反馈。通过互动体验，学生可以更直观地理解和参与课程思政的学习。在中国，不少高校引入了智能课堂系统，通过物联网技术实现学生作答即时反馈、投票互动等功能，提升了课堂教学的互动性和参与感。

（四）云计算与课程思政的融合

第一，云计算平台可以处理和存储大量数据，这为课程思政教育提供了强大的数据分析能力。通过对学生学习行为、兴趣爱好和学习效果的数据分析，教育者可以获得有价值的洞察。例如，通过大数据分析，教师可以了解学生的思想动态和价值观念，从而在教学内容和方式上做出有针对性的调整，增强思政教育的针对性和实效性。云计算技术还可以将大量的课程思政教育资源，如教材、课件、多媒体资料等，统一存储在云端平台上。师生可以随时随地通过互联网访问这些资源，享受便捷的学习和教学环境。例如，美国的谷歌教室（Google Classroom）和微软 Office 365 教育（Microsoft Office 365 Education）等教育云平台，已经广泛应用于学校和教育机构。课程思政的资源共享不仅能提升教学资源的利用效率，还能确保不同地区和学校的学生都能享有同等质量的思想政治教育资源，促进教育公平，扩大思政教育的辐射范围。第二，云计算技术支持跨地域、跨学科的教育资源共享和协同学习。教师和学生可以通过云平台实时共享和协作，共同探讨和学习课程思政内容，促进思想交流和学术合作。例如欧洲一些大学利用云计算平台推动跨国教育合作，例如伊拉斯谟世界计划（Erasmus Mundus Programme）是欧盟支持欧洲教育、培训、青年和体育的计划，通过云端资源共享和远程协作工具，促进了跨文化交流和思想教育的深化，为学生提供了更广阔的学术视野和交流平台，推动跨文化理解和思想教育的深化，使思想政治教育不再受限于时间和空间。第三，云计算平台具备强大的计算和存储能力，能够为每个学生提供个性化的学习体验。例如，通过云平台的智能辅导系统，教师可以为学生提供个性化的学习计划和辅导建议，帮助学生更好地理解和掌握思政课程的内容。此外，云计算平台还可以实时跟踪学生的学习进度和效果，及时发现和解决学习中的问题。中国以阿里云、腾讯云等为代表，开发了基于云计算技术的智能教育平台，通过大数据分析和个性化学习推荐系统，显著提升了学生的学习效率和参与度，为课程思政的全面发展提供了有力支持。

（五）虚拟现实（含增强现实、混合现实）与课程思政的融合

《虚拟现实与行业应用融合发展行动计划（2022—2026 年）》指出要深化虚拟现实在行业领域的有机融合，在中小学校、高等教育学校、职业学校建设一批虚拟现实课堂、教研室、实验室与虚拟仿真实训基地，面向实验性与联想性教学内容，开发一批基于教学大纲的虚拟现实数字课程。可见，虚拟现实技术将进一步创新教育新生态，为课程思政带来新体验。

第一，虚拟现实技术能够模拟真实的情境和场景，将学生置身于历史事件或社

会实践中，深度感受和体验相关的思想政治教育内容。VR 技术可以创造高度沉浸的虚拟环境，让学生仿佛置身于历史事件、社会场景或文化氛围中。例如，在进行爱国主义教育时，教师可以使用 VR 带领学生"参观"红色革命圣地，亲身体验历史事件的发生过程，增强学习的真实感和情感共鸣。沉浸式学习体验能够激发学生的兴趣和参与度，使思政教育更具感染力和影响力。以杭州职业技术学院为例，其马克思主义学院在"必由之路"主题馆开展 VR 赋能思政课，结合"四史"展陈所呈现的波澜壮阔的百年党史，生动诠释人民至上的价值理念和历史实践。学生们运用 VR 设备和教学资源展开理论教学（图 2-1）。该校还依托"必由之路"主题馆，运用场馆"四史"展陈、裸眼 3D 云展馆、VR 设备资源等教学场地和资源开展思政课教学，使思政课真正"活"起来，得到了广大师生的支持和喜爱。

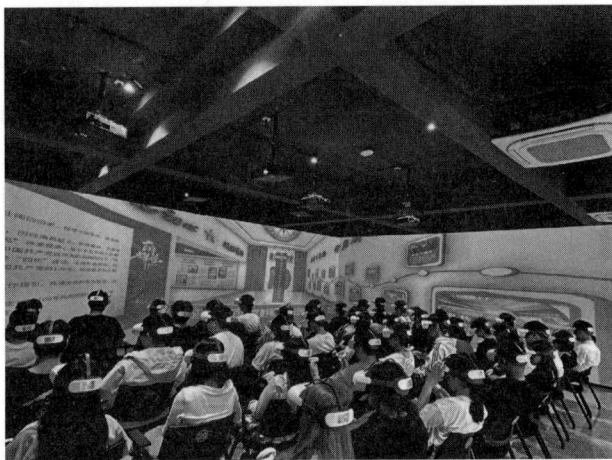

图 2-1　杭州职业技术学马克思主义学院开展 VR 赋能思政课

第二，增强现实技术通过在现实世界中叠加虚拟信息和互动元素，为学生提供个性化的学习路径和互动体验。以中南大学为例，该校开设"友善"体验课堂，课堂分为测评区、学习区、体验区、践行区四个区域，同学们可以在课堂上"参观+讨论"，通过小程序打卡、AR 互动合影、实时弹幕分享、剧场情景演绎、互动游戏等一系列体验环节收获沉浸式的学习体验，实现"场域化氛围+情境式体验"，推动无形的思想灌输转化为有形的实践体悟，从而深入理解和参与到思想政治教育中。

第三，增强现实技术通过在现实世界中叠加虚拟信息和互动元素，提供个性化的学习体验和交互式教学场景。教师可以利用 AR 技术在课堂上展示实时的政治演讲、思想理论分析等内容，激发学生的学习兴趣和参与度。例如，在讲授中华优秀传统文化时，教师可以利用 VR 技术展示古代建筑、文化遗产和传统工艺的虚拟重建，让学生身临其境地感受传统文化的魅力。此外，AR 技术可以将教材中的平面图片转化为三维模型，丰富教学资源，增加课堂的趣味性和互动性。

（六）区块链技术与课程思政的融合

《中国区块链创新应用发展报告（2023）》指出，在 2023 年，我国区块链技术应用方向已经涵盖了实体经济、社会治理、民生服务、金融科技等领域。其中，在教育领域，已经利用区块链技术对 23 万余名适龄儿童完成了义务教育入学线上资格核验的服务。可见，区块链作为一种去中心化、安全性高的技术，正在逐渐应用于教育领域，为课程思政的发展提供了新的可能性和解决方案。它主要通过数据的透明性、安全性和可追溯性，增强了教育管理的效率和信任度，同时也为学生提供了更加公正和透明的学习环境。第一，区块链技术可以用于学生的身份认证和学术成绩的安全存储。区块链的不可篡改性和透明性的特点可以大大提升课程思政数据的可信度。思政课程涉及学生的思想、价值观和道德观念等敏感数据，通过区块链技术可以确保这些数据的真实性和透明度。比如，教师可以将学生的学习记录、参与活动、评估结果等信息存储在区块链上，确保数据的真实性和不可篡改，增强教育管理的透明度和公信力。例如，美国的麻省理工学院媒体实验室（MIT Media Lab）已经在尝试使用区块链技术管理学生的学术记录，确保学生的学术成绩和学习经历的透明、可信。第二，可用于学术诚信与防作弊。在课程思政中，学术诚信是一个重要的教育目标。区块链技术可以有效防止学生在作业、考试和评估中的作弊行为。例如，学生提交的作业、考试成绩等可以通过区块链技术进行记录和验证，确保数据的真实可信。这样，不仅有助于培养学生的诚信意识，还可以提高思政教育的公正性和权威性。第三，区块链技术的去中心化特点可以实现教育资源的高效共享。不同学校和教育机构可以通过区块链平台共享课程思政的教学资源、案例和教材，避免资源的重复建设和浪费。例如，各地的思政教师可以将优秀的教学案例和视频上传到区块链平台，供其他教师参考和使用。这不仅提高了资源利用率，还促进了思政教育的均衡发展。第四，区块链技术在保护学生隐私方面也具有独特优势。传统的教育数据管理系统往往面临数据泄露和隐私侵害的风险，而区块链技术通过加密算法和分布式存储，可以有效保护学生的隐私。例如，学生的个人信息和学习记录可以通过区块链技术进行加密存储，确保数据的安全性和隐私性，增强学生的信任感。

二、数智化技术赋能高校课程思政的困境分析

虽然数智化技术在课程思政中的应用具有巨大潜力，但要真正实现其赋能作用，还需在基础设施建设、学生适应度差异、师资力量提升、资源建设、教学模式创新、政策支持和管理机制等方面做出持续努力和改进。

（一）基础设施建设不足

中国高校在推动数智化技术与课程思政的融合过程中，基础设施建设的滞后是

一个关键障碍。尽管部分高校已经具备较为完善的硬件设施和网络环境，但整体来看，尤其是中西部等地区的高校，基础设施建设仍然不足。第一，硬件设备不足。高校需要大量高性能计算设备、服务器、传感器、VR和AR设备等来支持数智化技术的应用。然而，这些设备成本高，维护复杂，许多高校难以负担。尤其在资金有限的情况下，学校在购置设备时面临巨大压力。第二，网络基础设施滞后。数智化技术应用需要高速、稳定的网络支持。然而，部分高校，特别是偏远地区的网络带宽和稳定性较差，无法满足大数据、云计算和实时互动等应用的需求。这种网络基础设施的不健全，限制了数智化技术的推广和应用。第三，数据中心建设不完善。高校在建设和运营自己的数据中心时，往往面临技术和资金双重难题。若缺乏可靠的数据存储和处理平台，大数据分析和人工智能技术均难以有效实施。第四，运维能力不足。即使有部分高校配备了先进的数智化设备，但由于缺乏专业的运维团队和管理经验，设备的使用效率和寿命得不到保障，影响了技术的正常应用。

基础设施建设的不足直接制约了数智化技术在课程思政中的应用广度和深度。没有良好的基础设施，教师无法充分利用技术进行教学创新，学生也难以获得良好的学习体验和资源支持。最终，课程思政的教育效果受到影响，难以实现全面提升。

（二）学生适应度有差异

学生对数智化技术的接受度和适应能力存在显著差异，这种差异不仅影响学生的学习效果，也对数智化技术在课程思政中的推广和应用构成了挑战。第一，技术素养差异。学生的技术素养存在显著差异，部分学生对数智化技术较为熟悉，能快速适应新技术带来的变化；而另一些学生则对新技术不熟悉，甚至有抵触情绪，难以跟上技术驱动的教学节奏。第二，学习习惯差异。传统的教学模式注重课堂讲授和书本学习，而数智化技术带来了更多互动和自主学习的机会。这种转变要求学生具备较强的自律性和学习规划能力，但部分学生在这些方面相对薄弱，难以适应新的学习模式。第三，技术资源可及性差异。虽然数智化技术可以带来丰富的学习资源，但由于经济条件、地域差异等因素，不同学生获取这些资源的机会不均等。一些学生无法拥有先进的设备或稳定的网络连接，导致他们在使用数智化技术时面临困难。第四，学习效果评估困难。数智化教学模式下，如何科学、客观地评估学生的学习效果和思想政治教育的实际成效仍是一个挑战。现有的评估标准和方法可能无法全面反映数智化技术对学生思想政治素质的提升情况。

学生适应度的差异，导致数智化技术在课程思政中的推广面临阻力。适应能力较弱的学生可能无法充分利用技术带来的学习机会，学习效果和参与度受到影响。同时，技术素养的差异也可能加剧教育的不公平，影响整体教育质量的提升。

（三）师资力量需提升

教师是数智化技术与课程思政融合的关键推动者，但目前师资力量的提升面临多重挑战。这些挑战既包括教师对新技术的理解和掌握，也涉及培训机制和支持系统的建设。第一，技术理解和掌握不足。许多思政课教师对数智化技术的理解和掌握有限，缺乏使用大数据、人工智能、物联网等技术进行教学的经验。这种技术知识的缺乏，限制了教师在课程中应用新技术的能力。第二，培训机制不完善。虽然有些高校开始对教师进行数智化技术应用的培训，但总体来看，培训的覆盖面、深度和系统性都不足。许多培训仅停留在技术的基本操作层面，缺乏与教学实践深度结合的内容。第三，时间与精力有限。教师通常面临繁重的教学任务和科研压力，难以投入足够的时间和精力学习和应用数智化技术。尤其是年长的教师，更加习惯传统教学方式，对新技术的接受度较低。第四，教学创新动力不足。部分教师对教学创新缺乏动力，认为现有的教学方法已经足够有效，对引入数智化技术存在抵触情绪。这种缺乏积极性的现象，制约了数智化技术在课程思政中的应用。

师资力量提升的不足，会直接影响到数智化技术在课程思政中的有效应用。教师若不能充分利用新技术，易导致教学模式和内容难以创新，学生也难以通过数智化技术获得更好的学习体验和思想政治教育效果。长期来看，将影响课程思政通过教师发挥"纽带"的作用。

（四）资源建设有欠缺

优质资源的建设和共享是数智化技术在课程思政中有效应用的基础。然而，目前高校在资源建设方面仍面临诸多困难，主要体现在资源的数量、质量和共享机制等方面。第一，优质资源数量不足。数智化思政教育需要大量的优质数字资源，如教学视频、互动案例、虚拟实验等。但目前，这些资源的数量尚未达到预期，许多高校在资源建设方面仍处于起步阶段。第二，资源质量参差不齐。即便已有一些数字资源，但其质量参差不齐，缺乏统一的标准和规范。一些资源内容陈旧、形式单一，难以吸引学生的兴趣和关注，无法充分发挥数智化技术的优势。第三，资源更新速度慢。随着社会发展和技术进步，思政课程内容需要不断更新和丰富。但目前高校在更新和迭代数字资源方面速度较慢，难以及时反映最新的社会热点和思想动态。第四，资源共享机制不健全。不同高校之间的资源共享机制尚未建立，优质资源难以在更大范围内传播和应用。资源的分散和孤立，导致重复建设和资源浪费，影响了整体资源利用效率。

缺乏优质、丰富的数字资源，教师难以充分利用数智化技术进行教学创新，学生的学习体验和参与度也难以提升。资源共享机制的不健全，同时限制了高校之间优秀课程思政资源的分享、合作与交流，容易让课程思政陷入空谈理论的窘境。

（五）教学模式创新不够

数智化技术的引入，为课程思政教学模式的创新提供了广阔空间。然而，目前的课程思政教学开展推进过程中，还是有很多教师存在疑惑，无从下手，主要集中在传统教学模式的惯性、创新模式的设计与实施，以及教学效果评估等方面。第一，囿于传统教学模式的惯性。许多教师和学生都习惯了传统的教学模式，对新的数智化教学模式缺乏接受和适应的意愿。这种惯性使得新技术难以在实际教学中得到广泛应用。第二，创新模式设计不足。数智化技术的应用需要系统性、整体性的教学模式设计，而不仅是技术的简单叠加。目前，许多高校在这方面的探索仍处于初级阶段，缺乏成熟的模式和案例可供参考。同时，在实际应用中也可能面临各种困难，如技术操作复杂、教学资源不足、学生参与度不高等。第三，教学效果评估难。现有的教学效果评估方法，主要基于传统的课堂教学模式，难以全面反映数智化技术应用后的教学效果和学生的思想政治素质提升情况。科学、客观的评估标准和方法仍需进一步探索和完善。

教学模式创新不足，会限制数智化技术在课程思政中的潜力发挥。没有有效的教学模式，数智化技术的优势难以体现，教师和学生的积极性也难以调动，从而造成思政教学方式的僵化。

（六）政策支持和管理机制待加强

政策支持和管理机制的健全是数智化技术赋能课程思政的保障。第一，政策支持力度不足。政府和教育主管部门在推动数智化技术与课程思政融合方面的政策支持力度尚显不足。虽然有一些政策出台，但总体来看，缺乏系统性和连续性，难以形成强有力的支持。第二，管理机制建设滞后。高校在数智化技术应用的管理机制和规范建设上存在滞后，缺乏统一的标准和指导。一些高校在技术应用过程中出现无序和混乱的现象，影响了整体效果。第三，资金投入不足。数智化技术的应用需要大量的资金投入，但目前许多高校在这方面的预算有限，难以满足实际需求。特别是中西部和农村地区的高校，资金不足的问题更加突出。第四，制度保障不健全。数智化技术应用过程中，涉及知识产权、数据安全、隐私保护等多个方面，但相关的制度保障尚不健全，导致在实际操作中存在风险和隐患。

缺乏有力的政策支持，技术应用难以得到持续的推动和发展。管理机制的不完善，导致技术应用过程中的无序和混乱，影响了整体效果。资金投入不足，限制了高校在基础设施建设、资源开发和师资培训等方面的能力。只有解决这些困境，才能充分发挥数智化技术的优势，让课程思政的教育可持续发展。

三、数智化技术赋能高校课程思政的路径把控

技术是用来给课程思政赋能，但要注意技术不是万能的。数智化背景下的课程思政强调的是如何通过技术手段更好地传达社会主义核心价值观和思想理论，引导学生树立正确的世界观、人生观、价值观。然而，我们也必须警惕技术本身的局限

性，不能仅依赖技术本身去解决教育中的所有问题。因此，在技术赋能课程思政的同时，更需要处理好一些存在的辩证关系，以此为原则，构建更加丰富、深刻的课程思政教育体系。

（一）处理好虚拟与现实的关系

一方面，虚拟技术如 VR 和 AR 可以提供沉浸式的学习体验，但虚拟世界与真实世界有明显的区别。在课程思政中，涉及的历史事件、社会情境等，需要保持其真实性和客观性。教育者需要确保虚拟环境中的信息和体验与真实世界的相契合，避免因虚拟性而导致教育内容的虚假或失真。如果虚拟体验过于夸张或者偏离事实，可能会误导学生，影响到教育效果。另一方面，虚拟技术的引入应当是为了增强教育的效果和互动性，而非取代现实教学的重要性。如果教育过程过于依赖虚拟技术，可能会忽视现实生活中的实际情况和挑战，使学生的学习和思考脱离实际应用的场景，影响其综合素质的培养和社会责任感的形成。

（二）处理好自主性和引导性的关系

一方面，课程思政旨在培养学生的独立思考能力和批判性思维，而数智化技术应当促进学生自主学习的能力。通过开放式的学习平台和个性化的学习路径设计，可以激发学生的学习兴趣和主动性，使其在思政教育中更具参与性和自主性。另一方面，数智化技术可以提供个性化、自主化的学习体验，帮助学生更有效地掌握知识和技能。然而，课程思政强调的是培养学生的思想品德和社会责任感，这需要一定程度的引导和指导。因此，需要在技术应用中平衡学生自主学习的空间和引导性教育的需要，确保学生在自主学习的过程中不偏离课程思政的核心目标。

（三）处理好个性化与普适性的关系

一方面，数智化技术可以通过智能化工具和个性化学习系统，提供更精准的教育服务，但同时也要注意避免技术差距和信息不对称对教育公平性的影响。确保所有学生都能平等地获得个性化学习的机会和支持，避免因技术使用不当而加剧教育资源不均等问题。另一方面，在课程思政中，教育内容应当围绕社会主义核心价值体系，在运用数智化技术时，需要确保个性化教育的同时不偏离课程思政的育人目标。而且，不同地区、不同文化背景的学生对课程思政的理解和接受可能存在差异，在实施个性化教育时，需要考虑学生的社会文化环境，确保教育公平性。

（四）处理好技术工具和人文关怀的关系

一方面，数智化技术应当作为服务于教学目标和教育理念的工具而存在。例如，通过大数据分析帮助了解学生的学习进度，通过虚拟现实技术提升教学体验等，都是为了更好地实现课程思政的教育目标。技术工具的设计和使用应当充分考虑教育的人文性质和教学的深度。另一方面，应注意平衡技术的功能和教师的角色。技术工具可以提供数据驱动的教学支持和个性化学习体验，但在教育过程中，教师的角色仍然是不可或缺的。教师应当在技术的辅助下，发挥教育指导、思想引领和情感关怀的作用，通过与学生的互动和反馈，促进他们的全面发展和自主学习能力的提升。

第三节　数智化背景下高校课程思政的机遇转变

一、新特点：从粗放式走向精细化

（一）教育内容由应然性灌输到定制性生成

培养什么人、怎样培养人、为谁培养人是教育的根本问题，思想政治教育就是做"人"的思想工作，高校思想政治教育的精准化转向呼唤着思政教育内容由应然性灌输向定制性生成的变革。这一转变不仅体现了对学生个性化需求的关注，更凸显了教育内容与时代发展的密切结合。传统的"一刀切"式教育模式难以满足学生个性化发展的需求，容易造成学生对思想政治教育的抵触和厌倦，可能导致学生的学习效果大打折扣，难以满足时代发展的要求。随着信息时代的发展，学生的接受能力、认知水平、兴趣爱好等方面呈现出多样性和个性化。同一份教材对于不同的学生来说，可能产生不同的效果，亟待重新审视并改进思想政治教育的方法论。在大数据时代下，思想政治教育应该更加关注因材施教的原则，根据学生的特点和需求，量身打造适合他们的教育方案。定制化的思政教育能更好地满足学生的学习需求，使他们在学习过程中更加主动、积极，提高学习的效果和效率。借助大数据技术，对学生的学习行为、兴趣爱好、心理特征等进行深入分析和挖掘。通过收集、整理和分析大量的学生数据，可以了解每个学生的学习特点和需求，为个性化教育提供数据支撑。基于数据分析的结果，设计个性化的教学方案和教学内容，使每个学生都能在自己感兴趣的领域得到更深入的思想政治教育。

（二）教育过程由经验型判断到可控性调节

陈万柏和张耀灿主编的《思想政治教育学原理》讨论了关于"思想政治教育过程的基本规律"，提出"自觉组织教育与协调自发影响统一实现的过程，体现了思想政治教育过程的开放性和可控性的规律"。近年来，学者王易等人从思想政治教育的基本矛盾出发，提出思想政治教育的基本规律应为"主客体双向互动律"。这意味着教育过程不仅是教师对学生的单向灌输，而是一个动态的、相互作用的过程。

在这种背景下，经验型判断的思政教育过程依靠教师的经验和直觉来进行教育决策和教学实践，仅凭经验型判断往往无法全面地把握教育过程中主客体之间的复杂关系和相互影响，缺乏科学的数据支持和系统的分析。思想政治教育是一个复杂的过程，需要在实践中不断调节和完善，才能达到预期的教育效果。大数据技术的应用为思政教育提供了更加科学、系统和灵活的数据支持和信息基础，使教育过程可以实现实时的数据监测和调节。通过不断收集和分析教育数据，教育者可以及时了解教育过程中的情况和问题，及时调整教学策略和方法，实现对教育过程的可控性调节，更好地引导和管理教育过程，以保证教育过程的顺利进行和目标的达成。同时，大数据技术为思政教育提供了科学决策的基础。通过对大量的教育数据进行分析，可以发现教育过程中的规律和趋势，为思想政治教育决策提供科学依据。

（三）教育资源由条块化分明到个性化配置

马克思主义认为，未来教育不仅是提高社会生产的一种方法，而且是造就全面发展的人的唯一方法。教育有促进个体自由而全面发展的价值。每个学生都是独一无二的个体，拥有不同的兴趣爱好、认知水平和学习能力。条块化的思政教育资源将思想政治教育内容划分为独立的、单一的块或单元，以供学生学习和参考。这些资源通常是按照教材章节、主题或特定概念划分的文字、图片、视频、音频等形式呈现的教育内容。马克思主义强调实践是认识的来源，而个性化配置的教育资源更贴近学生的实际需求和社会现实，能更好地促进学生的实践能力和批判思维能力的培养。在大数据技术的支持下，思政教育内容的定制性生成能够更好地满足学生的个性化需求，具有实时动态性，能够有效提高教育的实效性和针对性。基于数据分析的结果，为每个学生提供定制化的思想政治教育资源。针对不同类型的学生，根据学生的学习数据和行为模式，为其推荐适合的学习路径和学习资源，帮助学生更加方便快捷地获取到自己感兴趣的教育资源，从而提高思政教育的实效性和针对性。

（四）教育评价由周期性评估到实时性量化

中共中央、国务院印发的《关于新时代加强和改进思想政治工作的意见》明确指出，要构建共同推进思想政治工作的大格局，建立科学有效的评价考核体系。高校思想政治教育评价体系是一个系统工程，大学阶段思想政治课程重在增强学生的使命担当，思想政治教育评价是主体需要的反映，是教育主体在实践中的持续性、动态性的过程。传统的周期性评估往往只能在学期结束或特定时间点进行，无法对学生的思想政治发展进行及时跟踪和评估。周期性评估往往受主观因素和定性描述的影响，评价结果具有一定的主观性和不确定性，容易遗漏学生的思想政治问题和发展趋势，评价结果可能不够全面和准确。因此，为了保证及时性和动态性，评价体系应当与思政教育的实践过程相匹配。大数据技术恰能提供实时性量化的评价。大数据技术在实时收集、分析和处理海量数据的过程中，能够实现对学生的持续跟踪和监测，包括学生的学习行为、反馈信息、测试成绩等，进行深入分析，帮助教育者了解学生的学习情况、学习特点、潜在问题，给予教育者及时有效地把握学生思想动态的途径，有助于思政教师及时发现问题、调整教学策略。大数据技术还带来评价的可视化，通过对学生的学习行为和成绩等数据进行量化分析和挖掘，可以得到客观的评价结果，如学生的学习水平、学习状态以及教学质量、教学效果等，有助于提高评价的科学性和客观性，减少主观判断的干扰，为教育管理者和教师提供更为灵活的决策支持，提高评价的准确性和可信度。

二、新视角：以实托虚，虚实相生

（一）主体边界模糊

在数智化背景下，高校课程思政的主体边界变得模糊，这反映了教育实践中师生关系和教学方式的深刻变革。主体边界的模糊性主要体现在师生关系的解构与重构，以及教师权威的重新定义，这些变化直接影响了课程思政的实施和效果。

首先，数智化背景下的教学生态使师生关系从传统的"师道尊严"向亦生亦师亦友的新型关系演变。传统上，思政教育依赖于教师的权威性和传授角色，教师扮演着知识传递者和道德引导者的角色。然而，随着信息技术的普及和教育模式的多样化，学生在获取知识和观点上有了更多的选择和主动权，这促使教师不仅是知识的源泉，还是与学生共同探讨、共同学习的伙伴。例如，通过在线平台和虚拟社区，学生可以更方便地与教师交流和互动，形成更加开放和平等的教学关系。这种新型关系的建立使得思政教育更能够适应学生个性化、多样化的学习需求，从而加强了教育的有效性和深度。其次，数智化背景下教师知识权威的解构表明教师不再是唯一的知识储备者，而是一个与学生共同学习、共同成长的参与者。传统上，教师的知识权威往往建立在其专业背景和教学经验之上，学生通常被动接受教师的观点和教学内容。然而，随着信息技术的发展，学生可以通过互联网获取到各种各样的信息和观点，这挑战了传统教师在知识传递中的唯一性。因此，教师不再仅是传授知识的角色，更多地成为学生分析、批判和整合信息的引导者。这种转变促使思政教育从单向的灌输转向互动式的探索和共建，强调学生批判性思维和自主学习能力的培养。最后，数智化背景下高校课程思政的主体边界模糊性显现了师生关系和教师角色的新定义。随着传统的师生模式被打破，教育实践中的互动性和开放性得到提升，从而为学生提供了更广阔的学习空间和思考深度。这种模糊性不仅促进了思政教育的现代化和个性化发展，也有助于构建更加开放与和谐的教育环境，为培养具有全面发展能力的人才奠定坚实的基础。

（二）课程教学隐性

人工智能，尤其是生成式人工智能技术的飞速发展，极大地改变了信息传播和知识获取的方式，为教育提供了新的工具和平台，使教学方式、学习方式和教育管理模式发生了根本性的变革。在这样的背景下，主要体现在知识传授的单向性和机械性，难以满足现代教育对学生创新能力和综合素质培养的要求。数智化背景下课程思政的"隐性"强调将思想政治教育融入各类课程和学科的教学中，以潜移默化的方式影响学生的思想和价值观。这种方式不仅避免了理论灌输的刻板与枯燥，更能让学生在不自觉中形成正确的价值观和世界观。

一方面，隐性教学通过将思想政治教育元素自然融入各类学科和课程的教学内容中，使其成为学生日常学习的一部分，达到润物细无声的效果。例如，在数学课中引入社会主义核心价值观的应用问题，在物理课中探讨科技创新与社会发展的关系，在文学课中分析经典作品中的人文精神与社会价值观，从而在学生的知识体系中潜移默化地植入思想政治教育的种子。另一方面，隐性教学的方式更加注重学生的主动参与和思考，通过课堂讨论、项目研究、小组合作等形式，激发学生的创新思维和实践能力，鼓励学生在学习专业知识的过程中，主动思考和理解思想政治教育的内容。学生在解决实际问题的过程中，不仅学习了专业知识，还能体会到思想政治教育的价值和意义，增强了对社会责任和历史使命的认同感。与显性教学相比，隐性教学更加注重教学过程中的情感交流和思想碰撞，通过案例分析、情景模拟、互动讨论等方式，使思想政治教育与学科知识相互交融，形成教学的合力，增强教学的针对性和实效性。学生在真实情境中的体验和反思，能更好地理解和认同思想政治教育的核心内容和价值观。

（三）人机协同共生

在数智化背景下，高校课程思政的实施需要充分发挥人机协同共生的优势，这是适应时代变革和教育发展的必然选择。人机协同共生指的是人类与机器在教学过程中相互协作、优势互补，共同推动教学质量的提升和学习效果的优化。

首先，数智化背景下的教学场景要求教师和学生培养与机器协同合作的能力。教师需要掌握数字技术工具的使用，善于运用数据分析和智能化系统辅助教学设计和管理；而学生则需要具备信息获取和处理的能力，能灵活利用数字资源和工具进行学习和研究。通过教师和学生在人机协同中的积极参与和互动，课程思政可以更好地适应社会变革和知识更新的需求，为学生的全面发展和社会责任感的培养提供强有力的支持。其次，人机协同在教学设计和评价过程中具有重要意义。教师可以利用智能化工具和数据分析平台对学生的学习行为和成果进行全面记录和分析。通过对学生学习数据的深入挖掘，教师可以及时发现学生的学习困难和问题，并提供个性化的指导和支持。同时，教师也可以通过智能化的评价系统对课程思政的教学效果进行实时监测和调整，确保教学过程的质量和效果。此外，人机协同共生不仅是技术工具与教育实践的结合，更反映了现代社会对于人类智慧与机器智能互补性的思考。思想政治教育的本质在于引导学生形成正确的思想观念和道德伦理，培养良好的公民素质。在数智化背景下，教育的目标和方法面临着新的挑战与变化，但教育的价值追求不变。最后，在思想政治教育中，人机协同共生可以被理解为人类智慧与技术智能相辅相成的理想状态。通过人类的思考和创造力，结合机器的数据处理和计算能力，可以更全面地理解和解决复杂的社会问题，推动思想政治教育的深化和创新。

（四）育人场域无界

教育的本质在于"用一个灵魂唤醒另一个灵魂"。而数智化技术的广泛应用为推进这一过程提供了更便捷的可能性。通过打破传统教育场域的限制，数智化背景下的高校课程思政可以更好地适应现代社会的发展需求，为学生提供更加开放、包容和创新的学习环境，培养具有国际视野和终身学习能力的优秀人才。数智化背景下的高校课程思政体现出育人场域是无界的，这不仅是教育领域技术发展的必然趋势，更是教育理念和实践的深刻革新，为建设开放、包容、创新的教育新生态提供了重要的思路和路径。

首先，数智化教学环境赋予了师生在虚拟空间内开展教学和学习的能力。传统的课堂教学依赖于学校内部的物理空间，而数智化技术使师生可以通过云平台和虚拟网络进行教学活动。师生可以跨越时空障碍，在任何地点、任何时间进行在线交流和学习，这种灵活性不仅拓展了教学的边界，也促进了个性化教育的实现。例如，学生可以根据自身的学习节奏和需求选择同步或异步学习方式，教师则可以根据学生的实时反馈调整教学策略，提供更个性化的支持和指导。其次，数智化教学生态打破了传统教学空间的局限性，实现了教育资源和知识的全球共享和互动。在数字化的教学环境中，学校不再局限于地理位置，而是可以利用全球范围内的优质教育资源和专业知识。通过在线课程、跨校合作和国际交流，学生可以接触到更广泛、更深入的学术视野和跨文化体验，从而培养全球意识和跨文化交流能力。最后，数智化背景下的课程思政通过数字化教学共同体的建立，实现了教育活动的协同和共创。教师和学生可以在虚拟空间内共同参与课程设计、教学评价和学习资源的共享。这种协同工作能提升教学质量和效率，并促进教育过程中的互动与创新。通过数字化平台，教师可以与全球范围内的同行和专家进行合作，共同探索教育改革的前沿问题和创新方法，从而推动课程思政的理论更新和实践创新。

三、新路径：多元融合，环环相生

在数智化背景下，课程思政正以前所未有的创新姿态融入高校教育体系。在新的教育范式中，数智化技术为课程思政注入了全新的活力和可能性，实现了一个多元融合的闭环——依托大数据、人工智能、物联网、云计算、虚拟现实与增强现实以及区块链技术，发挥教师队伍"主力军"、课程建设"主战场"、课堂教学"主渠道"的功能，将思政元素有机融入公共基础课、专业课和实践课程；立足数智化环境，对专业课程体系、课堂教学内容、课堂教学方法、教学评价体系进行改革创新，营造课程思政协同育人的局面（图2-2）。

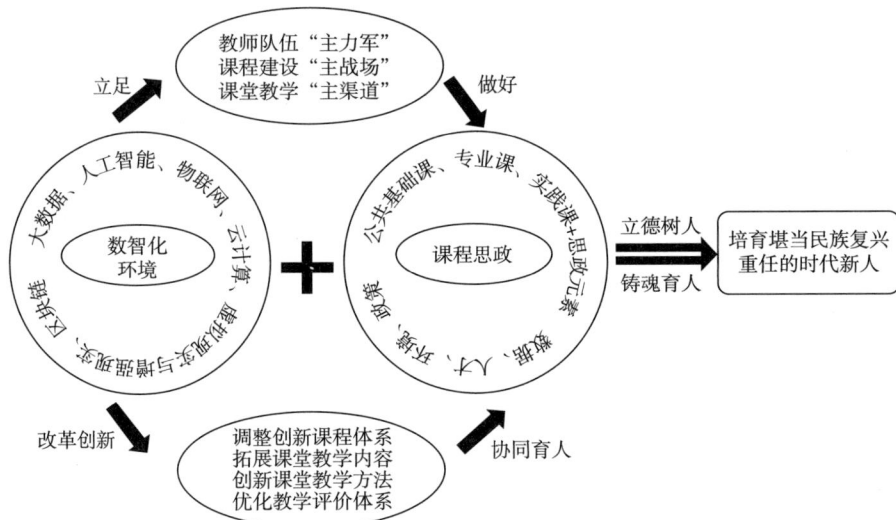

图2-2 数智化背景下课程思政闭环

（一）立足数智化环境，发挥"三主"功能

教师队伍、课程建设和课堂教学是高校课程思政的核心要素。依托数智技术，可以充分发挥这三者的功能，推动课程思政的实施。首先，教师队伍是课程思政的"主力军"。教师是课程思政的直接实施者，其政治素养、专业能力和教学水平直接影响课程思政的效果。数智化环境为教师提供了丰富的教学资源和工具，教师可以通过大数据、人工智能等技术手段，更加精准地了解学生的思想动态和学习需求，从而进行有针对性的思政教育。无论是公共基础课教师、专业教育课教师还是实践类课程教师，都可以通过在线学习平台和虚拟教研室，不断提升自身的专业素质和教学能力，从而形成一支政治素养高、业务能力强的教师队伍。其次，课程建设是课程思政的"主战场"。课程是课程思政的载体，课程内容的设计和实施直接关系到思政教育的效果。在数智化背景下，通过大数据分析、智能推荐等技术手段，对

课程内容进行动态调整和优化，使课程内容更加贴近学生的实际需求和时代发展的要求。课程建设应注重跨学科、跨领域的融合，形成多元化的课程体系，为学生提供全面的思想政治教育。最后，课堂教学是课程思政的"主渠道"。课堂是学生接受思政教育的主要场所，在数智化环境下，课堂教学的方式和手段更加多样化和灵活化。通过在线教学平台、智能辅导系统等技术手段，实现个性化、互动化的教学模式，激发学生的学习兴趣和参与度。教师还可以利用虚拟现实、增强现实等技术，提供沉浸式的教学体验，使思政教育更加生动具体、富有感染力。

（二）运用"三主"功能，做好课程思政

充分发挥教师队伍、课程建设和课堂教学的功能，是做好课程思政的关键。首先，教师队伍的"主力军"作用体现在教师的政治引领和价值观传递上。教师不仅要具备扎实的专业知识和教学能力，还要具备较高的政治素养和思想觉悟，能在教学过程中自然地融入思政教育内容。教师应通过自己的言行举止，潜移默化地影响学生的思想和行为，树立正确的人生观、价值观和世界观。其次，课程建设的"主战场"作用体现在课程内容的设计和实施上。在数智化背景下，课程内容应注重时效性和贴近性，及时反映社会热点和时代发展趋势。课程内容还应注重综合性和系统性，涵盖政治、经济、文化、社会等各个方面，使学生能从多角度、多层次理解和认识社会现实。课程建设应注重多样性和灵活性，通过多种形式和途径，增强思政教育的吸引力和实效性。最后，课堂教学的"主渠道"作用体现在教学方式和手段的创新上。在数智化背景下，课堂教学可以通过信息技术的应用，实现教学方式的多样化和个性化。教师可以利用在线教学平台，开展翻转课堂、混合教学等新型教学模式，提高学生的学习自主性和参与度；还可以利用智能辅导系统，提供个性化的学习建议和反馈，帮助学生解决学习中的困难和问题。

（三）以数智技术推动课程改革创新

在新时代数智化浪潮中，高校课程思政需要对专业课程体系、课堂教学内容、课堂教学方法和教学评价体系进行全面的改革和创新。首先，在专业课程体系上，注重跨学科、跨领域的融合。通过利用大数据分析和智能推荐等技术手段，对专业课程进行动态调整和优化，形成多元化、综合性的课程体系。课程内容体现时代性和前沿性，将最新的科技成果和社会热点问题纳入课程教学中，引导学生关注社会、关心国家、关爱人民。其次，在课堂教学内容上，注重时效性和贴近性。在数智化背景下，课堂教学内容及时反映社会热点和时代发展趋势，使学生能从多角度、多层次理解和认识社会现实；注重综合性和系统性，涵盖政治、经济、文化、社会等各个方面，使学生能全面、系统地理解和认识社会现实。再次，在课堂教学方法上，注重多样化和个性化。教师利用在线教学平台，开展翻转课堂、线上线下混合教学

等新型教学模式，提高学生的学习自主性和参与度；利用智能辅导系统，提供个性化的学习建议和反馈，帮助学生解决学习中的困难和问题。最后，在教学评价体系上，注重全面性和科学性。通过大数据分析和智能评价等技术手段，对学生的学习行为和学习效果进行全面、科学的评价，既要评价学生的学业成绩，也要评价学生的思想素质和综合素质，既要注重结果评价，也要注重过程评价。

（四）以改革创新之势促成协同育人之境

通过对专业课程体系、课堂教学内容、课堂教学方法和教学评价体系的全面改革和创新，可以加快促成课程思政协同育人的教育生态环境，提升高校思政教育的整体效果。首先，专业课程体系的改革推动实现课程思政与专业教育的深度融合，使思政教育内容渗透到各类课程中，形成全方位、多层次的思政教育网络，从而提升学生的综合素质和创新能力，为国家培养更多高素质、复合型人才。其次，课堂教学内容的改革可以提升思政教育的吸引力和实效性，使学生在学习专业知识的同时，增强对国家和社会的认同感和责任感，并通过引导学生关注社会热点和时代发展趋势，培养学生的社会责任感和使命感。再次，课堂教学方法的改革是提升学生的学习兴趣和参与度，使学生在主动学习、互动学习中接受思政教育有助于提升学生的自主学习和创新能力，培养更多具有批判性思维和创新精神的人才。最后，教学评价体系的改革是实现对学生全面、科学的评价，及时发现和解决教育中的问题，提升教育的质量和效果的重要途径。通过评价体系的不断反馈与调整，还可以促进教师的专业发展和教学水平的提升，为课程思政的实施提供有力保障。

上述四条路径相互支撑、相互促进，将铸魂育人、立德树人的理念始终贯穿，共同指向培育堪当民族复兴重任的时代新人的总目标，推动高校课程思政向更高水平发展。

第四节　数智化背景下高校课程思政的风险挑战

一、新矛盾：人与数据的关系问题

（一）教育主体的感性选择与数据的理性计算之间的矛盾

在数智化背景下，高校课程思想政治教育面临着教育主体的感性选择与数据的理性计算之间的矛盾。这一矛盾反映了现代教育的复杂性和挑战，涉及教育的本质、教育目标的达成以及个体与技术之间的互动关系。

首先，数智化背景下的高校课程思政教育，面临着如何平衡个体的感性选择和数据的理性计算之间的关系。个体在接受教育过程中，往往依赖感性认知和主观体验来理解和吸收知识，而这种感性选择往往受到情感、文化背景和个人经验等因素的影响。然而，随着数据科技的发展，教育管理和教学设计越来越依赖于大数据分析、智能算法和预测模型，这些技术通过理性计算和客观数据提供了课程内容、教学方法和学习评估的建议。因此，教育主体在感性选择和数据理性计算之间需要找到一种平衡，以确保教育的有效性和个体的发展。其次，高校课程思政教育在数智化背景下，也面临着如何处理人与数据之间的关系矛盾。教育的目的之一是培养学生的综合素质和人文精神，这要求教育过程中充分考虑个体的人性化需求和情感因素。然而，大数据和人工智能技术的介入使得教育过程中个体的数据被广泛收集、分析和利用，以实现个性化教学和精准管理。这种数据驱动的教育管理方式，虽然可以提高教育的效率和质量，但也引发了关于个体隐私、数据安全和人的尊严等伦理和法律问题，从而加剧了教育实践中人与数据之间的矛盾与冲突。最后，解决教育主体的感性选择与数据理性计算之间的矛盾，需要高校课程思政教育在数智化背景下寻找新的理论与实践路径。一方面，教育实践者可以借助数据科技的力量，通过个性化教学、智能化评估等方式，更好地满足学生多样化的学习需求和发展潜力；另一方面，教育机构需要强化教育主体的主体性和自主选择权，确保教育活动不被简单化为数据的计算与操作，而是真正服务于个体的全面发展和人格塑造。

因此，数智化背景下高校课程思政教育的发展，需要在尊重个体感性选择的同时，充分发挥数据理性计算的优势，以促进教育的创新与进步，实现个体与社会的和谐发展。

（二）教育内容的聚合式要求与数据离散性分布之间的矛盾

在数智化背景下，高校课程思政教育面临着教育内容的聚合式要求与数据离散性分布之间的矛盾。这一矛盾凸显了在现代教育中，如何有效整合和利用大数据技术来支持课程设计和教学实践，同时又能充分尊重和满足个体多样化的学习需求和人文关怀的挑战，揭示了人与数据关系中的复杂性。

首先，教育内容的聚合式要求与数据的离散性分布之间的矛盾体现在课程思政的核心目标上。课程思政旨在通过系统的、整体的教育内容，培养学生的价值观、道德观和社会责任感。教育目标要求课程内容具有高度的聚合性和一致性，以确保教育的整体性和系统性。然而，数智化背景下，教育数据的采集、分析和应用往往呈现出离散性分布的特征。大数据技术通过对学生学习行为、兴趣和成绩等数据的分析，提供个性化的教学建议和反馈。数据驱动的课程思政教学模式虽然能提高教育的精准度和个性化水平，但也可能导致教育内容的碎片化和分散化，难以形成统一的教育价值体系和整体性教育效果。其次，教育内容的聚合式要求与数据离散性分布之间的矛盾还体现在教育实践中。课程思政要求教师在教学过程中，将思想政治教育内容有机融入各学科课程中，实现知识传授与价值引导的有机统一。然而，数智化技术在教育中的应用，使得教学过程更加依赖于数据分析和技术手段。教师在设计和实施课程时，往往需要参考大量的离散性数据，以制定个性化的教学方案和评估标准。这种数据驱动的教学实践，虽然能够更好地满足学生个性化的学习需求，但也可能削弱教师对教育内容整体性和系统性的把握，导致教育目标的分散化和碎片化。最后，教育内容的聚合式要求与数据离散性分布之间的矛盾还反映在人与数据关系的复杂性上。教育的本质在于培养全面发展的人，而不是仅通过数据来衡量和评价个体的学习表现。然而，数智化背景下，教育过程中个体的数据被广泛收集和利用，学生的学习行为和表现被转化为离散的数据点进行分析和处理。数智化的教育管理模式，虽然能够提高教育的效率和精准度，但也可能忽视了学生作为个体的独特性和复杂性，导致教育过程中人与数据之间的关系变得紧张和矛盾。

因此，数智化背景下高校课程思政教育的成功实施，需要在统一性和个性化之间找到合适的平衡，充分发挥大数据技术在教育管理和教学优化中的潜力，同时通过数据科技的应用，满足学生个性化的学习需求和发展潜力。只有这样，才能在现代教育的复杂环境中，实现人与数据的和谐共存，推动教育的创新与进步。

（三）教育方法的现实性要求与数据虚拟化呈现之间的矛盾

在数智化背景下，高校课程思政教育还面临教育方法的现实性要求与数据虚拟化呈现之间的矛盾。这一矛盾体现在教学过程中师生、学生之间、人与社会的互动交流上；体现在教学实践结束后的评价与反馈环节中；学生作为独立个体的现实需求等方面。

首先，教育方法的现实性要求与数据虚拟化呈现之间的矛盾体现在教育实践的直接性和互动性上。课程思政强调通过现实的教育方法，如课堂讲授、讨论、辩论和实践活动，来培养学生的价值观、道德观和社会责任感。这些教育方法依赖于教师与学生的直接互动，注重面对面的交流和情感的传递。然而，数智化技术的广泛应用，使教育内容和方法越来越依赖于虚拟化的呈现形式，如在线课程、虚拟课堂和智能学习平台。虚拟化的教育方法虽然能够突破时空限制，提高教学的灵活性和便捷性，但也可能削弱教育过程中的师生直接互动和情感交流，从而影响教育效果的真实感和深刻性。其次，教育方法的现实性要求与数据虚拟化呈现之间的矛盾还体现在教育效果的评价上。现实的教育方法往往依赖于教师对学生的观察、评价和反馈，通过面对面的交流和互动，了解学生的学习状态和思想变化。而数据虚拟化的教育方法则更多地依赖于数据分析和算法评估，通过对学生在线行为、学习数据和测试结果的分析，提供个性化的教学反馈和建议。以数据驱动的评价方式虽然能提高评价的客观性和精准度，但也可能忽视学生的个体差异和情感因素，导致评价结果的单一化和机械化，难以全面反映学生的真实发展情况。最后，教育方法的现实性要求与数据虚拟化呈现之间的矛盾还反映在人与数据关系的复杂性上。教育的本质在于培养全面发展的人，而不仅是通过数据和技术手段来实现知识的传递和技能的培养。数智化背景下，教育过程中的大量数据被广泛收集、分析和应用，学生的学习行为和表现被转化为虚拟化的数据进行处理和评估。这种虚拟化的数据呈现方式，虽然能提高教育的效率和精准度，但也可能忽视了学生作为个体的独特性和复杂性，导致教育过程中的人文关怀和情感因素被淡化，从而加剧了人与数据之间的关系矛盾。

总之，数智化背景下，高校课程思政需要在教育方法的现实性要求与数据虚拟化呈现之间找到共生之处，以实现教育目标的整体性和系统性，在现代教育的复杂环境中，实现人与数据的和谐共存，推动教育的创新与进步。

二、新风险：预见技术异化的复杂性

（一）数据依赖引发主体性消解

首先，数据依赖引发的主体性消解体现在学生学习过程中的自主性削弱上。数智化技术在教育中的广泛应用，使教育过程高度依赖于数据分析和智能算法。通过对学生行为、学习轨迹和成绩数据的全面采集和分析，学校可以制定个性化的学习方案和评估体系。然而，这种高度依赖数据的教育模式，容易使学生在学习过程中被动接受系统推荐的内容和路径，缺乏自主选择和探索的机会，从而导致学生主体性和自主性的削弱。学生在学习过程中逐渐失去对学习内容和学习方式的控制权，成为数据驱动的教育系统中的被动接受者，这不仅影响了学生的自主学习能力，也不利于其创新思维和批判性思维的培养。其次，数据依赖引发的主体性消解体现在教师教学过程中的专业性弱化上。数智化技术的应用，使教学过程越来越依赖于智能化教学平台和大数据分析系统。通过对教学数据的全面分析，系统可以提供教学内容、教学方法和教学评估的智能化建议。但是，教师在教学过程中若过度依赖技术手段，忽视自身的专业判断和教学经验，在教学过程中会逐渐失去对教学内容和方法的自主选择权，成为数据驱动的教育系统中的执行者，从而导致教师专业性和创造性的弱化。这不仅影响了教学质量的提升，也不利于教师专业发展的长期积累。最后，数据依赖引发的主体性消解还体现在教育管理过程中的人性化关怀减少上。数智化技术的应用，使教育管理过程越来越依赖于数据分析和智能决策系统。通过对学生行为、学习数据和社交网络的全面分析，教育管理者可以实现精准化管理和个性化服务。如果一味依赖数据的管理，容易使教育管理过程变得机械化和冷漠化，忽视个体的情感需求和人性化关怀。教育管理者在决策过程中容易失去对个体差异和人文关怀的考虑，成为数据驱动的管理系统中的操作者，而使教育管理的人性化和个性化的减少，可能影响教育管理的有效性，也不利于教育目标的全面实现。

因此，高校课程思政需要在数智化背景下探索新的教育理论和实践路径，以应对技术异化带来的复杂性新风险。一方面，需要加强教育主体的自主性和能动性，通过多样化的教育方法和手段，激发学生的学习兴趣和自主学习能力，增强教师的专业判断和创造性，提升教育管理的人性化和个性化水平；另一方面，需要充分利用数据科技的优势，通过科学合理的数据分析和智能决策，优化教育过程和管理流程，实现教育目标的精准化和高效化。此外，还需要重视技术应用中的伦理和法律问题，确保数据的安全性和隐私保护，防止数据滥用和技术异化，保障教育主体的合法权益和人文尊严。

（二）技术黑箱导致价值性偏离

首先，技术黑箱的存在使教育过程中的决策透明度降低，从而导致价值性偏离。技术黑箱指的是技术系统内部的运作机制和决策逻辑对用户和监督者不可见，用户只能看到输入和输出，而看不到其中的过程。在高校课程思政中，智能算法和大数据分析被广泛应用于教学设计、学生评估和教育管理等方面。然而，这些技术系统的决策逻辑和算法规则通常对教师和学生是不可见的，技术的运作过程往往是复杂且不透明的，即所谓的"技术黑箱"。在技术黑箱的作用下，教育决策和教学实施过程中可能会偏离教育的核心价值和目标。例如，智能评估系统可能根据特定的数据和算法规则对学生进行评价，但这些规则是否符合课程思政的价值导向，是否公平公正，教师和学生往往无从得知。其次，技术黑箱的存在可能导致教育内容和方法的片面化，进一步引发价值性偏离。数智化技术在教育中的应用，往往依赖于对大量数据的采集和分析，以提供个性化的教学内容和方法。然而，这些数据和算法规则可能基于特定的标准和价值观，从而在教育内容和方法的选择上存在偏差。比如，某些算法可能倾向于推荐特定类型的学习资源和教学方法，而忽视了其他同样重要的内容和方法，这就可能导致课程思政教育内容的片面化和单一化，从而偏离其应有的价值目标。最后，算法的设计和数据的选择不可避免地反映了设计者的价值观和偏好。如果这些价值观和偏好与课程思政的教育目标不一致，可能会导致教育内容和方法的偏离。例如，某些算法可能优先推荐特定类型的学习资源，而忽略了其他同样重要的内容，这可能导致学生接受的教育内容不全面，引发认知偏差。

因此，学校及其技术提供商需要加强对技术系统的透明度和可解释性，通过开放算法规则和决策逻辑，确保教育主体能理解和监督技术系统的运作过程，从而避免价值性偏离。同时，制定和完善技术应用的伦理规范和法律法规，确保技术系统在设计和应用过程中遵循公平、公正和透明的原则，防止技术滥用和偏见，保障教育的价值导向和目标实现。此外，构建多维度的教育评价体系尤为重要，结合数据驱动的评估方式和人工评估方法，确保评价结果的全面性和公正性，避免因技术黑箱导致的评价偏差和价值性偏离。

（三）隐私安全衍生伦理性挑战

首先，数智化教育系统依赖于对大量学生数据的收集和分析，包括学习行为、成绩、社交互动等。这些数据对于实现个性化教学、精确评估和优化教育管理具有重要意义。然而，广泛的数据收集也带来了隐私泄露的风险。如果数据收集和处理过程不够规范，学生的个人隐私可能会被侵犯。例如，未经过充分告知和同意的数据收集，或在数据处理过程中缺乏有效的保护措施，都可能导致隐私信息泄露，影响学生的权益和信任。其次，数据的存储和共享是另一个隐私安全的关键环节。教育数据通常存储在云端服务器或本地数据库中，如果这些存储设施的安全措施不到位，可能会面临黑客攻击、数据泄漏等风险。在数据共享过程中，如果没有严格的权限管理和加密措施，也容易导致数据被非法获取和滥用。这不仅影响学生的隐私安全，还可能对其未来的学术和职业发展产生负面影响。为了保护隐私，数据匿名化是一种常见的方法，即在数据集中去除或模糊化个人身份信息。然而，随着数据分析技术的进步，去匿名化技术也在不断发展，通过对多个数据集的交叉分析，依然可能重新识别出个人身份。去匿名化的风险使单纯的匿名化措施难以完全保障数据隐私，要求教育机构在数据保护上采取更全面和严密的策略。再次，数智化教育系统的广泛应用依赖于复杂的技术系统，这些系统的脆弱性可能成为隐私安全的潜在威胁。例如，系统漏洞、软件错误、网络攻击等都可能导致数据泄露或系统瘫痪。学校需要不断更新和维护技术系统，确保其安全性和稳定性，防范各种潜在的安全威胁。然而，除了外部的安全威胁，内部管理和操作也是数据安全的重要环节。如果学校管理机构内部的管理制度不完善，操作人员缺乏安全意识，或存在管理漏洞，数据泄露的风险同样存在。比如，操作人员误操作、权限管理不当、内部人员滥用权限等，都可能导致数据安全问题。加强内部管理和操作规范，提升人员的安全意识和技术水平，是保障数据安全的重要措施。最后，在数据收集和使用过程中，信息不对称和知情同意问题同样是重要的伦理挑战。学生作为数据主体，往往不了解数据收集和使用的具体情况，无法充分理解其风险和影响。教育机构在数据收集和使用时，需要充分告知学生相关信息，确保其在知情的情况下自愿同意，避免信息不对称导致的伦理问题。

因此，在数智化背景下，高校课程思政面临隐私安全衍生伦理性挑战的复杂性新风险，须通过完善数据保护法规和政策、提升技术系统的安全性、加强内部管理和培训、透明化数据使用流程以及坚持伦理原则和社会责任，以有效应对这些挑战，确保教育目标的实现和价值导向的正确性。

培养学生数智素养

提到"数智素养"（Digital Intelligence Literacy），相信大家脑海里会浮现"数字素养"。对于"数字素养"的理解，中央网信办对其定义是数字社会公民学习工作生活应具备的数字获取、制作、使用、评价、交互、分享、创新、安全保障、伦理道德等一系列素质与能力的集合。"数字素养"一词最早由以色列学者约拉姆·艾希特-阿尔卡莱（Yoram Eshet-Alkalai）于 1994 年提出，该学者认为数字素养是理解及使用通过电脑显示的各种数字资源及信息的能力。2021 年，中央网络安全和信息化委员会印发《提升全民数字素养与技能行动纲要》，该文件使用"数字素养与技能"的概念，并将其界定为"数字社会公民学习工作生活应具备的数字获取、制作、使用、评价、交互、分享、创新、安全保障、伦理道德等一系列素质与能力的集合"。2024 年，中央网信办等四部门联合印发《2024 年提升全民数字素养与技能工作要点》，明确提出培育高水平复合型数字人才，包括全面提升师生数字素养与技能。

当前，全球数字化转型正在各个行业和领域迅速推进。企业、教育、医疗等行业都在通过数字化技术提升效率和创新能力。要求人们不仅具备基本的数字技能，还需要理解和应用更复杂的智能技术。因此，在数字和智能化时代背景下，在数字素养的基础上，数智素养可以被视为一种进化的数字素养，它结合了数字技术与人工智能（AI）的应用，旨在培养个人在数字化和智能化社会中的综合能力。数智不仅涵盖了传统的数字素养内容，还进一步拓展到对人工智能和智能技术的理解、应用和批判性思考，包含智能技术应用能力、信息处理与分析能力、智能创作与交流能力、批判性思维、创新创造能力、伦理意识与责任感、跨学科合作与交流等多个方面，是现代社会中个人和组织适应和引领技术变革的关键素养。

在数智化时代，高校教师应通过综合性的教学方法和多样化的教育手段，系统化地培养学生的数智素养，以提升他们的综合素质并适应未来社会的需求。信息素养是数智素养的基础，通过大数据和智能技术，教师可以精准把握学生的信息需求，培养他们有效获取、评估和利用信息的能力，同时提高他们的辨别和处理虚假信息的敏感度。技术应用能力是数智素养的重要组成部分，教师应引导学生熟练掌握数字工具和智能技术，通过编程与数据分析以及智能技术的实际应用，提升学生的技术操作水平和实践能力。创新与创造能力是数智素养的核心，教师应鼓励学生培养创意思维，通过项目驱动学习和科研训练，激发学生的创造力和创新实践能力。伦理意识与责任感是数智素养的保障，教师应加强数字伦理教育和法律意识教育，引导学生树立责任感和道德观念，确保他们在数字化环境中遵守道德规范、承担社会责任。此外，跨学科合作与交流是提升数智素养的重要途径，教师应设计跨学科课程和项目，促进学生的多学科知识融合和综合素质提升，通过广泛的学术交流拓宽学生的知识视野和学术视野。通过这些综合措施，高校教师不仅能培养学生在数智化环境中的适应能力，还能帮助他们成长为具有创新能力和责任感的新时代人才。

第三章

数智化背景下
高校课程思政的设计思路

　　本章深入探讨了如何利用数字智能技术优化和增强课程思政教育的设计和实施。第一节在顶层设计中，介绍如何通过整体规划和目标设定确立课程的基本框架。强调课程内部各个组成部分之间的逻辑关系和结构布局的重要性，并探讨了如何在课程中有机融入思想政治教育元素。第二节详细介绍了实际操作步骤，包括前期分析与准备、重构课程思政教学目标、选取适宜的教学内容，并探讨了数智化技术在教学内容设计和应用中的具体影响和方法。第三节则从实际操作角度出发，描述课前初识触动阶段的准备工作，课中浸润渗透阶段的实际教学过程，以及课后思考感悟阶段，以达到思政教育的深入传播和学生思想品质的全面提升。

第一节　课程设计依循路径

一、顶层设计

数智化背景下，课程思政的顶层设计通过"六统（六个统一）"格局来实现（图3-1），即党委统一领导、部门统合共管、行政统揽指导、学院统筹策划、专业统管实施、教师统贯落实。数智化背景下的课程思政顶层设计需要充分利用现代科技手段，提高工作效率，优化教学设计，实现思想政治教育与专业教育的有机融合，培养德智体美劳全面发展的新时代人才。

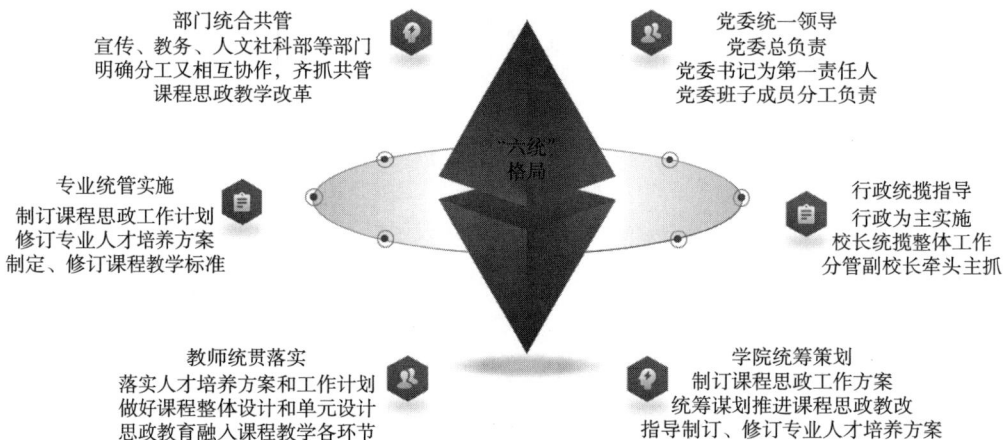

部门统合共管
宣传、教务、人文社科部等部门
明确分工又相互协作，齐抓共管
课程思政教学改革

党委统一领导
党委总负责
党委书记为第一责任人
党委班子成员分工负责

"六统"
格局

专业统管实施
制订课程思政工作计划
修订专业人才培养方案
制定、修订课程教学标准

行政统揽指导
行政为主实施
校长统揽整体工作
分管副校长牵头主抓

教师统贯落实
落实人才培养方案和工作计划
做好课程整体设计和单元设计
思政教育融入课程教学各环节

学院统筹策划
制订课程思政工作方案
统筹谋划推进课程思政教改
指导制订、修订专业人才培养方案

图 3-1　高校课程思政"六统"格局

（一）党委统一领导

党委书记作为第一责任人，对课程思政的实施负总责，党委班子成员分工负责。统一领导不仅保证了课程思政工作的政治方向正确，也能确保各项工作任务落实到位。通过党委的统一领导，能够更好地调动各方资源，形成合力，共同推进课程思政建设。

（二）部门统合共管

学校的宣传、教务、人才和社科等部门明确分工又相互协作，齐抓共管课程思政教学改革。数智化手段能促进各部门之间的信息共享和沟通协作，提高工作效率。例如，通过大数据技术，各部门可以实时共享数据，及时了解课程思政的进展情况和存在的问题，共同制定改进措施。

（三）行政统揽指导

行政部门在课程思政教学设计中起着统揽全局的指导作用。行政主要负责具体工作的实施，包括制订工作计划、分配任务、督促检查等。在数智化背景下，行政部门可以利用智能管理系统对课程思政工作进行全程监督和指导，确保各项工作有序推进。

（四）学院统筹策划

学院作为课程思政的实施主体，需要统筹策划课程思政的具体方案。学院应根据学校的总体部署，结合自身实际情况，制定适合本学院的课程思政工作方案，并指导各专业制订人才培养方案。数智化技术可以帮助学院更科学地分析学生的学习需求和特点，从而制订更具针对性的课程思政方案，提高教学效果。

（五）专业统管实施

课程思政的具体实施需要各专业的统管。专业要制订课程思政工作计划，修订专业人才培养方案，制定或修订课程教学标准。数智化手段可以帮助专业更精准地分析学生的学情，设计更符合学生需求的课程思政内容。例如，利用人工智能技术，可以对学生的学习数据进行分析，识别出学生在思想政治方面的薄弱环节，从而有针对性地进行教学设计。

（六）教师统贯落实

教师是课程思政的具体执行者，需要将顶层设计落实到实际教学中。教师要根据人才培养方案和工作计划，做好课程整体设计和单元设计，将思政教育融入课程教学各环节。数智化技术可以帮助教师更好地进行教学设计和实施。例如，通过智能教学平台，教师可以获取丰富的教学资源，设计多样化的教学活动，实时了解学生的学习进展和反馈，从而不断优化教学方案。

二、逻辑体系

如果把教学过程看作输入与输出的系统过程，那么课程思政内容体系的上行过程是思政认同的提炼与分析，下行过程是思政元素的融合与实施。遵循"上行—下行"的复合路线进行课程思政内容体系设计（图3-2），遵循学生职业能力培养的基本规律，提炼课程内容相关的思政元素融入，合理选择教学载体，设计教学项目，让学生通过项目的完成来循序渐进地掌握专业技能，培养职业素养，增强学生的思想认同、政治认同、文化认同。

在上行过程中，数字化工具和大数据技术可以帮助教师分析《高等学校课程思政建设指导纲要》等文件，系统性地挖掘出适合融入课程的思政元素；利用自然语言处理技术，自动提取政策文件中的关键点和核心思想，形成一个全面的思政元素库。作为开课的二级分院，要面向各专业教师、思政教师、企业人员进行深入调研，利用大数据分析学生的专业需求、价值观和思想动态；应用数据挖掘和分析技术，将调研结果进行量化和系统化，提炼出各专业课程中蕴含的思政元素，确定其重要性和适用性。作为课程所在专业的负责人，根据调研结果和大数据分析，按课程模块和人才培养要求，将思政元素进行分类整理，形成系统的思政元素整合方案；应用 AI 技术，构建智能推荐系统，为不同课程推荐最适合的思政元素，确保思政教育的针对性和有效性。

在下行过程中，首先要设计课程内容与思政元素的融合。利用边缘计算技术，根据课程内容的思政元素整合图，对教学内容进行二次开发和设计，实现思政元素与专业知识的无缝融合；通过 VR 和 AR 技术，增强教学内容的互动性和参与感，提升学生对思政元素的认知和理解。其次，要让思政元素巧妙融入具体教学环节。根据学生学习情况和数据分析结果，实时调整教学策略，将思政元素有机地融入具体的教学环节中；利用智能教学系统，实现教学方法和内容的动态调整，确保每个学生都能在学习过程中充分接触并理解思政元素。最后，参与课程教学的教师和学生利用数字化评价系统，对教学过程中的思政元素融入效果进行评价；构建人工智能评估模型，综合考虑学生的课堂表现、作业、考试成绩和参与度等多维度数据，对思政教育效果进行全面评估；根据评估结果，及时调整和优化思政元素的融入方式，确保教育效果的持续提升。

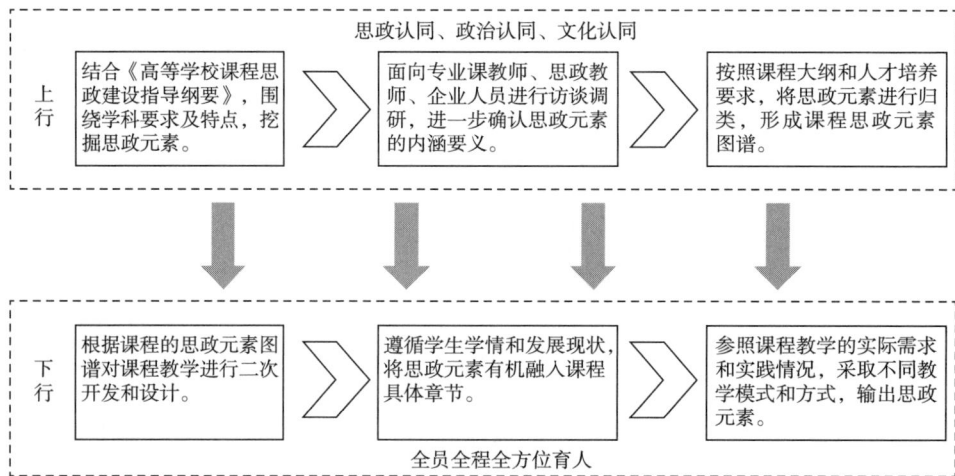

图 3-2　课程思政内容体系的上行—下行过程

三、思政融入路径

（一）课程思政实施价值取向

课程思政的教学设计应紧紧围绕坚定学生理想信念，以爱党、爱国、爱社会主义、爱人民、爱集体为主线，以"立德树人、铸魂育人"为根本标准，对标学校人才培养目标规格，深入剖析所教学科课程体系，聚焦专业课程特色以及相应思政元素，创新优化教学体系，将立德树人根本任务落脚到学生素养、职业素养、公民素养上，采取多元化教学形式系统安排教学，推进组织教学实施。

1. 以价值引领为导向，更新教学理念

在数智化背景下，课程思政教学设计应以价值引领为导向，更新教学理念。价值引领是课程思政的核心目标，其根本在于培养学生正确的世界观、人生观和价值观。数智化技术为这一目标的实现提供了新的途径和方法。通过大数据分析、资源共享和动态更新，教师可以更精准地把握学生的思想动态，更有效地设计教学内容，更及时地更新教学理念，全面提升课程思政的教学效果。

2. 以全面育人为目标，丰富教学内容

课程思政教学设计应以全面育人为目标，丰富教学内容。全面育人是高等教育的重要使命，课程思政作为其中的关键环节，需要在内容设计上注重多方面的融合与拓展。数智化技术有助于实现课程内容的跨学科融合，促进课程内容的个性化定制。教师可以更好地实现全面育人的目标，帮助学生在思想政治素养、专业知识和综合能力等方面得到全面发展。

3. 以专业学生为主体，改革教学方式

专业学生是课程思政教学设计的主体。在数智化背景下，课程思政教学方式的改革应充分尊重和发挥学生的主体地位，通过多样化、智能化的教学手段，提升学生的学习积极性和参与度。数智化背景下的课程思政应注重教学方式的个性化和差异化，注重教学方式的互动与合作，关注学生的成长发展动态。

4. 以评价考核为手段，提升教学质量

评价考核是教学质量保障的重要环节，以课程思政的评价考核应注重科学性和全面性，通过智能化手段，实现评价考核的多元化和精准化。数智化背景下的课程思政评价考核应注重过程性评价和终结性评价相结合，注重知识、能力和素质的综合评价，同时保证评价数据的真实性和不可篡改性，提高评价的可信度和公正性。

（二）思政融入点设计思路

落实课程思政融入，就要在课程教学中引导学生立足时代、扎根生活、深入生活，采用"三环原理"（图 3-3），进行课程思政融入点的筛选和设计"1 任务 1 主题 N 思政元素"。思政元素首先是蕴含立德树人的内容，其次是学生普遍感兴趣的内容，最后是与课程内容密切相关的内容，把"实践观""认识观""发展观""联系观""规律观""矛盾观""历史观""改革观""自由观"等育人内容及其方法论有机融入专业教学内容中。

结合课程育人的"三环原理"，提出理论学习、审美意识、实践层面的"三式"

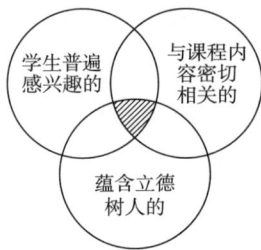

图 3-3 课程育人的"三环原理"

教学方法。

（1）"画龙点睛式"：从课程理论学习层面上开展课程思政教学。"画龙"指的是课程中知识点的讲授过程，"点睛"指的是用思政元素对相关知识点进行解读，对学生潜移默化地进行社会主义核心价值观教育。

（2）"元素融合式"：从学生真正关心的内容层面上开展课程思政教学。"元素融合式"是将课程的知识技能、思政要素、时事热点、身边案例等元素结合起来，自然巧妙地把思政元素恰如其分地融入课程的教学之中，在潜移默化中实现课程知识与思政育人的双重效果的教学方法。

（3）"专题嵌入式"：从课程实践层面上开展课程思政教学。"专题嵌入式"是指在不破坏原有专业教学结构的基础上，嵌入带有思想政治元素的主题，在加深学生对课程知识理解的同时，以"1任务1主题N思政元素"的方式方法对学生实施思想政治教育。

四、数智化赋能理路

中国科学院院士、人工智能领域专家郭光灿指出数据、算法、算力是人工智能的三大要素。大量的数据可以帮助改进算法和提升算力，而更强的算法和算力也可以帮助处理更复杂的数据。数智化背景下，教育场景将越来越丰富。在这一背景下，课程思政教学设计将借助数据驱动的方法和先进的算法技术，实现个性化学习路径和智能化评估，以更有效地培养学生的思想政治素质和创新能力，将为教育注入新的动力，推动思政教育走向更加科技化和现代化的发展道路。

（一）依托数字足迹精准剖析教育对象

数字足迹是指学生在网络活动中产生的数据痕迹，包括学习记录、社交媒体互动、在线行为等。这些数据可以反映学生的学习习惯、兴趣爱好、价值观念等多方面的信息。通过大数据技术和机器学习算法，可以对这些数据进行深度分析，从而实现对学生个体特征的精准剖析。

首先，教师可以通过分析学生的学习记录，了解其学习进度和学习效果。例如，通过在线学习平台的数据，教师可以了解学生在课程中的表现，包括作业完成情况、考试成绩、参与度等。这些信息有助于教师掌握学生的学习动态，及时调整教学策略，提高教学效果。

其次，社交媒体数据可以揭示学生的价值观和兴趣爱好。学生在社交媒体上的互动和发布的内容，可以反映其关注的话题和持有的观点。通过自然语言处理技术，教师可以分析这些文本数据，了解学生在思想政治方面的倾向，从而在教学中有针对性地进行引导。

此外，在线行为数据还可以帮助教师了解学生的学习习惯和心理状态。例如，通过分析学生在学习平台上的登录频率、学习时间分布等数据，可以发现学生的学习习惯，了解其学习的高峰时段和低谷时段，从而合理安排教学内容。同时，异常行为数据如频繁中断学习、长时间未登录等，也可以提示教师关注学生的心理健康问题，提供及时的心理辅导。

依托数字足迹精准剖析教育对象，可以帮助教师全面了解学生的个性化特征和学习状态，为思政教育提供量身定制的教学方案和个性化支持。通过数据的深度分析和智能化处理，教师能够更精准地把握学生的需求和成长方向，促进其思想政治教育的全面发展。

（二）基于海量数据精准挖掘思政元素

基于海量数据精准挖掘思政元素是课程思政教学设计的重要路径。海量数据涵盖了各类学术资源、新闻媒体、社交网络等多个数据源，这些数据中蕴含着丰富的思政教育素材。通过数据挖掘和分析技术，可以从中提取出有价值的思政元素，融入课程内容中，提高教学的现实性和针对性。

首先，学术资源库是思政教育的重要素材来源之一。通过对学术论文、研究报告、历史文献等文本数据的分析，可以提取出与思政教育相关的理论观点、社会事件、政策倡议等内容。这些理论和实证材料可以为思政课程提供丰富的学术支持和教学案例，帮助学生理解和掌握思想政治教育的核心内容和实践方法。

其次，新闻媒体数据是反映社会热点和舆论导向的重要数据源。通过实时抓取和分析新闻媒体数据，可以了解国内外的政治、经济、社会等多领域的最新动态和热点问题。这些时事素材不仅可以作为思政课程的教学案例，还可以帮助学生跟进和分析当下社会的变化和挑战，培养其独立思考和判断能力。

最后，社交网络数据是把握公众舆情和社会心态的重要窗口。通过分析社交媒体平台上的用户互动、信息传播和话题讨论，可以捕捉到广泛的公众观点和社会舆情。教师可以借助这些数据，引导学生关注社会热点问题，理解公众舆论的形成机制，培养其积极参与社会和政治生活的能力。

基于海量数据挖掘思政元素，丰富思政课程的教学内容，有助于提高教学的现实性和针对性。通过数据挖掘和分析技术，教师可以从海量数据中提取出有价值的思想政治教育素材，增强课程的吸引力和感染力，帮助学生更好地理解和掌握思想政治教育的内容。

（三）应用边缘计算精心设计教学互动

边缘计算是指在靠近数据源的地方进行计算和处理，通过分布式计算架构，将数据处理任务分散到网络的边缘节点上，从而提高数据处理的效率和响应速度。应用边缘计算技术可以推动课程思政教育广度，增强教学的实时性和互动性。

首先，边缘计算可以实现课程内容的实时供给。我们先来假设这样一个场景：一个北京的医学专家正在进行在线手术指导，目标是为全国各地的医生提供实时专业支持。如果网络发生抖动或延迟，可能导致视频和音频不同步，操作指导的时效性受到影响，这将直接影响手术的成功率和安全性。医生们依赖专家的及时指导，任何延迟都可能会影响医疗决策和操作流程，从而降低整体的医疗服务质量和患者的治疗效果。在传统的集中式计算架构中，所有的数据处理任务都集中在中心服务器上，容易出现网络拥堵和延迟问题。而边缘计算通过将数据处理任务分散到边缘节点上，可以显著减少数据传输的时间和网络负载，实现课程内容的实时供给。例如，在在线直播教学中，边缘计算可以确保视频和音频的实时传输，提高学生的学习体验。

其次，边缘计算与在线互动课堂具有较强契合度。高带宽、广覆盖、强互动、低延时等特性使在线互动课堂与边缘计算天然契合。边缘计算将服务推向更靠近终端的网络边缘，利用节点资源实现全域覆盖，构建了一张广覆盖、高质量、低成本的实时视频传输网络。在课程思政的教学场景中，可以通过该技术缩短空间距离减少复杂的长链路传输网络中的延迟和传输时间，提升整体低延时和强互动体验。

最后，边缘计算能够有效处理视频类大流量业务，例如大型公开课和名师直播课程，通过分布式架构分散中心处理压力，有效避免了网络拥塞，降低了将数据传回源站的带宽成本。英特尔公司在《推进边缘计算进入教室 英特尔® 物联网赋能智慧教室》白皮书中就提出智慧教室中图片及音视频进行处理的场景，通常具有集中并发量高、对延迟敏感等特点。高性能的边缘节点能够提供强大的多媒体处理能力，通过稳定的链路实现高吞吐、低延迟的多媒体实时处理。同时，边缘节点可高效存储和分类高复用率的多媒体教育内容，利用边缘弹性存储与计算能力，减轻云端存储的负担，确保数据快速交互。引入具备计算机视觉处理能力、连接教育云的边缘计算设备，能智能感知智慧教室中学生、教师、环境的各种情况，提供高效的教育管理手段，及时处理教室异常状况。

（四）借助 AI 模型精确评估育人效果

AI 模型包括机器学习模型、深度学习模型等，通过这些模型可以实现对育人效果的智能化评估，为教师提供科学的决策支持和改进建议。

首先，AI模型可以实现对学生学习效果的全面评估。传统的评估方法主要依靠考试成绩和作业表现，而AI模型可以综合考虑学生在学习中的多方面表现，包括学习态度、参与度、互动情况等。通过分析学生的学习数据和行为模式，AI模型可以识别学生的学习特点和问题，提供个性化的评估和反馈。例如，通过机器学习算法分析学生在在线学习平台上的学习行为数据，可以评估其学习的积极性和主动性，发现其学习中的弱项和瓶颈，为教师提供有针对性的教学改进建议。

其次，AI模型可以实现对课程教学效果的实时监测和评估。通过分析学生的学习进度和学习成绩，结合教学资源的使用情况和教学方法的效果，AI模型可以及时发现教学中存在的问题和改进空间，为教育管理者提供科学的决策依据。例如，通过深度学习模型分析学生在课堂上的互动数据和在线讨论内容，可以评估教学的参与度和互动质量，从而优化教学策略，提高教学效果。

最后，AI模型还可以实现对教育资源的智能化管理和优化配置。通过分析学生对不同类型教育资源的使用情况和反馈意见，AI模型可以优化教育资源的配置和调整教学内容，提高教学资源的利用率和教学效果。例如，通过自然语言处理技术对学生对教育资源的评价进行情感分析，可以了解其对教育资源的满意度和建议，为教育管理者提供优化教育资源配置的建议。

通过AI模型的应用，教师可以实现对学生学习效果和教学效果的全面评估，及时发现和解决教学中存在的问题，优化教学过程和教学资源配置，提高思政教育的实效性和影响力。

第二节　教学设计步骤示例

美国教育心理学家罗伯特·米尔斯·加涅（Robert Mills Gagné）在《教学设计原理》中将教学设计定义为："教学设计是一个系统化（systematic）规划教学系统的过程。教学系统本身是对资源和程序做出有利于学习的安排。任何组织机构，如果其目的旨在开发人的才能均可以被包括在教学系统中。"基于行为主义的迪科-凯利（Dick&Carey）教学系统开发模式强调教学目标在教学设计中的核心地位，认为教学设计应根据对学习需要、教学内容以及教学对象分析以后，明确具体的教学目标。目标要具有可观察、可测量的特点，再进行教学内容、教学策略和评估方法的设计。该模式的关键在于通过明确的教学目标来指导整个教学过程，确保教学活动的方向性和效果评估的科学性。其主要目的是通过精准的目标设定和有效的教学设计，提高教学的针对性和有效性。美国新泽西州立大学教授G. E. 肯普（G. E. Kemp）提出的过程模式则注重教学设计的连续性和动态性。他认为教学设计是一个不断循环和优化的过程，包括识别学习需求、制订教学目标、设计教学活动、开发教学材料、实施教学以及评估与反馈。每个阶段都相互影响、相互促进，通过不断的评估和反馈，调整和改进教学设计，强调教学设计的过程性和灵活性，旨在通过持续改进来提高教学质量和学生的学习效果。以上三者均具有共同之处，即都主张教学设计应遵循一个系统化的流程，从分析教学需求开始，到制订教学目标，选择教学策略和方法，再到实施教学和评估教学效果。

综上，教学设计一般包括教学目标、教学内容、教学环节、教学方法与工具、教学反思与评价五个方面。但是在数智化背景下，有必要通过数字化手段进行前期分析，可以有效预测教学过程中可能遇到的问题并制定相应的预案，提升教学效果。从本节开始，将以"服装搭配实务"作为课程案例，阐述数智化背景下课程思政教学的设计思路。同时需要注意的是，不是每一节课程、每一个章节里都要强行融入思政元素。思政元素不是"万金油"，思政教育的作用只有在可以有机联系、需要视角提升的时候，用起来才更有效，才不至于"弄巧成拙"。

数智化背景下课程思政的教学设计要考虑到两点，一是数智化技术介入对教学设计有何影响？二是如何将思政元素巧妙融入课程之中？让我们一起来探究。

一、前期分析与准备

在数智化背景下进行课程思政教学设计前，应以"课程为基、调研先行、顶层设计、主体协同、梯度推进"为基本策略。通过全面调研了解学生需求、教师能力和现有资源，为设计提供基础数据。制订明确的目标和整体框架，确保教学方案与学校发展方向一致。同时，应加强各部门、教师和学生间的协作，共同参与课程设计和实施。最后，根据不同阶段的目标逐步实施，确保课程设计有序开展，梯度推进，逐步达到预期效果。

（一）课程为基

在进行课程思政设计之前，应对标《高等学校课程思政建设指导纲要》，首先明确课程分类（公共基础课程、专业教育课程、实践类课程），让不同课程类型发挥各自优势和作用；其次，识别课程性质。专业课程是课程思政建设的基本载体，要结合专业特点推进课程思政建设，需对专业课的教学内容进行深入梳理，结合各课程的特点、思维方式和价值观念，挖掘出课程思政的元素，并将其有机地融入课程教学中，从而实现潜移默化的育人效果。最后，进行数智化技术赋能课程的可行性分析，是确保教育技术整合成功和教学效果显著提升的关键步骤。

这里要强调的是，数智化赋能高校课程思政，若盲目赋能，没有合理的分析和规划，可能导致资源的浪费和成本的过度投入，同时技术的应用效果可能不如预期。加之，技术引入若未经充分分析和准备，可能引起教师和学生的抵抗情绪，对教学质量造成负面影响。因此，进行数智化技术赋能课程的可行性分析可以帮助教育机构和教师充分了解技术引入的必要性和适应性，有效规划和实施技术整合，最大限度地提升教学效果和教育质量。

⊙ ——————以"服装搭配实务"为例

【课程定位及价值】

该课程是高职院校服装设计与工艺（服装智慧营销方向）的一门专业基础课。其作用与价值在于通过学习本课程让学生理解服饰搭配美学原理，掌握服装色彩搭配、服装图案选配与装饰、配饰与服装搭配、服装风格搭配技巧，能巧妙运用适体服装选配技巧更好地塑造服饰整体形象，提升服饰形象美学搭配能力。本课程内容涵盖服装色彩搭配、服装图案选配、服饰核心元素搭配，以及服饰形象搭配的知识与技能，为学习本专业后续课程"时尚形象设计""服装销售技巧""时装网络营销""时装实体营销"的学习奠定基础。

【数智化技术赋能课程的可行性分析】

数智化技术赋能"服装搭配实务"课程具有可行性和一定优势。首先，通过大数据分析，可以深入了解消费者的时尚偏好和市场趋势。这些数据可以帮助课程实时更新教学内容，使学生能了解最新的时尚流行趋势，从而增强课程的实用性和前瞻性。其次，利用人工智能技术，可以开发智能化的服装搭配推荐系统。通过分析个人身形、肤色、风格偏好等数据，系统能为学生提供个性化的搭配建议，帮助他们更加精准地理解和应用搭配原则。

VR 和 AR 技术也能够显著提升课程的教学效果。学生可以通过虚拟现实技术在不同场景中模拟搭配效果，进行虚拟试穿，从而在实际操作中积累经验并调整搭配方案。同时，增强现实技术可以在现实环境中叠加虚拟的服装元素，为学生提供即时的反馈和调整建议，增强他们的实际操作能力和创造力。

此外，数智化技术还可以提升课程的互动性和个性化学习体验。通过在线平台和智能设备，学生可以随时随地参与课程学习，进行实时交流和分享。教师可以根据学生的学习数据和反馈，调整课程内容和教学方法，实现更加个性化的教学服务。

然而，引入数智化技术也面临一些挑战和考量。需要考虑的是，因学院的教学环境局限性，虽然学院正在引进 VR、AR 技术设备，但是并非所有教师对于技术都具备驾驭能力，特别是对于非青年教师而言，对于技术的接受程度有一定差异。其次是学生对新技术的接受度和适应能力，也需要通过培训和支持措施确保技术能被有效地应用到教学实践中。

（二）调研先行

在进行数智化背景下的课程思政教学设计之前，首先要进行详细的调研。调研的目标是了解学生的实际情况、学习需求以及当前教学中存在的问题；调研专业课程所具备的教学设施配备情况以师资团队配备情况。调研方式可以包括问卷调查、访谈、课堂观察以及数据分析。通过问卷调查和访谈，可以收集学生对课程思政的看法、兴趣点以及他们对数智化教学手段的接受度。课堂观察可以帮助教师了解学生在实际课堂中的表现和互动情况，而数据分析则可以利用学校的教育管理系统，对学生的学习成绩、出勤率、参与度等数据进行综合分析。通过这些调研手段，教师可以全面了解学生的基本情况，为后续教学设计提供依据。

———————以"服装搭配实务"为例

【课程相关设施配备及教师配备情况】

该课程所开设院校的专业组生师比达到 20∶1，并聘请一定数量的兼职教师，承担占比 25% 左右的专业课时。青年教师（35 岁以下）具有行业或企业实习实践经验，接受过相关职业培训，具有较高的信息化技术驾驭能力，能把握课程内容，独立开展理论与实践教学。该课程开设院校的教学设施配置情况如下（表 3-1）。

表 3-1　实训室（基地）功能与配置一览表

序号	实训室（基地）名称	功能	主要设备配置要求
1	品牌女装销售实训室	主要承担学生"服装销售技巧""服装陈列"等专业课程的校内实训，以及"专业实习"等实训环节，每年学生实训数达 1000 人次以上	陈列货柜、货架、人台、品牌服装服饰、挂烫机、点钞机、尼康相机、静物摄影灯一套
2	时装网店运作实训室	主要承担学生"网店美工""网络营销"等专业课程的校内实训，每年学生实训数达 1000 人次以上	投影仪、计算机、网店美工软件

综上分析，虽然当前设备和设施已经为"服装搭配实务"课程提供了良好的基础，但在数智化背景下，可以进一步整合智能化和数字化技术，考虑引入更先进的数据采集设备，如智能穿戴设备或者传感器技术，用于收集和分析学生在实训室内的行为数据和实验结果，以优化学习过程和课程设计；引入 VR 或 AR 技术，扩展品牌女装销售实训室和时装网店运作实训室的实验内容。例如，通过 AR 技术在虚拟环境中进行陈列和摆放实验，或者在 VR 环境中模拟网店运作和客户互动过程；添加智能化的库存管理系统和销售分析工具，帮助学生实时监控品牌服装的销售情况和流行趋势，从而更好地理解市场需求和消费者行为。

【学生对课程思政的看法、兴趣点以及他们对数智化教学手段的接受度】

学生 A："我觉得课程思政是很有必要的，因为就比如我学的"服装搭配实务"这门课来说，不仅可以让我们学习到了技术，还能深入了解时尚背后的文化和社会意义，这让我觉得学习更有意义和深度。我真的很喜欢数智化教学。比如，用虚拟现实来模拟搭配实验，简直是太赞了！可以安全地尝试各种搭配，不用真的浪费布料，对我们的实践能力和创造力都有很大帮助。而且，学校现在有学习平台，会根据我们的进度和兴趣推荐适合的学习内容，真的感觉很个性化，学起来也更有效率。"

学生B："其实我对课程思政的概念不太了解，但是我在学校的官网上总是能看到关于课程思政相关的内容。不过关于数智化技术，我了解到我们学院已经在开展了，我们分院前段时间开设了一个叫'主播跟党走'的直播空间，在这个空间里面由学生青年党员带头制作和发布与我们专业相关的短视频，通过大数据分析受众群体的兴趣喜好，从而针对性地调整直播内容。我觉得这样的形式既有教育意义，又非常实用有趣。"

学生C："我对'服装搭配实务'课程开展课程思政觉得挺新鲜的！以前学习时尚，我主要是从审美角度去看，没想到还可以了解服装背后的文化和社会影响。这让我觉得，学设计不仅是技术，更是对时尚背后深层次的思考和认知。我们学校现在有虚拟实验室，可以在电脑上模拟设计过程，而且能多试几种风格，真的挺有趣的。学习平台也会根据我的学习进度和喜好来推荐内容，感觉挺贴心的，学习起来也不觉得枯燥。"

在调研中，学生普遍认为课程思政在"服装搭配实务"课程中非常必要，不仅能提升技术学习，还能帮助他们理解时尚背后的文化和社会意义，增加学习的深度和意义。同时，学生们对数智化教学手段表现出高度的接受和喜爱，尤其是虚拟现实技术和个性化学习平台的应用，使学习过程更为生动、有趣且高效。虚拟现实技术的模拟实验提供了安全且丰富的实践机会，而个性化学习平台根据学生的进度和兴趣推荐内容，提高了学习效率和效果。尽管有些学生对课程思政的具体概念不太了解，但通过数智化手段如大数据分析和直播平台，他们感受到了教育的实用性和趣味性。总体而言，学生们对课程思政和数智化教学手段的融合持积极态度，认为其能显著提升学习体验和效果。

（三）精析学生需求

调研完成后，下一步是精析学生需求。首先进行学生群体的精准识别分类，通过分析调研结果，教师可以明确学生在思政课程中的具体需求，包括知识需求、技能需求和情感需求。知识需求方面，学生可能希望了解更多与现实生活和社会问题相关的思政内容；技能需求方面，学生可能希望提高信息检索、分析和表达等能力；情感需求方面，学生可能希望在课程中找到共鸣和认同感。通过精析学生需求，教师可以有针对性地设计教学内容和教学方法，使课程更加贴近学生的实际需求，提高教学的有效性和吸引力。

在数智化时代，数据互联互通，利用大数据收集和分析是关键的一步。通过收集学生的个人信息、学术背景、兴趣爱好等数据，可以建立起不同学生群体的详细档案。譬如，在高职院校，学生生源有来自职高、中专、技校的三校生，也有普通高中毕业的学生。对于三校生（是对正在接受中等职业教育的三类中等职业学校学生的统称），可以收集其在职高、中专、技校期间的学习成绩、课程记录和专业技能等数据；对于普通高中生，则需收集其服饰审美的相关数据和入学考试成绩等。

以"服装搭配实务"为例，对于三校生而言，他们高中两年学习服装设计与工艺专业，有一定的服装色彩搭配、服装图案设计、服装制作工艺的基础。对于普高生而言，他们通过提前招生选拔入学，有一定的服饰审美，尚无服装色彩搭配、服装图案设计、服装制作工艺的基础。可以利用机器学习算法分析三校生在高中期间的学习成绩、参与的项目作品以及社交媒体上的行为数据，从而识别他们的潜在专业偏好和学习习惯。通过数据挖掘技术，可以深入了解他们对服装设计与工艺的兴趣点和优势领域，例如是否更倾向于特定类型的服装色彩搭配技巧或制作工艺方法。这些分析可以帮助定制个性化的教学内容和案例，提供符合他们需求和兴趣的学习体验，进而促进其在课程中的深度学习和专业发展。

（四）解析培养方案

在明确学生需求后，教师需要解析专业人才培养方案。专业人才培养方案是学校或学院制订的关于学生培养目标、课程设置和教学要求的总体规划。教师需要仔细研究培养方案，明确思政课程在整个培养体系中的地位和作用，了解课程的教学目标、教学内容、教学方法和评价方式等。解析培养方案的目的是确保思政课程的教学设计符合学校的整体教育方针和培养目标，同时也要结合学生的实际需求及未来毕业去向，进行适当调整和创新。通过对培养方案的深入解析，教师可以更好地把握课程的整体框架和具体要求，为教学设计奠定基础。

用"倒推—关联—预测"的思维解析专业人才培养方案。通过对专业人才培养方案给出的培养目标、学生未来岗位、人才培养规格、教学进程表现进行分析、对比，并不断改进，形成反馈闭环。在此过程中，大数据分析技术能发挥作用。下面还是以"服装搭配实务"课程为例。

以"服装搭配实务"为例

采用大数据对专业人才培养方案进行解析，以推进课程思政，可以有效提升教育质量和思政教育的融合度。以"倒推"的思维来看，首先要收集毕业生的就业数据，包括就业岗位、薪资水平、职业发展路径等，可以了解专业人才在社会上的实际表现和需求。通过分析这些数据，可以发现行业对人才的具体要求和变化趋势，从而在课程思政中有针对性地引入相关的思政教育内容。例如，行业对团队合作、职业道德和社会责任的重视，可以通过大数据分析得出，从而在课程思政中加强这些方面的教育。

杭州职业技术学院开设"服装搭配实务"课程的专业为服装设计与工艺专业（服装智慧营销方向），学生基本学制三年（表3-2）。在对行业岗位调研及分析的基础上，确定了学院服装设计与工艺（服装智慧营销方向）专业的人才培养目标为服装企业和服装零售终端从事导购、店长、网络客服专员、商品陈列、商品管理等工作，而服装搭配能力是学院服装设计与工艺（服装智慧营销方向）专业学生必须熟悉的专业技能，从而设置了服装搭配实务课程。服装搭配实务课程以服装色彩搭配、服装图案选配、服饰核心元素搭配、服饰形象搭配的典型工作任务为载体，由浅入深，通过学习使学生掌握服装色彩搭配方法、服装图案选配与装饰技巧、配饰与服装搭配技巧、服装风格搭配技巧，通过这样一个循环流程，使学生理解服饰搭配美学原理，熟悉适体服装选配及服饰形象搭配的相关技能，在之后的"时尚形象设计""服装销售技巧""时装网络营销""时装实体营销"课程中，不断加深相关技能，循环向上，得以牢固熟悉。因此，本门课程是后续专业核心课程的基础，在课程体系中处于非常重要的地位。

表3-2　专业工作岗位群分析表

职业领域	工作岗位（群）		
	首岗	发展岗	迁移岗
时装销售	导购	店长	销售经理
视觉营销	陈列员	陈列师	视觉营销师、形象设计师
营销企划	商品专员	商品主管	商品经理、时尚买手
网络运营	直播电商助播	直播电商主播	网络营销运营主管

以"关联"的角度来看，可以利用数据的相关性分析和聚类分析，探索不同变量之间的关系。例如，分析学生的课程成绩与就业率之间的关联，找出哪些课程对学生的就业影响最大；通过聚类分析，将学生按照学习行为和成绩分类，发现不同类型学生在学习中的共性和差异。通过这些分析，可以找到课程思政元素在学生学习和就业中的具体体现和作用点。最后，以"预测"的视角来看，通过回归分析和机器学习算法，建立预测模型来预测学生的成绩和就业情况，从而找出影响学生学习效果和就业的重要因素，为课程思政的实施提供数据支持，使其更加精准和有效。

（五）明晰教学过程

在解析培养方案的基础上，教师需要明晰教学过程。教学过程包括教学目标的设定、教学内容的选择、教学方法的设计、教学活动的安排以及教学评价的实施。首先，教师要根据学生需求和培养方案，设定明确的教学目标，包括知识与技能目标、过程与方法目标和情感态度与价值观目标。其次，要选择适当的教学内容，确保内容的科学性、时代性和实用性。同时，教师要设计多样化的教学方法，如讲授法、讨论法、案例分析法、项目教学法等，结合数智化手段，如虚拟现实、增强现实、大数据分析等，增强教学的互动性和参与度。最后，要合理安排教学活动和教学评价，确保教学过程的连贯性和系统性，提高教学效果。

（六）剖析课程教材

课程是课程思政的基础，课程教材是教学的主要载体，教材内容的科学性、系统性和实用性直接影响教学效果。教师要仔细审阅教材的每一章节，分析其内容是否符合教学目标和学生需求，是否具有足够的深度和广度。此外，还要评估教材的语言表达是否准确、简洁，图表和案例是否清晰、具有说服力。教师还可以结合数智化手段，对教材进行适当的扩展和补充，如引入最新的研究成果、时事热点、社会实践等，使教材内容更加丰富和生动。通过对教材的全面剖析和优化，教师可以确保教学内容的质量和效果，为课程思政教学设计提供坚实的基础。

二、重构课程思政教学目标

教学目标是对教学活动所期望实现结果的要求和规定，它对整个教学活动起到指导和支配作用。教学过程的方向明确，效果才能有科学的评价依据，这依赖于合理的教学目标的设计和确定。设计教学目标需要整体考虑，关注知识与技能、过程与方法、情感态度与价值观三个方面的统一。教学总目标要进行分解，使其具有可观察和可测量的特性。还需确保目标的难度适中，保证学生在教师指导下，通过主观努力能够实现目标。

在数智化背景下的教学目标设计，主要是在"目标"中体现数智素养，注重培养学生对不断变化的技术的适应性及可持续发展能力。

———————以"服装搭配实务"为例

原教学总目标为：课程以就业为导向，以典型工作任务及其工作过程为依据，让学生通过项目的完成来循序渐进地掌握专业技能，使学生理解服饰搭配美学原理，掌握服装色彩搭配、服装图案选配与装饰、配饰与服装搭配、服装风格搭配技巧，通过个人形象诊断与服饰形象定位，能巧妙运用适体服装选配技巧更好地塑造服饰整体形象，提升服饰形象美学搭配能力。养成职业素养、培养匠心情怀、提升时代精神，增强文化认同。

在数智化背景下，"服装搭配实务"课程思政的教学总目标在保持原有基础上，融入数智化技术与创新应用。课程依然以就业导向为核心，通过典型工作任务和项目实践，帮助学生循序渐进地掌握专业技能。特别强调利用大数据分析和智能技术，预测和理解消费者趋势，优化服装搭配的设计与营销策略。学生将深入学习服饰搭配的美学原理，掌握色彩搭配、图案选配与装饰、配饰搭配等技巧，通过个人形象诊断与定位，运用科技手段精准选择适体服装，塑造个性化和市场化的服饰形象。同时，培养学生的职业素养、技术技能和创新思维，强化其对时代精神和文化认同的理解与实践。

在教学总目标下，"服装搭配实务"课程思政设置了二级思政目标（表3-3）。其中，将第二章末节讨论的"数智素养"作为课程思政的目标之一。

表3-3　"服装搭配实务"课程的思政目标

一级目标	二级目标
政治品德	弘扬民族精神；树立服饰文化自信；树立民族自尊心、自信心和自豪感；培养爱国情怀、改革精神和创新能力；树立社会主义核心价值观，实现中华民族伟大复兴的共同理想和坚定信念
社会公德	乐于助人、团结友爱、文明礼貌、遵纪守法、明礼诚信、规范礼仪、仁爱修身、节能减排、保护环境
职业价值观	职业认知、职业意识、职业理想、职业规划
通用职业素养	反思素养、应用素养、意志素养、道德素养、社会素养
专业职业素养	审美态度、品牌管理意识、客户服务
数智素养	含智能技术应用能力、信息处理与分析能力、智能创作与交流能力、批判性思维、创新创造能力、伦理意识与责任感、跨学科合作与交流

三、选取喜闻乐见教学内容

教学内容设计是指根据课程目标和学生需求，系统地规划和组织教学内容的过程。教学内容设计的核心在于确保教学内容既符合学科知识体系，又能满足学生的学习需求和发展需要。一个良好的教学内容设计应当考虑内容的科学性、系统性、逻辑性和实用性，同时注重教学方法的多样化和教学资源的优化配置，以提高教学效果和学生的学习兴趣。教学内容设计不仅是教师的基本功，也是提升教育质量的重要手段。但是与传统教学内容设计不同，数智化背景下课程思政的教学内容要考虑到技术的适切性、内容的表现形式与交互设计、个性化程度以及跨学科知识整合。

数智化技术能帮助老师更好地分析、组织、梳理和选取课程思政的教学内容，并确定教学的重难点。下面从数智化技术对课程思政教学内容设计的影响、借助现有数据开展思政元素的挖掘与整合及数智化技术在课程思政教学内容选取中的应用三个方面加以介绍，希冀为教师提供可行思路。

（一）数智化技术对课程思政教学内容设计的影响

1. 数据驱动教学内容的精细分析

通过大数据分析，教师可以获取学生的学习习惯、兴趣偏好和知识掌握情况，从而精准地分析哪些思政元素更容易被学生接受和理解。例如，通过分析学生在网络学习平台上的行为数据，可以了解学生对哪些主题的讨论参与度高，从而选择合适的思政素材。同时，AI可以帮助教师分析学生的学习数据，预测学生的学习趋势和薄弱环节。例如，通过机器学习模型，AI可以识别学生在思政教育中的共性问题和个性需求，帮助教师制定个性化的教学方案。

2. 精准的教学内容组织与梳理

基于学生的学习数据和兴趣偏好，智能推荐系统可以自动为教师推荐适合的思政教学内容。这些内容可能包括相关的视频、文章、案例和互动活动等，有助于教师在有限的教学时间内选择最合适的素材。同时，通过构建知识图谱，教师可以将课程知识点与思政元素有机地联系起来，形成一个系统的知识结构。例如，在教授物理课程中的"电磁学"时，可以通过知识图谱将"电磁波"与"信息传递的重要性"以及"科技发展中的伦理问题"等思政元素联系起来，形成一个综合的教学内容。

3. 精确定位教学重难点

通过智能分析工具，教师可以深入分析教学内容中的重难点。例如，AI技术可以对教学材料进行自然语言处理，提取出其中的关键概念和复杂的理论点，帮助教师确定哪些内容是教学的重点，哪些是学生可能会遇到的难点。同时，在数智化背景下，教学重难点不是一开始设置好后就不变的，而是需要根据学生学习情况的实时变化和数据反馈，灵活调整和优化，确保教学重难点与学生学习进展保持同步。

（二）借助现有数据开展思政元素的挖掘与整合

1. 在学校系统中挖掘和开发思政元素

目前很多高校的各个部门均建立了各自的系统，但是各系统间的数据却不互联互通。譬如人事系统、教务管理系统、招生系统、各二级分院网站系统等。课程思政要实现全方位育人，必须充分利用学校现有数据，这些数据记录了学生个人、所在专业、学校情况各方面信息，对于挖掘具有实效性、针对性的思政元素具有重要意义。

第一，确保收集涵盖广泛的数据源，包括学生学习记录、社交媒体活动、在线互动内容等与课程思政相关的数据。这些数据可以来自教务管理系统、社交平台、在线学习平台等。通过应用程序接口或数据抓取工具，将这些数据整合到一个统一的数据仓库中，确保数据的全面性和准确性。第二，选择合适的大数据分析工具和技术，如Hadoop（一种基于代码生成器的快速开发平台）、Spark（一种用于大数据工作负载的分布式开源处理系统）等，用于处理海量数据并进行复杂的分析。通过数据挖掘算法，如关联规则挖掘、文本挖掘、情感分析等，从数据中提取出涉及课程思政的关键词、主题和态度。例如，分析学生在社交媒体和在线平台上的言论和互动，识别出其对政治、思想、社会问题的态度和观点。对于教师来说，可以通过使用简单的电子表格工具（如 Excel）整理和处理数据。对于文本数据，可以通过查找关键词、词频统计等方式初步分析学生对课程中的思政内容的关注和态度。例如，检查学生在作业中提到的政治、伦理、社会问题的频率和内容。第三，运用自然语言处理（NLP）技术进行文本挖掘和情感分析，识别和评估学生的言论中所包含的思政元素。这包括分析学生在论坛、博客和社交媒体上的发言内容，从中推断出其对政治、思想、社会问题的态度和观点。第四，将分析结果以可视化的形式呈现，例如制作词云图、主题分布图、情感情绪图等。通过可视化分析，教师可以直观地理解学生的思政认知和情感态度，从而调整和优化教育策略和内容。

2. 在人才培养方案中挖掘和整理思政元素

一般来说，高校专业人才培养方案会依据行业、企业对专业人才培养的要求，在大量企业调研和毕业生回访的基础上，结合本专业人才就业质量报告的结论，包含对人才的培养目标和素养期待。利用数智化手段对各个专业人才培养方案中蕴含的思政元素进行挖掘，不仅能深入理解和评估教育目标的实现情况，还能为高效、精准的思政教育提供科学依据和支持。第一，利用数据采集工具，收集并整合涵盖各个专业人才培养方案的相关数据，包括从企业和行业报告中收集专业人才需求和培养要求的数据，通过在线问卷、社交媒体数据和校友会反馈毕业生的就业数据和职业发展情况。第二，利用自然语言处理技术（如文本挖掘、情感分析等），从课程大纲和教学计划中提取与思政教育相关的关键词和主题，如"社会责任""职业道德""团队合作"等，通过语义分析，识别课程内容中的思政元素，了解其在人才培养中的具体体现，并且分析学生在不同课程中的学习路径，了解哪些课程和教学方法对思政教育效果最好。第三，通过大数据分析学生的学习行为，识别哪些行为与思政教育目标相关，如参与公益活动、团队项目合作等。分析学生在不同课程中的学习路径，了解哪些课程和教学方法对思政教育效果最好。第四，结合学生学习行为数据和课程内容，分析不同教学活动对思政教育目标的贡献。通过聚类分析，将学生分为不同群体，了解不同群体在思政教育中的表现差异，为个性化教育提供依据。

（三）数智化技术在课程思政教学内容选取中的应用

1. 大数据分析学生兴趣

由于学校的很多课程是大班化教学的，教师无法精确把握每一位学生的性格、偏好、兴趣，学生存在个体差异，这就导致开展教学时无法确保每一位学生有所思有所获，特别是对于课程思政的开展来说，更需要关注学生的个体差异。但是通过大数据分析和 AI 技术可以做到。通过大数据分析学生在社交媒体、学习平台上的行为，可以了解学生的兴趣热点和关注话题。例如，针对当下热门的社会事件、科技发展、文化现象等，教师可以选取与之相关的思政内容，确保教学内容的时效性和吸引力。同时，也可以借助数据，分析社会热点和舆论动向，及时调整和更新课程内容，使之更贴近学生关注的社会问题和价值观。利用 AI 技术对海量的教学资源进行筛选和推荐，帮助教师选取最合适的思政教学内容。AI 可以根据学生的兴趣和学习需求，推荐相关的文章、视频、案例等，确保教学内容的多样性和适应性。

2. 基于数据建立思政元素素材库

在前期大数据分析基础上，建立一个智能化的素材库，包含丰富的思政教学资源，教师可以根据课程需求随时调用。这些素材可以是与课程主题相关的历史事件、社会现象、名人名言等，通过与课程内容的有机结合，实现思政元素的自然融入。素材库中还应包含融入数智技术的案例。案例库应根据不同课程需求设计对应的案例类型。例如，在讲解"环保"主题时，通过 AR 技术展示环保科技的发展历程和现实应用，让学生在互动中深刻体会环保的重要性和紧迫性。

──────────以"服装搭配实务"为例

以"服装搭配实务"课程教学大纲为基准，重新梳理教学内容、重难点，对专业人才培养方案提炼思政元素，采用多种方式将思政元素融入课程内容。课程框架分为四个项目式课题，每个课题包括思政维度划分、思政元素匹配、思政切入点、思政载体探索四个部分。

下面，将以"服装搭配实务"课程项目四为例展开（表 3-4），从不同方面对课程教学内容进行具体设计，旨在挖掘探索课程每一章节内隐的思政教育元素、寻找适合课程思政的最佳切入点、探索课程思政融入载体、选择课程思政教学手段。

表 3-4　"服装搭配实务"课程对应思政元素设计

序号	项目名称	工作任务	知识摘要	思政维度	思政元素	思政切入点	思政资源（载体）
1	项目一　服装色彩搭配	—	—	—	—	—	—
2	项目二　服装图案选配	—	—	—	—	—	—
3	项目三　服饰核心元素搭配	—	—	—	—	—	—

序号	项目名称	工作任务	知识摘要	思政维度	思政元素	思政切入点	思政资源（载体）
4	项目四 服饰形象搭配	任务1 个人形象诊断与服饰形象定位	不同气质类型女性的服饰形象	政治认同、文化自信	弘扬民族精神、树立服饰文化自信、树立民族自信心、培养爱国情怀	个人服饰形象定位方法	《新闻联播》女主持人着装得体、大方
		任务2 适体服装选配	服装弥补形体技巧	专业职业素养	审美态度、客户服务	根据顾客脸型、体型选配适体服装	关怀老年顾客群体的穿着实际需求
		任务3 服饰形象美学搭配	TPO原则	社会公德	文明礼貌、规范礼仪	TPO原则下的服饰形象美学搭配	电影《杜拉拉升职记》，主角由职场新人成长为职场达人过程中的服饰礼仪规范化

以上思政元素融入教学内容的设计是根据调查数据的整合和分析，分别从政治品德、社会公德、职业价值观、通用职业素养、专业职业素养五个维度提炼每个项目及任务的思想政治教育元素。

继续以本课程的项目四 服饰形象搭配为例，学生将完成三个任务：个人形象诊断与服饰形象定位、适体服装选配、服饰形象美学搭配。这一项目课程思政的育人总目标为增强学生的文化自信，弘扬中华传统文化和民族精神，培养学生的社会责任感、职业理想和职业道德。通过数智技术，可以有效地找到和创建学生喜闻乐见的课程思政案例。

【任务1 个人形象诊断与服饰形象定位】

1. 数智技术的应用

大数据分析：通过收集学生的基本信息（如身高、体重、肤色、爱好等），利用大数据分析进行个性化的形象诊断。

人工智能：使用AI技术进行图像识别，帮助学生分析他们的外貌特征，提供专业的形象建议。

问卷调查和数据收集：利用在线问卷和数据分析工具，收集学生对个人形象的自我认知和期望，从而提供个性化的服饰搭配方案。

2. 课程思政案例

榜样的力量：通过数智技术分析，展示职业成功人士或社会榜样在形象塑造方面的案例。例如，展示知名企业家在不同场合的形象搭配，从而引导学生思考形象与职业发展、社会责任之间的关系。

文化自信：利用大数据分析，展示中国传统服饰文化在现代生活中的应用，通过实际案例让学生理解和认同中华文化的博大精深。

【任务2 适体服装选配】

1. 数智技术的应用

虚拟试衣：通过 VR、AR 技术，学生可以在虚拟环境中试穿不同的服装，找到最适合自己的款式和颜色。

智能推荐系统：基于学生的个人数据和偏好，利用智能推荐系统提供适合他们的服装搭配建议。

2. 课程思政案例

环保与可持续发展：通过数智技术展示服装行业的环保材料和可持续发展案例，培养学生的环保意识。例如，展示使用可再生材料制作的服装，或者是节能环保的生产工艺。

社会责任感：通过大数据分析展示不同服装品牌的社会责任实践，例如，展示某些品牌在公平贸易、公益活动等方面的努力，引导学生思考企业的社会责任和个人的消费观念。

【任务3 服饰形象美学搭配】

1. 数智技术的应用

AI 美学分析：利用 AI 技术分析不同服装搭配的美学效果，提供最佳搭配建议。

大数据趋势分析：通过分析时尚数据和趋势，帮助学生了解当前的时尚潮流和未来趋势。

2. 课程思政案例

多样性与包容性：通过数智技术展示不同文化背景、不同身材和性别的美学搭配案例，培养学生的包容性和多样性意识。例如，展示不同民族的传统服饰和现代时尚的融合。

自信与自尊：利用数智技术提供个人形象提升的成功案例，帮助学生建立自信和自尊。例如，通过 AI 技术分析学生的形象变化，展示形象提升对个人信心和职业发展的积极影响。

四、设计生动有趣教学环节

总体而言，完整的教学设计可以按照时间顺序，分为三个步骤，即课前、课中与课后，数智化背景下课程思政的教学环节设计也不例外，在专业技能知识的基础上，融入思政元素，通过一系列智能化技术赋能的教学环节设计，让学生经历初识知识、发现问题、主动寻觅解答、知行实践、内在感化到反馈拓展一系列过程，进而启智润心、培根铸魂。

在上述过程中，与学生互动尤为重要。"互动"本质在于人类认知与社会交往的深层结合，互动不仅是信息传递的简单过程，更是认知主体（如学生）与外部世界及他人（如教师和同学）之间的动态交流与反馈。在课程思政中，互动能够促进学生对思政内容的深度思考和认同，促进思想认同、增强教学效果、培养批判性思维、提升人际交流能力，并为教学提供实时反馈。因此，通过设计丰富多样的互动环节，教师可以有效提升课程思政教育的质量和效果，帮助学生在思想政治素养方面得到全面的发展。在数智化技术中，边缘计算技术通过提供本地化决策支持，可以有效提升教学互动的生动性和趣味性，帮助教师设计更为丰富多彩的课堂互动环节，增强学生的学习体验和效果。基于边缘计算可以设计实时互动、混合现实、虚拟实验与技术模拟的课程思政教学环境，并为学生提供智能学习助手和个性化互动的学习体验。

（一）实时互动课堂

1. 即时反馈与讨论

利用边缘计算的低延迟特性，可以实现实时的课堂互动。例如，教师可以在讲解过程中提出问题，学生通过手持设备即时作答。边缘节点可以快速收集和处理学生的回答，并将结果实时反馈给教师。这不仅提高了课堂互动的效率，还能帮助教师及时了解学生的掌握情况。

2. 实时投票与测验

在设计互动投票或测验环节中，通过边缘计算节点进行数据处理和结果汇总。学生可以在课堂上即时参与投票或测验，边缘计算设备可以快速统计结果，并以图表或其他直观形式呈现，增加课堂的趣味性和参与度。

（二）增强现实（AR）与虚拟现实（VR）体验课堂

1. AR增强学习

借助边缘计算，教师可以在课堂上使用AR技术，将抽象的知识点以三维模型的形式展现出来。例如，在生物课上，可以通过AR展示人体器官的立体结构，让学生直观地了解复杂的生理知识。边缘计算节点可以实时处理AR数据，并进行本地化分析，实现对学生学习行为、注意力变化等实时监测。

2. VR沉浸式学习

利用边缘计算支持的VR技术，创建虚拟实验室或历史场景，让学生沉浸在虚拟环境中进行实验操作或历史情境重现。例如，在历史课上，学生可以通过VR头戴设备"参观"古代文明遗址，边缘节点可以处理大量的 VR 数据，确保流畅的互动体验。

（三）虚拟实验与技术模拟

1. 科学实验模拟

通过边缘计算支持的虚拟实验平台，学生可以在课堂上进行各种科学实验的模拟操作。例如，化学实验室模拟、物理实验模拟等，边缘节点可以实时处理实验数据，提供即时反馈和指导。

2. 工程与技术模拟

在工程和技术课程中，利用边缘计算实现复杂的工程设计和技术操作模拟。例如，建筑设计、机械工程等课程中，学生可以在虚拟环境中进行设计和操作，边缘节点实时处理和渲染数据，提供流畅的操作体验。

（四）智能学习助手

1. 个性化学习建议

边缘计算可以实时分析学生的学习数据，提供个性化的学习建议。例如，根据学生在课堂上的表现和作业完成情况，边缘计算节点可以生成个性化的学习路径和复习计划，并通过学习助手应用实时推送给学生。

2. 智能问答系统

设计一个基于边缘计算的智能问答系统，学生在课堂上或课后可以随时向系统提问，边缘节点实时处理学生的问题，并提供即时的回答和相关资源推荐，增强学习的灵活性和自主性。

（五）数据驱动的互动内容优化

1. 实时数据分析

利用边缘计算节点实时收集和分析学生的互动数据，如回答正确率、参与度、情感分析等。根据分析结果，教师可以动态调整教学内容和互动环节，提高教学的针对性和有效性。

2. 个性化互动设计

根据边缘计算分析的数据，教师可以设计个性化的互动环节。例如，根据不同学生的兴趣和学习风格，提供定制化的互动内容，如小组讨论、游戏化测验等，增加教学的趣味性和吸引力。

"服装搭配实务"课程理论性较强、学科前沿发展较快，因此应充分利用线上线下两种资源，积极发挥协同效应，促进课程思政的融入。接下来将以本课程项目四 服饰形象搭配为例，介绍通过边缘计算技术如何设计生动有趣的课程思政教学互动环节。

【任务1 个人形象诊断与服饰形象定位】

1. 教学互动设计

利用边缘计算技术，可以设计一个基于 VR 或 AR 的互动体验。学生可以通过个人形象诊断 APP，上传自己的照片，并利用边缘计算节点的计算能力和视觉处理技术，快速分析学生的面部特征、体型数据等，给出个性化的形象定位建议。例如，系统可以根据学生的面部特征和身材数据推荐适合的服装款式和颜色，帮助学生了解如何通过服装来展示自己的个人形象和特征。

2. 设计意图

通过这一环节，不仅帮助学生提升对个人形象的认知和定位能力，还能在实践中培养他们的创新意识和对技术的理解。

【任务2 适体服装选配】

1. 教学互动设计

在适体服装选配任务中，利用边缘计算技术可以开发一个实时的虚拟试衣间系统。学生可以在系统中选择不同民族的服装款式，通过 AR 技术将虚拟服装实时投影到自己的身体上，模拟试穿效果。边缘计算节点提供了高性能的图像处理和实时渲染能力，使学生可以在课堂上实际体验不同民族服装的效果，理解服装与身体适配的关系以及民族服饰中特有文化表达。

2. 设计意图

通过这一环节，学生不仅能学习如何选择适合自己的服装，还能在互动中感受到中华民族服饰的魅力和文化价值，培养对民族文化的认同和尊重。

【任务3 服饰形象美学搭配】

1. 教学互动设计

在服饰形象美学搭配任务中，可以利用边缘计算技术开发一个智能推荐系统。系统基于学生的个人特征、历史搭配记录以及时下流行趋势，通过大数据分析和机器学习模型在边缘节点上进行实时推荐。学生可以根据系统的推荐，进行虚拟搭配和调整，体验不同风格的服装组合，并分享自己的搭配成果和心得。

2. 设计意图

通过这一环节，学生能在实践中学习服饰的美学搭配原则，通过亲身感受不同文化背景下的审美差异，培养学生对多元文化的包容态度和文化自信。

五、采取新颖实效教学方法与工具

近年来，在数智化推进过程中，已产生不少信息化的教学手段。诸如 MOOC、爱课程、智慧树、学堂在线、学银在线、优客联盟等教学平台，极大地丰富了学生的学习选择，突破了时空限制，使学习变得更加便捷和灵活。还有如"雨课堂"、超星"学习通"、科大讯飞旗下"智学网"大数据个性化教学系统、"纸笔智慧课堂"系统、蓝墨云班课移动教学助手等教学辅助工具，专注于通过数据分析和人工智能技术，实现对学生学习过程的精准监控和个性化指导，帮助学生更高效地学习和成长，同时为教师提供数据支持，优化教学管理和教学质量。随着技术的快速发展，这些工具需要持续跟进和更新以适应新兴技术的发展。例如，人工智能和大数据技术的进步，用户期望从这些平台获得更加个性化和智能化的学习体验，但现有工具在实现真正的个性化学习路径和内容定制上仍存在局限性。这就需要平台提供商在技术研发和应用实践中不断创新，以满足用户多样化和深度化的学习需求。

数智化技术的广泛应用为思政教育注入了新的活力和可能性。传统教学注重知识的传授和认知层面的理解，课程思政采取的教学方法则多以讲授法、案例教学法、情景教学法、课堂讨论法等为主。而数智化背景下的课程思政教学则更加强调个性化学习和互动参与，需要摆脱传统定式教学框架逻辑，用数智化技术使教学更具灵活性，根据学生的个性化需求和实时数据进行调整，提供更精准、高效的教育体验。要注意的是，采取创新教学方法的同时，要注意技术的引入不应削弱教育的人文性和情感教育的重要性，而应该通过技术的智能化和个性化支持，增强教育的温度和深度。由此，数智化背景下的教学方法和手段应该秉持个性化、互动性、真实性、可持续性、创新性和伦理道德的原则，更好地满足学生的需求，提升学习效果和体验。

1. 混合现实（MR）教学

利用混合现实技术，将虚拟内容与现实环境相结合，提供更加生动和互动性强的学习体验。例如，教师可以通过混合现实设备展示三维模型、虚拟角色等，使学生在真实的课堂环境中体验虚拟的思政内容，从而加深知识点的学习和记忆。若教学环境条件支持，可以开展虚拟实境（XR）体验，结合 VR、AR 和混合现实（MR），创造出真实感强、互动性强的学习体验。通过 XR 技术，学生可以参与模拟场景中的角色扮演，体验不同历史事件脉络，从而深入理解历史和文化。

2. 智能助教

很多学生在课堂上遇到问题，会出现不好意思提问的现象，在课堂上引入智能语音助手，学生可以通过语音助手提问、获取学习资源和进行提问。利用人工智能技术设计的智能助教和聊天机器人，能够帮助学生解答问题和提供学习指导。学生可以通过聊天机器人随时提问，获得关于课程内容的即时解答和学习建议，提高学习效率和效果。智能助教还可以提供额外的学习资料，或通过互动小游戏强化课程思政内容的学习。

3. 自适应学习系统

基于自适应学习技术，设计个性化的学习路径和内容推送。系统可以根据学生的学习进度和理解程度，动态调整学习内容和难度，确保每个学生都能在适合自己的节奏中学习课程内容。自适应学习系统可以根据学生的学习数据，推荐适当的思政课程和练习，帮助学生逐步提高和深化学习。

4. 互动式微课

制作互动式的课程思政微课，通过短视频形式呈现课程思政的内容，并在视频中嵌入互动环节。学生可以在观看视频的过程中进行互动答题、讨论和反馈。教师可以制作互动式课程教学视频，在视频中嵌入提问环节和讨论区，学生可以在观看视频的同时参与互动，提高学习效果。

5. 云计算支持的虚拟协作平台

利用云计算技术构建虚拟协作平台，支持学生跨地域、跨学科的思政教育合作与交流。平台集成视频会议、在线文档协作、实时数据分析等功能，促进学生在虚拟环境中共同探讨和解决课程问题，培养团队合作和远程工作能力。

6. 元宇宙模拟实验与互动

开展基于元宇宙的模拟实验和社会互动活动，让学生通过虚拟实验室或社会模拟平台，探索科技发展与社会伦理、文化价值的交汇点，深化对思政教育理论的理解和应用能力。同时，建立基于元宇宙技术的社交平台，为学生提供交流、合作和共享资源的空间。教师可以在平台上组织思政话题的虚拟讨论、跨界合作项目等活动，通过参与元宇宙社交平台促进学生的思想交流和价值观塑造。

7. 知识图谱和概念地图

利用知识图谱和概念地图帮助学生厘清知识结构和逻辑关系。教师可以使用知识图谱工具展示思想政治教育中的重要概念和其相互关系，帮助学生更系统地理解和记忆知识内容。

未来随着技术的发展和逐渐引入高校，还可以期待脑机接口（BCI）、情感计算以及数字孪生（Digital Twin）技术、多模态学习分析来辅助教学。利用脑机接口技术，可以实时监测学生的脑电波和情绪状态，调整教学节奏和内容。譬如，通过情感计算技术，分析学生的面部表情、语音语调和肢体动作，实时评估其情感状态。教师可以根据情感计算的反馈，及时调整教学内容和互动方式，关注学生的情感需求，提高课程思政教育的感染力和影响力。结合多模态数据（如视频、音频、文本）进行学习分析，全面评估学生的学习情况。例如，通过分析课堂视频、学生发言录音和课后作业，全面了解学生的学习表现和进步情况，提供有针对性的反馈和支持。

接下来以"服装搭配实务"课程为例，逐一介绍将 MR 教学、智能助教、自适应学习系统、互动式微课、云计算支持的虚拟协作平台、元宇宙模拟实验与互动及知识图谱和概念地图应用于教学中的应用角度和应用步骤（表 3-5）。

表 3-5　"服装搭配实务"课程的数智化教学手段融入表

序号	教学内容概述	课程思政育人目标	数智化教学手段
1	项目一　服装色彩搭配 任务 1　服装色彩基础知识 任务 2　服装色彩属性搭配 任务 3　服装色彩美学搭配 任务 4　TPO 原则的服装色彩搭配 使学生掌握服装色彩美学搭配技巧，能根据既定场合进行服装色彩搭配	审美引导、规则意识、人文关怀	知识图谱和概念地图、智能助教、自适应学习
2	项目二　服装图案选配 任务 1　服装流行色彩调研与图案采集 任务 2　服装图案的选配与装饰 使学生熟悉中国传统图案和现代经典图案，能采集与提炼服装流行色彩与图案	审美引导、文化自信、规则意识、人文关怀	混合现实（MR）教学、云计算支持的虚拟协作平台
3	项目三　服装造型搭配 任务 1　服装款式搭配 任务 2　配饰与服装造型搭配 使学生熟悉服装搭配核心元素，能运用服装搭配技巧进行服装造型搭配，能运用服饰搭配技巧进行配饰与服装的搭配	审美引导、职业操守、人文关怀	元宇宙模拟实验与互动、互动式微课、智能助教
4	项目四　服饰形象美学搭配 任务 1　个人形象诊断与分析 任务 2　适体服装选配 任务 3　服装风格搭配 任务 4　服饰形象美学搭配 使学生掌握服饰美学原理与搭配技巧；能进行适体服装选配，能依据服饰美学原理进行服装风格搭配，能依据 TPO 原则进行服饰形象美学搭配	文化自信、审美引导、人文关怀、职业操守、规则意识	元宇宙模拟实验与互动、知识图谱和概念地图、云计算支持的虚拟协作平台

──────以"服装搭配实务"为例

【混合现实（MR）的应用】

1. 应用角度

（1）展示服装设计，融入文化认同

通过混合现实技术，学生可以在真实的课堂环境中体验虚拟的服装设计和文化背景。教师可以利用 MR 设备展示各种历史时期的服装样式、文化符号，并通过虚拟角色的介绍和互动，帮助学生理解不同文化背景下服装的意义与设计原则。譬如，学生可以在 MR 场景中看到不同民族的传统服饰，了解其背后的文化内涵，从而增强文化认同感和跨文化理解能力。

（2）体验服装搭配，培养社会责任感

利用 AR 技术，学生可以在虚拟环境中试穿不同的服装款式和颜色，根据个人的身形、肤色等特征，实时获得专业的搭配建议。这不仅使学生能在实际操作中学习服装搭配的技巧，还能在虚拟角色的引导下，思考个人形象与社会角色的关系，培养自我认知和社会责任感。

（3）模拟角色扮演，加入伦理道德思考

通过 VR 技术，学生可以参与模拟场景的角色扮演，体验不同伦理道德情境下的决策过程。譬如，模拟企业职场环境中的着装规范与职业形象要求，引导学生在虚拟现实中进行角色扮演，并通过教师引导分析其决策的伦理道德和社会影响，进一步加深思政元素的融入。

2. 应用步骤

（1）利用三维模型展示文化背景与时尚元素

教师组织学生进行虚拟时装秀展示。通过混合现实设备，教师可以在课堂上展示三维模型的虚拟时装秀。学生可以通过头戴设备或手机 AR 应用观看不同文化背景下的时装展示，深入理解服装与文化价值的关系，增强对文化传承的理解和尊重。

（2）创建虚拟角色进行角色扮演

教师组织开展历史时装角色扮演。通过混合现实技术，设计虚拟角色扮演活动，让学生在模拟的历史时装场景中扮演不同角色，体验历史事件和文化背景下的服装选择和社会情境。这种角色扮演不仅可以加深学生对历史文化的理解，还能激发他们对思政教育内容的深入探索。

（3）提供互动性强的学习体验

教师通过校园内设置的虚拟实境体验点，让学生通过手机 AR 应用或 VR 头戴设备参与互动学习，探索不同文化背景下的时尚与社会伦理的交叉点，加深对思政课程核心内容的理解和应用。

【智能助教的应用】

1. 应用角度

（1）提升学习互动与自主学习能力

通过智能语音助手和聊天机器人，学生可以在课堂和课后随时提问、获取学习资源和即时解答。学生可以通过语音助手询问关于服装搭配原则、风格选择、社会文化背景等方面的问题，获得详细解答和个性化建议。这种互动不仅减少了学生因不好意思提问而产生的障碍，还能促进学生的自主学习和问题解决能力的培养。

（2）提供学习资源与拓展资料

智能助教不仅限于问题解答，还可以根据学生的学习进度和兴趣推送额外的学习资料和拓展资源。例如，针对特定主题或时尚趋势，智能助教可以推荐相关的学术文章、视频教程或时尚杂志，帮助学生深入了解背后的文化和设计理念，同时引导学生拓宽视野并加深对课程思政内容的理解。

（3）互动小游戏与思政教育融合

为了增强学习的趣味性和互动性，智能助教和聊天机器人还可以设计互动小游戏，结合服装搭配的实际情境和文化背景，让学生在游戏中应用所学知识并进行实践。例如，智能助教系统内部置入提供虚拟形象搭配比赛或风格挑战，通过游戏的竞争和反馈，培养学生的团队合作能力和创新思维。

2. 应用步骤

（1）课前准备和引导

教师在课前安排智能语音助手和聊天机器人的使用，向学生介绍其功能和使用方法，鼓励学生在课堂上主动提问。

（2）实时解答和反馈

学生在课堂中使用语音助手和聊天机器人，提出关于服装搭配的问题，即时获得解答和反馈，加深对实际操作和文化背景的理解。

（3）互动小游戏强化学习

为增强学生的学习兴趣和参与度，教师可以设计与服装搭配实务相关的互动小游戏，涵盖课程中的重要概念和案例，通过聊天机器人引导学生参与。聊天机器人可以链接到在线资源和课外学习资料，帮助学生深入理解课程内容和背景，巩固学生的学习内容。

【自适应学习系统的应用】

1. 应用角度

（1）个性化学习路径设计

自适应学习系统根据学生的学习进度和理解程度，动态调整学习内容和难度。系统通过分析学生在课程学习中的数据，了解每个学生的优势和薄弱环节，从而制定个性化的学习路径。例如，学生在学习基本色彩搭配时，如果表现出较高的理解能力，系统会推送更复杂的色彩搭配方案和案例分析；如果学生在理解某些搭配原则上有困难，系统会提供更多基础的讲解和练习，确保学生逐步掌握核心知识。

（2）动态内容推送

自适应学习系统不仅能调整课程难度，还能根据学生的学习进度和兴趣，推荐相关的思政课程和练习。譬如，在学习服装搭配的过程中，系统可以推送有关环保服装设计的案例，展示时尚产业中的可持续发展实践，引导学生思考服装设计与环保责任之间的关系。同时，系统可以推荐有关文化自信的内容，如传统服饰的现代应用，帮助学生理解并传承中华优秀传统文化。

（3）数据驱动思政案例生成

通过分析学生的学习数据，自适应学习系统能够识别学生的学习模式和兴趣点，并据此推荐相应的思政课程和资源。若某些学生对服装的历史背景和文化意义表现出浓厚兴趣，系统可以推荐相关的文化自信课程和案例，帮助他们加深对不同历史时期和文化背景下服装设计理念的理解，从而培养其文化自信和历史责任感。系统还会在每个学习模块中嵌入思政内容，形成跨学科思政案例，如在色彩搭配模块中融入对色彩心理学和文化背景的介绍，在风格搭配模块中探讨服装设计中的道德与伦理问题。通过这样的设计，学生在学习专业知识的同时，能够自然而然地接受思政教育，逐步形成正确的价值观和世界观。

2. 应用步骤

（1）平台选择和操作培训

师生结合实际，选择适合的自适应学习平台，这些平台可以根据学生的学习数据动态调整学习内容和难度。确保教师和学生熟悉所选平台的基本操作，并提供必要的培训和技术支持。

（2）设计个性化学习路径

利用自适应学习平台，进行学生的初始评估，教师了解每个学生在"服装搭配实务"课程中的知识基础和思政教育理解程度。根据评估结果，为每个学生设定个性化的学习目标，包括专业知识和思政教育目标，如增强文化自信、提高学生的审美和人文素养等。

（3）动态调整学习内容

自适应平台能根据学生的学习进度和理解程度，动态调整学习内容的难度和深度。例如，对于基础较好的学生，提供更复杂的服装搭配案例和深度思政讨论；对于基础较弱的学生，提供基础知识点的详细讲解和简单的思政案例。根据学生的学习数据，推荐适合的课程和练习。例如，针对对环保问题感兴趣的学生，推送与环保责任相关的时尚设计案例；针对对文化传承感兴趣的学生，推送与文化自信相关的传统服饰设计案例。

（4）实施自适应学习教学

教研组创建包含视频讲解、互动练习和思政讨论的在线学习模块，学生可以根据自适应学习平台的推荐，自主选择学习内容和进度。利用自适应学习平台的分析工具，收集学生的学习数据，评估学习效果和思政教育的影响。通过分析学生的学习路径和互动情况，了解他们对课程内容和思政教育的掌握程度。

【互动式微课的应用】

1. 应用角度

（1）制作互动式微课视频

教师可以制作短时长的互动式微课视频，内容涵盖服装搭配的基本原则、时尚趋势和文化背景等。视频应注重生动性和趣味性，以吸引学生的注意力和保持他们的学习兴趣。例如，介绍不同场合适合的服装选择时，可以通过视觉和语言讲解展示具体的搭配案例，让学生直观地了解不同服装风格的应用和效果。

（2）嵌入互动环节

在互动式微课视频中，嵌入提问环节和讨论区，让学生在观看视频的同时进行互动答题、讨论和反馈。通过提出针对性的问题，激发学生的思考和讨论。例如，询问学生对于某种服装风格的个人看法或在特定社会场合中选择服装的理由，引导学生思考服装背后的文化、社会意义以及树立正确的艺术观。

（3）互动评估和反馈

在互动式微课中设置"弹幕"或者"连麦"，教师可以实时收集学生的答题和讨论结果，进行即时评估和反馈。通过分析学生的互动参与情况和回答质量，了解学生对课程内容的理解和掌握程度，及时调整教学策略和内容重点，保证每位学生在学习中的个性化进步。

2. 应用步骤

（1）微课视频制作

教师要选择适合的互动式微课制作工具，如 EDpuzzle（一个基于视频的交互式学习平台）、H5P（一个提供用于在网络上创建和共享交互式内容的工具）、Nearpod（一个提供互动课程的平台）等，这些工具支持视频制作、互动环节嵌入和学生反馈收集。根据"服装搭配实务"的教学目标，设计微课内容、录制短视频，确保课程内容涵盖思政教育的重点，如文化自信、环保责任和社会公正等，在视频中结合实际案例和图片，使内容更生动和易懂。

（2）嵌入互动环节

教师可以在视频的关键节点嵌入提问环节，设计与课程内容和思政教育相关的问题。例如，在讲解传统服饰文化时，设置提问"你认为传统文化在现代服装设计中应该如何体现？"视频中嵌入讨论区，引导学生在观看视频的过程中进行讨论和交流。讨论题目可以包括"环保材料在服装设计中的应用，你有什么建议？"等。

（3）实施互动式教学

教师将制作好的互动式微课上传到课程平台，确保学生能够方便地访问和观看。发布任务后，要求学生在规定时间内观看互动式微课，并完成视频中的互动环节和提问。教师可以通过平台实时查看学生的互动答题情况和讨论区的交流内容，及时提供反馈和指导。观看视频后，可以利用微课工具的分析功能，收集学生的观看记录、答题情况和讨论区的发言内容，全面了解学生的学习状况。

【云计算支持的虚拟协作平台的应用】

1. 应用角度

（1）跨区域协作

通过云计算技术构建的虚拟协作平台，学生可以跨越地域限制，与其他地区或国家的学生共同参与学习和讨论。例如，在探讨不同文化背景下的服装搭配时，学生可以通过视频会议与来自不同文化背景的同学交流，分享各自的时尚观点和文化体验。这样的跨文化交流不仅能增强学生对全球时尚趋势的理解，还能培养其尊重多元文化和开阔国际视野的意识。

（2）跨学科合作

虚拟协作平台支持跨学科的合作与交流，学生可以与其他专业的同学共同探讨服装搭配中的思政问题。服装设计专业的学生可以与环境科学专业的学生合作，研究环保服装设计的实践和意义，探讨如何在时尚设计中融入可持续发展的理念。这种跨学科的合作能帮助学生理解不同领域知识的相互联系，培养综合运用知识解决实际问题的能力。

（3）在线文档协作与实时数据分析

虚拟协作平台集成了在线文档协作和实时数据分析功能，学生可以共同编辑和分享学习资料，实时分析和反馈学习数据。在设计服装搭配方案时，学生可以通过平台共同完成设计文档和项目报告，实时跟踪和分析设计方案的效果和反馈。这种协作方式不仅提高了学习效率，还能培养学生的团队合作精神和项目管理能力。

2. 应用步骤

（1）搭建虚拟协作平台

选择适合的云计算平台，如 Microsoft Teams（基于聊天的智能团队协作工具）、Google Workspace Business Starter（智能的云端协作工具）、Zoom（结合团队聊天、电话、白板、会议等功能的单一应用）或 Slack（一款团队通信和协作应用），这些平台集成了视频会议、在线文档协作、实时数据分析等功能。平台管理员为每个学生和教师创建账户，设置相应的权限，确保学生能参与讨论、编辑文档和查看分析数据。

（2）课程思政模块创建

在虚拟协作平台上，教师可以创建专门的思政教育模块，将"服装搭配实务"的课程资源（视频、课件、参考资料等）上传到平台，方便学生随时查阅，并融入课程思政的核心内容。例如，设立关于文化自信、环保责任和社会公正的专题讨论区，引导学生在完成服装搭配任务的同时，思考这些思政教育主题。在讨论区内，学生可以分享自己的观点和案例，进行深度交流和反思，逐步形成正确的价值观和社会责任感。

（3）设计互动与协作任务

可以组织学生与学校内与其他专业的学生合作，一起设计服装，例如与物联网技术专业的同学一起设计科技感满满的服装，或是与新材料相关专业的同学一起探讨新材料在服装设计的创新应用，共同探讨可持续发展理念在时尚设计中的应用。教师也可以找机会组织其他地区或国家的学生参加视频会议，讨论不同文化背景下的服装搭配，分享各自的时尚观点和文化体验。

【元宇宙模拟实验与互动的应用】

1. 应用角度

(1) 虚拟时尚设计工作室

利用元宇宙平台搭建虚拟时尚设计实验室，学生可以在虚拟环境中进行服装设计、面料选择和搭配实验，模拟真实的设计过程和决策场景。在虚拟实验室中引入思政教育的内容，如文化自信、绿色环保理念等，引导学生在设计过程中考虑社会责任和文化传承的重要性。

(2) 虚拟市场调研与消费行为分析

构建虚拟市场场景，模拟不同消费者群体的购物行为和时尚趋势。学生可以在元宇宙中进行市场调研，分析消费者的偏好和购买决策，探索时尚设计与消费者文化之间的关系。通过虚拟市场调研和消费行为分析，引导学生思考商业伦理、消费文化和社会价值观在时尚产业中的应用，思考如何在商业实践中平衡经济效益和社会责任，从而培养参与社会公共事务、化解矛盾纠纷的意识和能力。

(3) 社会模拟

在元宇宙环境中融入课程思政教育，涉及讨论文化身份、时尚可持续性以及时尚选择的伦理影响。通过虚拟展览和协作项目，学生可以参与各种角色扮演活动或模拟情境，提升审美素养，开拓创新。他们可以扮演职场人士、文化艺术从业者等不同角色，在虚拟社会中进行互动交流，探讨服装搭配对职业形象和文化身份的影响。在实践中帮助学生理解服装搭配背后的社会意义，还能促进他们的批判性思维和跨文化交流能力的培养。

2. 应用步骤

(1) 搭建元宇宙虚拟实验室

选择适合教育应用的元宇宙平台或基于 VR 设备的虚拟实验室，确保平台支持多人互动和自定义内容。设计与"服装搭配实务"相关的虚拟实验场景，如时尚展示区、服装设计工作室等，让学生可以在虚拟环境中模拟实际工作流程和设计决策过程。

(2) 组织虚拟实验和社会互动活动

选择适合的思政教育主题，如文化自信、环保责任等，在虚拟实验室中组织相关讨论和互动活动。通过元宇宙平台提供的虚拟实验室，教师可以指导学生进行具体的服装搭配实验，例如在模拟市场中选择合适的服装搭配，展示不同文化和时尚流行趋势的融合。同时利用多人互动功能，组织学生参与科技发展与社会伦理、文化价值的讨论，分享不同文化背景下的时尚观念和价值观，引导学生探索科技发展与社会伦理、文化价值的交汇点。

(3) 建立基于元宇宙技术的社交平台

建立用于课程交流和资源分享的元宇宙社交平台，如虚拟社交场所或论坛，促进学生间的思想交流和合作。在元宇宙社交平台上组织虚拟讨论会，例如关于服装搭配与文化认同的讨论会，鼓励学生跨学科进行合作项目，如设计跨文化时尚展示等。

【知识图谱和概念地图的应用】

1. 应用角度

（1）展示课程核心概念

在"服装搭配实务"课程中，利用知识图谱和概念地图开展课程思政教学可以极大地帮助学生深入理解和展示该课程的核心概念，如服装搭配原则、风格分类、色彩搭配等，以及它们之间的逻辑关系。此外，通过知识图谱可以清晰地展示不同风格的服装如何通过色彩、款式等要素进行搭配，引导学生理解搭配背后的审美逻辑和文化意义。

（2）细化每个概念的要点和具体内容

以色彩搭配知识点为例，通过概念地图展示主色调、辅助色彩、色彩对比等详细信息，可以帮助学生理解不同色彩搭配对服装整体效果的影响。概念地图通过节点、分支和关键词的方式，将复杂的概念结构化、层次化地呈现，使学生能系统地掌握知识点。

（3）厘清各个概念之间的关联和层次

在"服装搭配实务"课程中，可以通过构建概念地图展示不同风格的服装如何适应不同场合，如商务场合、休闲场合等，以及不同文化背景下的服装选择差异。这样的概念地图不仅有助于学生理解服装搭配的实际应用，还能引导他们思考服装选择背后的文化认同和社会影响。

2. 应用步骤

（1）构建知识图谱和概念地图

教师选择适合的知识图谱工具和概念地图软件，如 IHMC Cmap Tools（一款用于概念映射的软件）、MindMaster（思维导图编辑器）、ProcessOn 流程图（一款专业在线作图工具和知识分享社区）等，这些工具支持创建和展示复杂的知识结构和逻辑关系。将"服装搭配实务"的主题和核心概念提取出来，如时尚设计原则、色彩搭配理论、服装文化传承等，作为知识图谱和概念地图的节点。

（2）展示重要概念和关系

教师利用知识图谱展示"服装搭配实务"中的重要概念及其相互关系，如不同文化背景下的服装风格、时尚产业的可持续发展等。学生可以通过图谱清晰地了解各个概念之间的逻辑关系和发展脉络。结合思政教育内容，将关键思政概念如文化自信、绿色环保理念等与时尚设计原则和服装文化传承联系起来，帮助学生理解时尚产业背后的社会价值和伦理考量。

（3）组织学生自主构建

教师组织学生分组讨论，让每个小组根据知识图谱讨论特定主题，让学生自主思考如何在服装搭配中融入文化自信的元素。学生可以在小组内完善和扩展知识图谱，深化对思政内容的理解。在课后，教师可以通过任务布置，要求学生利用知识图谱和概念地图工具，制作自己的学习地图，教师以此及时发现并解决学生学习中的问题。

第三节 课堂实施过程示例

在本章第一、第二节中，主要介绍了数智化技术赋能下的课程设计思路和教学设计步骤。纸上得来终觉浅，如何通过课堂实施把上述的数智化技术串联、应用于课程思政的开展是关键。完整的课程思政课堂教学流程包括课前初识触动、课中浸润渗透和课后思考感悟三个阶段。本节就这三个阶段展示和阐述数智化技术赋能下的课程思政课堂全貌（图3-4）。

一、课前初识触动阶段

"初识触动"阶段是引导学生初步了解课程内容和思想政治教育目标的关键时期。这一阶段的目标是激发学生的兴趣和好奇心，使他们对即将学习的知识和思想政治元素产生初步的认知和感触。通过巧妙设计的数智化赋能活动和学习资源，使这一阶段更加生动和有效。

在"初识触动"阶段，教师的主要任务是引导和激发学生的学习兴趣和求知欲。教师可以制作一个课程预告视频，利用微视频呈现课程的关键场景和知识点，通过生动的视觉效果吸引学生的注意力。在视频中，教师可以结合具体的案例和历史事件，初步引入课程思政的主题，使学生感受到课程与现实生活的紧密联系。同时，教师可以通过平台发布课程的预习材料和思政教育相关的资源。例如，与课程内容相关的新闻报道、专家访谈、纪录片等，让学生在课前进行自主学习和思考。平台还可以设置讨论区，让学生在学习过程中交流心得体会，分享自己的见解和疑问，形成一种互动式的学习氛围。此外，教师可以利用大数据技术分析学生的兴趣和需求，提供个性化的学习资源。通过对学生以往学习记录的分析，了解到哪些知识点是学生比较薄弱的，哪些话题是学生感兴趣的，从而有针对性地推荐相关的学习资源和活动。也可以设计一些在线测试和问卷调查，了解学生对课程的初步认识和期待，以便在后续教学中更好地满足学生的需求。

学生在这个阶段的主要任务是主动学习和积极参与。通过预习材料和在线互动平台，学生能够提前了解课程内容和思想政治教育的主题，做好课前准备。学生还可以通过讨论区与同学交流，分享自己的心得体会，增强对知识的理解和记忆。在这个过程中，学生需要积极思考，提出问题，参与讨论，逐步培养独立思考和批判性思维的能力。

课前—初识触动

教师活动：研究课程内容挖掘思政元素 → 收集思政资源有机融入课程 → 分析学生需求与薄弱环节

课堂活动：微视频预告 → 自主学习任务单 → 配套学习资源（课件、微课、思政案例）

学生活动：自主学习完成任务单 → 查阅相关思政资源 → 在线交流互动

课中—浸润渗透

理论教学

教师活动：根据课程内容挖掘思政元素 → 设置互动环节寻找思政融合点 → 再现知识情境剖析思政案例 → 展示学生课堂收获引导总结

课堂活动：现象分析，数据呈现 → 明确任务，案例生成 → 实时互动，概念深化 → 在线演示，实时反馈 → VR、AR体验，分析思辨 → 路径生成，实时评估

学生活动：现象归纳数据审思 → 建立概念地图实时讨论 → 参与情境主动探索 → 分享交流反思改进

实践教学

教师活动：设计策划实践任务和相应场景 → 组织项目团队串联思政元素 → 参与实践项目角色扮演 → 学习过程监控与调整

课堂活动：创设虚拟现实情境 → 分析任务内容，确定设计题目 → 小组分工合作，共同完成作品 → 展示分享交流，效果评价反馈 → 边缘计算优化实践体验

学生活动：明确任务分配小组 → 智能化协同工作与沟通 → 利用技术工具学习和实践 → 成功展示分享交流

课后—思考感悟

教师活动：个性化学习资源推荐 → 学情监测形成本节课程思政元素网络 → 智能化评估和反馈

课堂活动：智能助教问答 → 课后检测拓展资源 → 本堂课知识图谱生成

学生活动：完成作业个性学习 → 人机问答师生互动 → 思考感悟价值内化

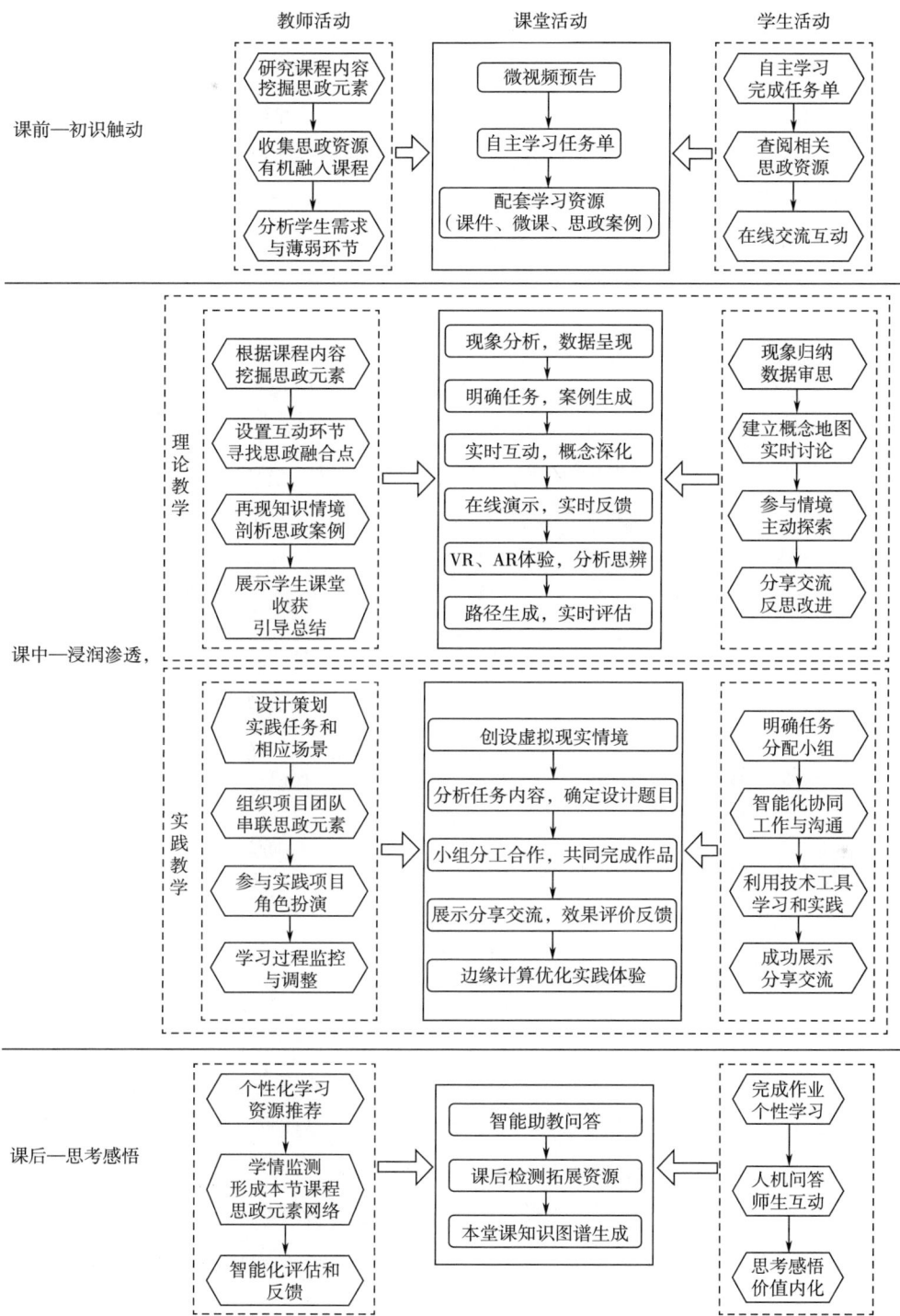

图 3-4　数智化技术赋能下的课程思政课堂全貌

二、课中浸润渗透阶段

"浸润渗透"阶段是将思想政治教育有机地融入专业课程理论教学中的关键时

期。这一阶段的目标是通过系统的理论讲解和数智化技术的辅助，将思想政治教育的元素自然地渗透课程内容中，使学生在学习专业知识的过程中，潜移默化地接受思想政治教育。"浸润渗透"阶段分为理论教学和实践教学。数智化背景下的理论教学主要依赖于课堂教室已经部署好的环境来设计教学活动，传递教学内容；而实践教学则可以跳出课堂，利用学校、校外技术和资源。学生以此能把学习到的理论知识和思想政治理论转化为实际行动和生活态度的能力，以达到知识应用和思想政治教育的双重目标。

（一）理论教学

在课堂活动阶段，数智化技术能为教师的精准授课赋能。基于大数据技术，教师能精确抽取和分析课程中的理论要素和思想元素，确保教学内容的科学性和针对性。同时，教师可以通过 VR、AR 技术，将抽象的理论概念转化为生动的场景和模型，让学生通过沉浸式体验更深入地理解理论内容。同时，利用智能化的互动教学工具，如智能白板或者学生响应系统，教师能实时收集学生的反馈和回答，基于智能计算能力，对课堂氛围和学习进度进行实时调整和优化，确保教学方法的精准性和有效性。

在数智化背景下，学生通过个性化学习路径和多样化的学习资源，如在线学习平台，自主地探索和学习知识。他们可以通过个性化学习推荐系统，根据自身的学习进度和需求选择适合的学习内容和学习方式。此外，学生还可以通过协作学习平台或者虚拟学习社区，与同学和教师进行互动和讨论，共同探索理论内容的深度和应用。

（二）实践教学

在教学实践中，教师的角色是引导者和组织者。教师需要通过设计具体的实践活动和任务来引导学生探索、分析和解决问题，同时利用数智化技术提供的工具和资源来支持学生的学习和研究。首先，教师需要精心策划实践任务和相应场景（可以利用 VR 技术创建逼真的虚拟实践情境），确保这些任务与课程内容紧密相关，同时融入、串联思政元素。其次，教师需要组织成立项目团队，鼓励学生根据自己的兴趣和能力选择适合的团队。在团队中，学生将学会分工合作、相互支持，共同面对挑战。这种团队协作的经历不仅有助于提升学生的实践能力，还能培养他们的团队合作精神和责任感。与传统实践教学不同的是，数智化视域下的教学实践过程，教师需要参与自己设计的教学任务，而非旁观监督，通过角色扮演的方式，以参与者的身份与学生共同完成任务。这样，教师可以让学生感受到来自教师自身的优秀品德和"教学闪光点"，言传身教地引导学生在实践中深入思考、发现问题并解决问题。此外，教师还可以通过教室部署的 IoT 设备，密切关注学生的学习进度，根据实际情况及时调整教学策略和任务要求，确保实践教学活动的顺利进行。

学生是实践活动的主体，他们需要明确自己在实践项目中的任务，并根据任务分配成立相应的工作小组。在小组中，学生将学会与团队成员沟通协作，共同完成任务。利用数智化技术工具，如数据分析软件、模拟仿真软件等，学生可以更加深入地了解实践内容，提升实践能力。通过实践过程中的角色扮演、数据分析、模拟仿真等活动，学生将逐渐深化对课程思政内容的理解，并在实践中锻炼自己的团队协作能力、沟通能力和解决问题的能力。

三、课后思考感悟阶段

"思考感悟"阶段是指通过课后反思和深度思考，促使学生从学习中获取的知识和经验，转化为内化的思想和态度，进而影响其行为和生活方式的过程。这个阶段强调的不仅是知识的获取和理解，更重要的是学生对所学内容的个人理解和情感体验的反思与总结。

在"思考感悟"阶段，教师需要根据学生在课堂中的问题进行统整与集合，设置智能助教问答系统，通过人工智能技术提供快速、精准的答疑和指导服务，确保学生在课后对思政内容的进一步理解，加深记忆，帮助他们解决概念问题和树立正确的价值观。在答疑后，发布课后检测任务，根据检测结果调整课程的深度和难度，为学生提供适宜的学习拓展资源，如相关文献资料、线上课外学习链接等，帮助学生进一步拓展课程思政学习的广度和深度。最后，利用知识图谱生成技术，将课程中的思政元素和内容进行结构化和可视化呈现，帮助学生更清晰地理解和掌握课程内容的逻辑关系和重要概念。

学生在这个阶段的主要任务是提出问题并与智能助教进行互动，获取关于课程思政内容的解答。通过与智能助教的交流，巩固课堂上学习到的知识，并深化对思政内容的理解。此外，学生可以通过参与智能评估，接受个性化的学习成绩和反馈，持续改进自己的学习效果。同时，知识图谱的可视化对于学生来说尤为重要，学生可以直观看到课堂所学知识的网状关系，不再是独立的分块学习知识。有助于学生主动探索知识图谱中的关联知识点，拓展思维广度，提升综合运用思政元素的能力，促进其思想观念的生活化运用。

> 拓展内容

数智化背景下课程思政新视角

在数智化背景下，课程思政面临全新的发展机遇和挑战。课程思政作为一种涵盖思想政治教育的教育理论和实践，如何与数智化技术融合，成为当前教育领域的重要探索方向。在看到"数智化""课程思政"的字眼时，很多人第一时间会想到在课程思政的过程中以数智化的技术辅助教学。但其实，在数智化背景下，不能单单只想到数智化技术对课程思政的赋能，"数智化"的思维和素养及其数智化引发的挑战与应对，也是课程思政中的重要育人目标。

首先，理解和应用"数智化"的思维意味着学生需要具备分析、整合和利用数据的能力，这不仅是技术操作，更是一种思维模式的培养。通过教育引导学生从数据中提取信息、分析背后的逻辑和价值，能培养其理性思维和决策能力，从而达到课程思政的目标。其次，"数智化"的素养强调信息素养的提升，包括数据的识别、收集、整理和应用能力。在课程设计中，可以通过案例分析和实践项目，引导学生运用数据解决实际问题，例如社会调查、舆情分析等，从而增强其社会责任感和公民意识，这与课程思政的核心理念是一致的。最后，数智化的浪潮中不免涉及信息安全、数据隐私等重要议题，这与课程思政中培养学生的社会责任感和法治观念密切相关。通过讨论数据使用的伦理和法律问题，引导学生在信息化时代中更加负责任地行使其信息获取与分享的权利，进而促进公民意识和社会信任的构建。这种综合性的教育目标，旨在培养既具备专业知识又具备社会责任感的现代公民，为他们在日益数字化和智能化的社会环境中发挥更积极的作用提供坚实的理论和实践基础。

总之，"数智化"的背景不仅是技术的应用，更是一种教育理念和方法论的体现。在课程思政中，通过培养学生的数据思维和信息素养，能促进其全面发展和社会责任感的培养，进一步强化课程的思想性、政治性和教育性，为培养德智体美劳全面发展的社会主义建设者和接班人提供了有力支撑。

第四章

数智化背景下
高校课程思政的课堂实践案例

　　教育部印发的《高等学校课程思政建设指导纲要》指出，"结合专业特点分类推进课程思政建设"，分别将专业课程分为文学、历史学、哲学类专业课程，经济学、管理学、法学类专业课程，教育学类专业课程，理学、工学类专业课程，农学类专业课程，医学类专业课程以及艺术学类专业课程，并对这些门类的专业课程指明思政元素融入的方向。由此，本章将对上述12个门类的课程，根据《普通高等学校本科专业目录（2024年）》，选取部分专业课程举例，阐述在教学过程中如何将思政元素巧妙融入，并且以数智技术赋能教学过程。

第一节　文学、历史学、哲学类专业课程

一、文学类课堂实践案例

课程名称：中国古代文学

专业名称（专业类）：汉语言文学（中国语言文学类）

专业代码：050101

【课程简介】

"中国古代文学"课程是中文专业的一门核心课程，旨在让学生系统学习中国古代文学的发展历程、主要流派、经典作品及其思想艺术特色。本课程通过对中国古代文学作品的深入解读，引导学生了解中国古代社会的文化、历史、哲学、道德等方面的知识，培养学生的文学鉴赏能力、批判性思维以及人文精神。同时，结合课程思政的理念，将思政教育贯穿于教学全过程，让学生在领略古代文学魅力的同时，提升道德修养和社会责任感。

【本节课知识点】

《红楼梦》是中国古代小说的巅峰之作，描绘了一个封建大家族的兴衰史和人物命运的沉浮。通过对《红楼梦》的学习，学生将学习以下专业知识点。

1. 《红楼梦》的文学地位

介绍《红楼梦》作为中国古代四大名著之一的文学地位，及其在世界文学中的影响。

2. 《红楼梦》的思想内涵

分析《红楼梦》蕴含的封建社会的衰败、家族兴衰、人性探索等深刻思想，以及作者对社会的批判和对人性的洞察。

3. 《红楼梦》的艺术特色

探讨《红楼梦》在人物塑造、情节设计、语言运用等方面的艺术特色，如众多鲜活复杂的人物形象、错综复杂的情节结构、优美生动的语言风格等。

【课程思政目标和实现路径】

1. 培养学生的爱国情怀和民族自信

（1）通过对《红楼梦》的学习，让学生感受中国古代文化的博大精深和独特魅力，增强民族自信心和自豪感。

（2）引导学生认识中国古代文学在传承和弘扬中华优秀传统文化中的重要作用，培养学生的爱国情怀。

2. 提升学生的道德修养和人文关怀

（1）通过对《红楼梦》中人物命运的关注和思考，引导学生认识人生的无常和

生命的宝贵，培养珍惜生命、尊重他人的道德观念。

（2）引导学生从不同角度审视历史与现实，培养学生对社会现实的客观认识和人文关怀精神。

3. 培养学生的批判性思维和创新能力

（1）引导学生从不同角度探讨《红楼梦》中的人物性格，培养学生的批判性思维和独立思考能力。

（2）鼓励学生对《红楼梦》进行创新性解读，培养学生的创新意识和实践能力。

【数智化技术赋能的课程思政内容】

1. 智能导读：开启《红楼梦》之旅

利用智能导读系统，为学生提供个性化的学习路径和推荐。系统可以根据学生的学习情况和兴趣偏好，推荐相关的背景知识、研究文献、视频资料等，帮助学生更好地了解《红楼梦》的创作背景、作者生平以及社会历史背景。同时，智能导读系统还可以引导学生提出自己的问题和观点，为后续的深入学习奠定基础。

2. 虚拟现实体验：走进大观园

通过 VR 技术，为学生打造一个沉浸式的大观园体验。学生可以穿戴 VR 设备，身临其境地感受大观园的美景和氛围，与书中的人物进行互动和交流。这种虚拟现实的体验方式可以让学生更加直观地了解《红楼梦》中的人物形象和情节发展，加深对作品的理解和感受。同时，教师还可以结合思政教育目标，引导学生在体验中思考人生的无常和生命的宝贵，以及对封建社会的批判和人文关怀。

3. 智能分析系统：深度解读《红楼梦》

应用智能分析系统对《红楼梦》中的人物、情节、语言等进行深度分析和解读。系统可以运用自然语言处理、数据挖掘等技术手段，自动提取和分析作品中的关键信息，并生成相应的解读报告。学生通过查阅解读报告，了解作品的思想内涵和艺术特色，同时也可以在系统的引导下进行深入的思考和探讨。智能分析系统不仅可以提高学生的学习效率和质量，还能帮助学生形成自己的见解和观点。

4. 互动讨论平台：思想碰撞与交流

通过在线互动讨论平台，为学生提供一个交流思想、分享观点的空间。学生可以在平台上发表自己对《红楼梦》的看法和见解，与其他同学进行交流和讨论。教师通过平台了解学生的学习情况和思想动态，并及时给予指导和反馈。在互动讨论的过程中，教师引导学生关注作品中的思政教育元素，如人性探索、道德观念等，让学生在思想碰撞中提升道德修养和人文关怀精神。

5. 创意写作工坊：再创作与表达

设立一个创意写作工坊，鼓励学生将《红楼梦》中的元素进行再创作和表达。让学生撰写与《红楼梦》相关的散文、小说、剧本等作品，或创作诗歌、绘画等艺术形式。在创作过程中，教师提供指导和支持，帮助学生将思政教育目标融入作品中。通过创意写作工坊的形式，学生可以发挥自己的想象力和创造力，同时也能更好地理解和感悟《红楼梦》中的思想内涵和艺术特色。同时，这种创作过程也是对学生创新思维和实践能力的一种锻炼和提升。

二、历史学类课堂实践案例

课程名称：非物质文化遗产概论

专业名称（专业类）：文化遗产（历史学类）

专业代码：060107T

【课程简介】

"非物质文化遗产概论"课程是文化学、民俗学、艺术学等多学科交叉的一门重要课程，旨在向学生介绍非物质文化遗产的概念、分类、保护原则与方法，以及中国及世界范围内非物质文化遗产的现状与未来。通过本课程的学习，学生将能深入了解非物质文化遗产的丰富内涵和独特价值，增强对传统文化和民族精神的认同与尊重，增强文化自信和文化自觉。

【本节课知识点】

本节课将以"传统民间音乐——古琴艺术的传承与发展"为主题，详细讲解以下内容：

1. 古琴艺术的历史与文化背景

介绍古琴的起源、发展历程以及在中国传统文化中的地位与作用。

2. 古琴艺术的音乐特点与演奏技巧

分析古琴音乐的风格特色、音乐表达及基本演奏技巧。

3. 古琴艺术的传承与保护现状

阐述古琴艺术传承的困难与挑战，以及当前非遗保护政策与措施。

【课程思政目标和实现路径】

1. 培养学生对中华优秀传统文化的认同感与自豪感

（1）通过讲述古琴的历史故事、音乐特点，让学生认识到古琴作为中国传统文化的瑰宝，其独特价值与历史地位。

（2）展示古琴演奏视频，组织古琴体验活动，让学生亲身感受古琴音乐的魅力。

2. 引导学生树立正确的历史观、文化观

（1）讲述古琴与诗词、书画等中华传统艺术形式的融合，揭示古琴艺术在中华文化中的独特地位。

（2）对比古琴艺术与西方音乐的特点，引导学生理解不同文化背景下的音乐表达方式，培养学生的跨文化理解能力。

3. 增强学生的民族自豪感和文化自信

（1）讲述古琴艺术在国际文化交流中的成就与影响，让学生感受到中华文化的魅力。

（2）结合非遗保护政策，讲述非遗传承人的故事，激发学生为保护和传承中华优秀传统文化而努力的决心与自豪感。

【数智化技术赋能的课程思政内容】

1. 在线平台讨论

利用在线教育平台，设计非遗知识竞答环节，让学生在游戏中学习非遗知识，增强学习的趣味性。设置在线讨论区，引导学生围绕古琴艺术保护与传承的热点问题展开讨论，教师及时给予指导和反馈。

2. 课堂实时互动

教师可以围绕"古琴艺术在全球化背景下的传承与发展"这一主题开展讨论。学生通过线上平台发表自己的观点，分享对古琴艺术传承与发展的思考。学生通过观看直播或录播课程，学习古琴的演奏技巧、历史背景等知识。在课堂中设置实时互动环节，学生可以通过弹幕、提问等方式与教师、同学进行互动交流，分享学习心得和感受。以"西昌古琴非遗传承人彭洁"为案例：

川派古琴家张孔山的第七代嫡传弟子之一彭洁，是西昌古琴非遗传承人，先拜入浙派古琴非遗传承人、古琴家王熹女士门下习琴三年，后又拜入川派古琴非遗传承人、川派古琴家胡锦蓉先生门下习琴七年。一直以来，彭洁的心中都有着不变的心愿和目标：尽自己的一份绵薄之力，让更多人认识、了解古琴，感受古琴的文化和魅力，为中国传统文化的发展作出贡献。除了热爱，彭洁心中坚信：修习古琴文化，是她个人的生活方式，更是一种承担和责任。她始终记得师父胡锦蓉曾说过的话："无论以后走什么路，要记住，每一个川派古琴弟子肩上，都有传承的责任。"正是这样一份沉甸甸的责任，十余年来，彭洁不仅要学习古琴，要教学，还要进行创作。她在凉山开展教学、在校园义务宣讲，定期组织琴人雅集（古琴爱好者的一种聚会方式）。她现已在新浪、微信等网络平台和《西蜀琴刊》等专栏发表了与古琴相关的数十篇文章，并创作了古琴曲数首，还参加了西昌市相关部门组织的非遗文化展览、西昌市《恰同学少年》等大型文艺演出。这么多年坚持不懈地向外界宣传古琴，只是为了让西昌古琴文化走进大众生活。

彭洁通过学习和传播古琴文化，展现了对传统文化的深厚热爱和文化自信。她不仅是个人对古琴艺术不懈追求，更是通过教学、创作和宣传活动，承载和传承了川派古琴的文化精髓。这种对传统文化的积极态度和行动，体现了对文化认同和传统价值的重视。她通过个人的努力和实践，将传统文化融入现代社会生活中，为学生和社会大众树立了积极的榜样，同时也为传统文化的传承和发展贡献了自己的力量。

3. 数字化资源自主学习

教师利用数字化资源库，为学生提供一系列与古琴艺术相关的学习资源，如历史文献、名家演奏视频、音乐作品等。学生可以根据自己的兴趣和需求，选择学习资源进行自主学习。在学习过程中，学生可以通过在线笔记、心得体会等方式，记录自己的学习过程和感悟。

4. 大数据分析在非遗传承中的应用

收集和分析非遗项目的相关数据，如传承人的数量、传承活动的频率、受众的反馈等。通过图表、动画等形式展示数据，让学生了解非遗传承的现状和趋势。引导学生分析数据背后的深层含义，如非遗传承面临的挑战、传承人的困境等。通过分析，让学生认识到非遗传承的重要性和紧迫性，增强对非遗文化的关注和保护意识。

5. 人工智能在非遗创新中的应用

利用 AI 图像生成器技术，对传统非遗项目进行创新设计，如结合现代元素和新技术，重新诠释古琴音乐的演奏方式和表现形式。让学生在创新设计中感受到传统文化的活力和魅力。

三、哲学类课堂实践案例

课程名称：马克思主义哲学史

专业名称（专业类）：哲学（哲学类）

专业代码：010101

【课程简介】

"马克思主义哲学史"是哲学专业的重要课程之一，旨在通过对马克思主义哲学形成、发展和演变的历史脉络的梳理，帮助学生深入理解马克思主义哲学的基本原理、思想精髓及其历史地位。本课程不仅涉及哲学知识，还蕴含丰富的思政元素，能够引导学生树立正确的世界观、人生观和价值观，增强对中国特色社会主义理论、制度、道路和文化的认同感和自信心。

【本节课知识点】

本节课聚焦于"马克思主义哲学的形成与发展"这一核心章节，重点讲解以下几个专业知识点。

1. 马克思恩格斯思想的形成背景

包括 19 世纪欧洲的社会经济状况、思想文化环境，特别是工业革命的影响，以及德国古典哲学、英国古典政治经济学、法国空想社会主义等理论资源对马克思恩格斯思想形成的贡献。

2.《共产党宣言》的发表及其意义

分析《共产党宣言》的基本内容、核心观点及其对科学社会主义理论的奠基作用，探讨其在马克思主义发展史上的重要地位。

3. 唯物史观与剩余价值理论的创立

阐述唯物史观的基本内容、历史意义，以及剩余价值理论的发现过程、核心概念和对资本主义经济制度的批判性分析。

4. 马克思主义哲学在各国的实践与发展

简要介绍马克思主义哲学在各国的传播、实践与发展，以及形成的各具特色的理论体系。

【课程思政目标和实现路径】

1. 增强历史自觉与文化自信

分析马克思恩格斯思想形成的国际背景与本土文化土壤。

2. 培养社会责任感和使命感

解读《共产党宣言》中关于无产阶级历史使命的论述，探讨其对当代社会的启示。

3. 强化科学思维与批判精神

深入剖析唯物史观与剩余价值理论，并运用唯物史观引导学生分析历史现象，运用剩余价值理论分析现实问题，理解其科学性和革命性。

4. 弘扬人文关怀与道德情操

结合马克思主义哲学关于人的自由全面发展的理论，探讨个人价值与社会进步的关系。

5. 增进国际视野与全球意识

介绍马克思主义哲学在世界范围内的传播与影响，特别是马克思主义中国化的发展历程。

【数智化技术赋能的课程思政内容】

1. 历史情境再现

利用 VR 技术，将学生带入 19 世纪欧洲的工业城市，感受工人阶级的艰辛生活，以及当时社会文化的碰撞与融合。增强历史自觉与文化自信，理解马克思恩格斯思想形成的时代背景。

2. 《共产党宣言》深度解读

教师结合多媒体材料，详细解读《共产党宣言》的核心内容，并通过在线互动平台发起"宣言精神在当代"的讨论。培养社会责任感和使命感，引导学生思考个人在新时代的责任与担当。

3. 讨论环节

分组进入虚拟实验室，模拟剩余价值生产过程。强化科学思维与批判精神，深入理解唯物史观与剩余价值理论的科学性和革命性。

4. 拓展环节

利用智能推荐系统为学生推荐相关书籍、文章和视频资料等拓展资源。引导学生深入学习和思考马克思主义哲学及其在当代中国的应用和发展。同时，鼓励学生将所学知识应用于实际生活中，提高解决实际问题的能力。

通过元宇宙平台实现人生规划模拟器体验。学生分别在"人生规划模拟器"中创建自己的虚拟角色，根据个人兴趣和马克思主义价值观设定不同的职业路径、生活目标和贡献社会计划。模拟器将基于学生的选择，模拟出未来几年的生活轨迹，包括工作成就、家庭生活、社会贡献等方面的反馈。学生分享模拟结果，讨论在追求个人价值的同时如何更好地履行社会责任，以及如何在现实生活中将马克思主义的理想信念转化为实际行动。教师根据学生分享的内容，引导学生反思个人价值与社会进步之间的关系，强调在实现自我价值的同时，要关注社会公正、促进人类共同发展的重要性。引导学生树立正确的世界观、人生观和价值观，理解并实践马克思主义关于人的自由全面发展的理论。

5. 在线讲座

利用云平台展示不同国家马克思主义实践案例，鼓励学生进行跨国界对比分析；通过视频连线，邀请国际学者进行在线讲座，拓宽学生国际视野。

第二节 经济学、管理学、法学类专业课程

一、经济学类课堂实践案例

课程名称：中级财务会计

专业名称（专业类）：国际经济与贸易（经济与贸易类）

专业代码：020401

【课程简介】

"中级财务会计"课程是会计学专业的核心课程，旨在深入探究会计理论在企业实务中的应用。课程围绕企业会计准则，系统介绍财务会计的核算方法、会计要素的确认与计量，以及财务报表的编制与分析。通过案例研究、实践操作和课堂讲解，培养学生的会计实操能力和财务分析能力。课程内容涉及资产、负债、所有者权益、收入、费用等会计要素的核算，以及财务报告的编制与解读。此外，课程还注重培养学生的职业道德和法律意识，为后续的高级财务会计学习及职业生涯奠定坚实基础。

【本节课知识点】

本节课以"企业合并财务报表的编制"为教学案例，该案例源于真实的企业合并事件。本节课的专业知识点主要包括：

1. 企业合并的基本理论

包括企业合并的类型、方式及其经济后果。

2. 合并财务报表的编制方法

重点介绍购买法和权益结合法的应用及其区别。

3. 合并财务报表的调整与抵消处理

详细讲解合并财务报表中需要进行的调整和抵消项目及其处理方法。

4. 合并财务报表的分析与解读

通过实际案例，教授学生如何分析和解读合并财务报表，评估合并对企业财务状况和经营成果的影响。

【课程思政目标和实现路径】

1. 培养学生的职业道德

（1）强调会计职业道德的重要性，引导学生树立正确的职业观和道德观。

（2）结合企业合并案例，讨论在财务报告中应如何保持真实、公正和透明。

2. 增强学生的法律意识

（1）介绍与合并财务报表编制相关的法律法规，强调依法依规进行财务处理的重要性。

（2）通过案例分析，引导学生认识到违反法律法规的后果和危害。

3. 培养学生的社会责任感

（1）引导学生思考企业在合并过程中如何关注社会责任，实现经济效益与社会效益的双赢。

（2）鼓励学生关注社会热点问题，积极参与社会公益活动。

4. 提升学生的综合素质

（1）培养学生的批判性思维和创新能力，鼓励他们在财务工作中寻求最佳方案。

（2）提升学生的沟通能力和团队协作精神，以满足未来职场的需求。

【数智化技术赋能的课程思政内容】

1. 大数据分析助力企业合并决策

通过引入大数据分析技术，展示企业在合并前的市场环境分析、竞争对手分析、目标企业评估等过程。引导学生认识到大数据在决策中的重要性，并培养他们利用大数据进行财务分析和预测的能力。同时，结合思政目标，引导学生思考在大数据背景下如何保持财务信息的真实性和公正性，以及如何运用大数据服务社会、履行社会责任。

2. 人工智能辅助学习系统

开发一个针对"中级财务会计"课程的人工智能辅助学习系统。该系统能根据学生的学习情况和反馈，智能推送个性化的学习资源和习题。通过系统的辅助，学生能更加高效地掌握专业知识，并提升自主学习能力。同时，系统还可以设置与思政目标相关的讨论话题和案例分析，引导学生深入思考职业道德、法律意识和社会责任等问题。

3. 虚拟仿真实验模拟企业合并过程

利用虚拟仿真技术构建一个模拟企业合并的实验环境。在该环境中，学生可以扮演不同的角色（如合并双方企业的财务人员、审计人员等），模拟企业合并的整个过程。通过实验操作，学生能更加直观地了解企业合并的流程和财务报表的编制方法，并提升实践操作能力。同时，在实验过程中融入思政元素，如设置道德困境、法律风险等情境，引导学生思考并作出正确的决策。

4. 在线互动与案例分享

通过在线平台组织学生进行互动讨论和案例分享。学生可以分享自己在学习和实践中遇到的困难和挑战以及解决方法，并邀请其他同学和教师共同讨论和评价。这种互动形式能激发学生的学习兴趣和参与度，并促进他们之间的交流和合作。同时，教师还可以结合思政目标设计相关的讨论话题和案例分析题目引导学生进行深入思考和讨论以培养他们的思辨能力和道德观念。

5. 课程评价与反思

在课程结束后通过智能化评价系统对学生的学习成果进行评价和反馈。该系统能够根据学生的在线学习数据、作业完成情况、考试成绩等多维度指标进行综合评价并给出具体的改进建议。同时教师还需要对整个教学过程进行反思和总结以发现教学中存在的问题和不足，并提出相应的改进措施以不断提升教学质量和效果。此外教师还需要关注学生在思政方面的表现和发展情况，以评估思政教育的效果并不断完善思政教育内容和方式。

二、管理学类课堂实践案例

课程名称：电商直播

专业名称（专业类）：电子商务（电子商务类）

专业代码：120801

【课程简介】

"电商直播"课程作为电子商务领域的新兴课程，旨在帮助学生掌握电商直播的核心理念、运营策略以及实战技巧。随着电子商务的迅猛发展和直播技术的广泛应用，电商直播已成为一种高效、互动性强的营销方式，对推动商品销售、提升品牌影响力具有重要意义。本课程通过智能化技术手段，如大数据分析、AI辅助互动、虚拟场景构建等，为学生提供一个全面的学习体验，并结合思政教育，培养学生的社会责任感、诚信意识、创新精神和团队协作精神，助力学生成长为具备高度市场竞争力的电商直播专业人才。

【本节课知识点】

本节课以"绿色电商直播——推广环保理念与产品"为教学案例，该案例选自真实电商直播平台上的绿色产品推广活动。本节课的专业知识点主要包括：

1. 电商直播的基本概念与特点

介绍电商直播的定义、发展历程、优势及在电子商务中的应用场景。

2. 电商直播的运营策略

探讨电商直播的内容策划、选品策略、推广渠道、主播互动等关键环节。

3. 绿色电商直播的核心理念

阐述绿色电商直播的意义、目标及在推动环保事业中的作用。

4. 绿色产品的特点与推广技巧

分析绿色产品的特性、市场需求及在电商直播中的推广策略。

【课程思政目标和实现路径】

1. 培养学生的社会责任感

（1）引导学生认识到电商直播在推动经济发展和社会进步中的重要作用，增强学生的社会责任感。

（2）通过绿色电商直播案例，让学生理解环保事业的重要性，激发他们参与环保行动的意愿。

2. 培养学生的诚信服务意识

（1）强调电商直播中的诚信经营原则，让学生认识到诚信是电商行业持续发展的关键。

（2）通过案例分析和讨论，让学生明白虚假宣传、欺诈销售等行为的危害，培养他们的诚信服务意识。

3. 培养学生的创新精神

（1）鼓励学生探索电商直播的创新模式和方法，提高他们的创新意识和实践能力。

（2）引导学生关注新兴技术在电商直播中的应用，培养他们的科学素养和创新精神。

4. 培养学生的团队协作精神

（1）强调电商直播团队协作的重要性，让学生理解团队合作对于提高直播质量和效果的关键作用。

（2）通过小组讨论、角色扮演等教学活动，培养学生的团队协作能力和沟通技巧。

【数智化技术赋能的课程思政内容】

1. 智能化选品与推荐

利用大数据分析技术，对绿色产品的市场需求、用户画像等进行深入分析，为学生提供智能化的选品建议。同时，结合 AI 推荐算法，为学生推荐符合其兴趣爱好的绿色产品，引导他们在电商直播中积极推广。通过这一过程，让学生了解智能化技术在电商直播中的应用，同时培养他们的市场敏感度和用户导向思维。

2. 虚拟场景构建与直播演练

利用 VR 技术，为学生构建一个逼真的电商直播场景。学生可以在虚拟场景中进行直播演练，模拟真实直播中的互动环节、产品展示等。通过这一环节，学生可以更加深入地了解电商直播的运作流程，提高他们的实战能力。同时，教师还可以在虚拟场景中加入一些思政元素，如环保标语、公益广告等，让学生在演练过程中潜移默化地接受思政教育。

3. 智能化数据监测与效果评估

在电商直播过程中，利用智能化数据监测工具对直播数据进行实时分析，包括观看人数、互动情况、转化率等关键指标。通过数据分析，教师可以及时了解学生的直播效果，为他们提供针对性的指导和建议。同时，学生也可以通过数据反馈了解自己在直播中的表现，从而不断改进和提升。在数据分析过程中，教师还可以引导学生关注数据背后的深层含义，如用户的购买行为、消费心理等，培养他们的数据分析能力和市场洞察力。

4. 思政教育融入讨论与案例分享

在教学过程中，教师可以结合绿色电商直播案例，组织学生进行讨论和分享。通过讨论，学生可以深入了解绿色电商直播的核心理念和推广策略，同时认识到环保事业的重要性和紧迫性。此外，教师还可以邀请一些在电商直播领域具有丰富经验的从业者进行线上分享，为学生提供更加真实、生动的学习体验。在分享过程中，教师可以引导学生关注从业者的职业道德、诚信品质等方面的内容，培养他们的职业素养和道德观念。

5. 实战演练与团队协作

为了提高学生的实战能力和团队协作能力，教师可以组织学生进行电商直播实战演练。在演练过程中，学生需要分组进行团队协作，共同完成选品、策划、推广等环节。通过这一过程，学生可以更加深入地了解电商直播的运作流程和团队协作的重要性。同时，教师还可以结合思政教育目标，为学生设置一些具有挑战性的任务，如推广具有环保理念的产品等，让他们在实战中锻炼自己的能力，提升自己的品质。

6. 实时反馈与互动教学

在直播课程中，利用数智化技术实现实时反馈和互动教学。学生可以通过在线平台提出问题、分享观点，教师则能及时回答、点评并引导讨论。这种互动不仅增强了课程的趣味性，也使学生能更加主动地参与到学习中来。此外，教师可以通过观察学生的在线表现和反馈，及时调整教学策略和内容，以更好地满足学生的学习需求。

7. 实践活动与社区服务

组织学生进行电商直播的实践活动，如为环保组织进行绿色产品的线上推广等。这些实践活动不仅能让学生将所学知识应用到实际中，还能让他们亲身体验到电商直播的社会价值和实践意义。同时，教师还可以引导学生关注社会热点问题，如环境保护、扶贫助困等，鼓励他们通过电商直播等方式参与到社会公益事业中来，培养他们的社会责任感和奉献精神。

三、法学类课堂实践案例

课程名称：当代国际关系

专业名称（专业类）：外交学（政治学类）

专业代码：030203

【课程简介】

"当代国际关系"课程旨在帮助学生理解和分析当今世界的国际关系格局、主要国际问题和国际关系理论。课程内容涵盖国际关系的历史背景、国际体系的演变、主要国家的对外政策、国际组织和国际法、全球化与区域化、国际安全、国际经济关系等。通过案例分析、理论讲解和模拟外交实践，培养学生的国际视野、分析能力和跨文化交流能力。课程还注重培养学生的家国情怀、国际理解和全球责任感。

【本节课知识点】

本节课以"一带一路"倡议为教学案例。本节课的专业知识点主要包括：

1. "一带一路"倡议的背景和意义

介绍"一带一路"倡议的提出背景、战略目标和重要意义，以及该倡议在全球经济发展中的作用。

2. 人类命运共同体

分析"一带一路"倡议下的国际合作模式、特点和成效，探讨如何通过推动国际合作实现共赢。

3. 中国在国际关系中的角色

阐述中国在经济全球化和区域合作中的角色定位、作用发挥和贡献，以及面临的挑战和机遇。

4. "一带一路"建设的风险与挑战

结合"一带一路"倡议的实施情况，分析当代国际关系的复杂性、多变性和不确定性，以及中国如何应对这些挑战。

【课程思政目标和实现路径】

1. 培养国际视野

（1）引导学生关注全球政治、经济和文化动态，增强全球意识和国际视野。

（2）通过分析"一带一路"倡议等国际案例，帮助学生了解不同国家和地区的发展状况和文化差异，培养学生跨文化交流能力。

2. 坚定学生理想信念

（1）阐述中国提出"一带一路"倡议的初心和使命，激发学生的爱国情怀和民族自豪感。

（2）引导学生认识到国际合作的重要性，坚定走和平发展道路的信念。

3. 厚植爱国主义情怀

（1）介绍中国在"一带一路"倡议中的贡献和成就，增强学生的国家认同感和荣誉感。

（2）引导学生关注国家大事，关心国家发展，积极参与国家建设。

4. 树立正确的历史观、大局观、角色观

（1）回顾"一带一路"倡议的历史背景和发展脉络，帮助学生理解历史与现实的关系。

（2）分析"一带一路"倡议在全球经济格局中的地位和作用，引导学生从大局出发思考问题。

（3）引导学生明确个人在国际关系中的角色定位和责任担当。

（4）鼓励学生积极参与国际交流与合作，为推动构建人类命运共同体贡献力量。

【数智化技术赋能的课程思政内容】

1. 大数据分析"一带一路"倡议

运用大数据分析技术，展示一幅基于"一带一路"倡议全球分布图，直观地呈现"一带一路"倡议覆盖的国家和地区以及项目进展情况。包括共建国家在全球贸易、基础设施建设、文化交流等方面的数据和趋势。通过分析数据，让学生深刻理解"一带一路"倡议的广泛性和深远影响。引导学生思考"一带一路"倡议如何促进共建国家的共同发展和繁荣，以及中国在这一过程中的责任和担当。通过数据分析，让学生感受到中国的国际影响力和贡献。

2. VR 体验"一带一路"倡议

利用 VR 技术为学生创造一个身临其境的"一带一路"共建国家场景。学生可以通过 VR 眼镜看到共建"一带一路"国家的自然风光、人文景观和基础设施建设项目等。在 VR 场景中，学生可以参与到相关项目的建设中来，如参与港口建设、铁路铺设、文化交流活动等。通过亲身体验，让学生感受到"一带一路"倡议给共建国家带来的实际利益和发展机遇。同时，教师还可以结合历史背景和现实情况，引导学生理解"一带一路"倡议在推动构建人类命运共同体方面的重要意义。

3. 在线互动扮演角色

通过在线平台组织学生进行互动讨论和角色扮演活动。设置与"一带一路"倡议相关的讨论话题，如"一带一路"倡议对全球经济的影响、"如何加强国际合作以应对全球性挑战"等。同时，鼓励学生扮演不同国家的外交官，就某一热点问题进行讨论和决策。这种互动形式能够激发学生的学习兴趣和参与度，并促进学生之间的交流和合作。

4. 课后在线案例讨论

系统根据学生的学习情况和兴趣点，智能推送与"一带一路"倡议相关的案例和阅读材料。同时，提供智能问答和讨论功能，帮助学生更深入地了解"一带一路"倡议的背景、内容和影响。在案例讨论环节，引导学生从多个角度分析案例，如政治、经济、文化等方面，培养学生的批判性思维和全面分析能力。

第三节　教育学类专业课程

一、教育学类课堂实践案例（一）

课程名称： 幼儿游戏与指导

专业名称（专业类）： 学前教育（教育学类）

专业代码： 040106

【课程简介】

"幼儿游戏与指导"是学前教育专业中一门重要的理论与实践相结合的课程。本课程旨在培养学生掌握幼儿游戏的基本理论知识，理解游戏在幼儿身心发展中的重要作用，并学习如何科学地指导幼儿进行游戏。课程内容涵盖了幼儿游戏的特点、分类、价值，以及教师在游戏中的指导原则和方法等。通过本课程的学习，学生将能深入理解幼儿游戏的丰富内涵，提升指导幼儿游戏的专业技能，为将来的幼儿教育工作奠定坚实的基础。

【本节课知识点】

1. 幼儿游戏的特点与分类

探讨幼儿游戏在内容、形式、目的等方面的独特性，以及不同类型游戏的分类方法。

2. 幼儿游戏的价值

分析幼儿游戏在促进幼儿认知、情感、社会性发展等方面的价值，强调游戏在幼儿成长中的重要作用。

3. 游戏中的教师角色与指导策略

阐述教师在幼儿游戏中的观察者、引导者、支持者等多重角色，以及针对不同游戏类型和发展阶段的指导策略。

【课程思政目标和实现路径】

1. 培养幼儿教育情怀

强调幼儿游戏在幼儿教育中的核心地位，引导学生认识到未来作为一名幼儿教育工作者，应具备对幼儿游戏的热爱和尊重。通过分享真实的幼儿教育案例，让学生感受到游戏带给幼儿的快乐与成长，激发学生的教育情怀。

2. 强化职业道德观念

在探讨教师角色与指导策略时，强调教师应遵循的职业道德原则，如尊重幼儿的选择、保护幼儿的安全、促进幼儿的全面发展等。通过案例分析和角色扮演等活动，让学生深刻理解职业道德在幼儿教育工作中的重要性。

3. 提升社会责任感

引导学生思考幼儿教育对社会发展的意义和价值，强调作为幼儿教育工作者应承担的社会责任。通过小组讨论和汇报等形式，让学生探讨如何在游戏中培养幼儿的社会适应能力、团队合作精神等，为社会培养合格的未来公民。

4. 培养创新与实践能力

鼓励学生在理解游戏理论的基础上，尝试创新游戏设计和指导方法。通过实践操作和反思总结。

【数智化技术赋能的课程思政内容】

1. 情境创设

为学生呈现一个沉浸式的幼儿游戏场景。学生可以身临其境地体验幼儿游戏的乐趣和挑战，从而激发学生对幼儿游戏的兴趣和好奇心。并且，利用智能教学平台展示幼儿游戏的特点、分类、价值等知识点。通过图文并茂的课件、动画视频等多媒体教学资源，帮助学生直观地理解和掌握知识点。

2. 案例分析与讨论

分享真实的幼儿游戏案例，包括教师在游戏中的指导策略、幼儿的表现等。通过案例的分享和讨论，引导学生深入理解游戏指导的实践应用和价值。将学生分成若干小组，每组选择一个案例进行深入分析和讨论。小组成员可以运用智能教学平台的协作功能进行在线交流和讨论，最终形成一份案例分析报告并进行汇报。在汇报过程中，教师可以利用投屏功能将学生的报告展示给全班同学观看和评价。

同时，在案例分析和讨论中融入思政教育元素，如分享一些具有教育意义的幼儿游戏案例或故事，引导学生思考游戏背后的教育价值和社会责任。通过这些真实的素材和案例，激发学生的教育情怀和对幼儿教育事业的热爱。

在游戏指导实践环节中强调职业道德的重要性，如提醒学生在游戏中要尊重幼儿的选择和意愿、保护幼儿的安全等。同时，利用智能教学平台的评价功能对学生的表现进行及时评价和反馈，强化职业道德观念在幼儿教育工作中的重要性。

3. 数据分析与反思

引导学生利用数据分析工具，收集和分析幼儿在游戏中的行为数据、情绪变化等。通过数据分析，让学生更深入地了解幼儿在游戏中的需求和表现，从而更好地指导幼儿游戏，并融入思政教育元素。

每次课后，教师可以要求学生利用智能教学平台的笔记功能，对自己的教学过程进行反思和总结。学生需要分析自己在游戏指导中思政教育元素的融入情况，以及如何进一步改进和提升。同时，教师可以分享优秀的教学反思和案例，供学生参考和学习。

4. 教学评价与反馈

利用智能教学平台的作业管理、课堂互动等功能，对学生的学习过程进行全程跟踪和评价。教师可以根据学生的学习表现和参与度，给予及时的反馈和指导。通过学生的案例分析报告、游戏设计作品等成果，评价学生对专业知识的掌握情况和思政元素的融入情况。同时，鼓励学生进行自我评价和互相评价，促进学生的自我提升和共同成长。

二、教育学类课堂实践案例（二）

课程名称：田径

专业名称（专业类）：体育教育（教育学类）

专业代码：040201

【课程简介】

"田径"课程是体育教育专业中的一门核心课程，旨在通过走、跑、跳、投等多种身体练习，全面提高学生的身体素质和运动能力。该课程不仅注重学生的体能锻炼，还强调竞技性、健身性和实用性，力求让学生在掌握田径运动基本技巧的同时，形成健康的体育观念和生活方式。课程内容丰富，包括田径运动的基本理论、技术动作、训练方法以及比赛规则等，教学形式灵活多样，既有理论讲解，也有实践操作，让学生在运动中感受田径的魅力和价值。

【本节课知识点】

1. 田径运动基础理论

介绍田径运动的基本概念、发展历程和主要特点，使学生对田径运动有全面而深入的了解。

2. 田径技术动作

详细讲解走、跑、跳、投等不同项目的技术要点和动作要领，帮助学生掌握正确的技术动作。

3. 训练方法

介绍田径运动的训练方法，包括体能训练、技术训练、心理训练等，提高学生的训练效果和竞技水平。

4. 比赛规则

介绍田径比赛的基本规则和裁判知识，帮助学生理解比赛的流程和规定，增强比赛的公正性和规范性。

【课程思政目标和实现路径】

1. 培养学生坚韧不拔的体育精神

通过田径运动的训练，让学生体验运动的艰辛和乐趣，培养他们在困难和挑战面前不屈不挠、坚持不懈的精神。

2. 树立公平公正的竞赛意识

介绍田径比赛的规则和裁判知识，强调比赛的公正性和规范性，培养学生的公平竞争意识和尊重裁判、尊重对手的良好品质。

3. 增强集体荣誉感和团队合作精神

在团队项目中培养学生的合作精神，让他们学会相互支持、相互鼓励，共同为团队荣誉而努力。

4. 树立终身体育的观念

通过田径运动的实践，让学生体验到运动对身心健康的积极影响，培养他们终身体育的观念和习惯。

【数智化技术赋能的课程思政内容】

1. 课前预热

通过平台发布课前预习、课中讲解和课后复习的多媒体资料，如视频教程、动画演示等，帮助学生更好地理解和掌握田径运动的专业知识。在平台上设置互动环节，如在线讨论、问题解答等，鼓励学生积极参与课堂讨论，提高学习效果。

2. 大数据分析在田径训练中的应用

利用 IoT 技术收集和分析学生的训练数据，如运动轨迹、速度、力量等，以科学的数据为依据制订个性化的训练计划。这不仅可以提高训练效果，还可以降低运动损伤的风险。通过数据分析发现学生的潜在能力和特长，为他们在未来的职业生涯中找到适合自己的发展方向提供数据支持。

3. 构建知识图谱

教师可以创建一个涵盖田径运动基本知识、经典赛事、道德规范、职业操守等内容的知识图谱。知识图谱应包括以下内容：

（1）田径运动基本知识（如项目分类、规则、历史）。

（2）经典赛事（如奥运会、世锦赛）。

（3）重要运动员及其故事。

（4）道德规范与职业操守（如体育精神、职业伦理）。

（5）相关社会问题（如兴奋剂）。

在讲解具体案例（如奥运会中的精彩瞬间）时，将案例中的相关知识点映射到知识图谱中。例如，讲解某位运动员的故事时，将该运动员的成就、参与的赛事、所体现的道德规范等节点与知识图谱中的相关部分连接起来。

运动员节点：某运动员→成就（奥运会突破、亚运会冠军）→赛事（奥运会、亚运会、国际田联钻石联赛）→道德规范（自律与勤奋、坚韧不拔、公平竞争）。

成就节点：时间（多次刷新纪录）→赛事（奥运会、亚运会）→成绩（×分××、×秒××等）。

赛事节点：奥运会→项目（男子100米）→成绩（亚洲纪录、决赛资格）→突破（半决赛、决赛）。

道德规范节点：自律与勤奋→日常生活（饮食控制、训练态度）→赛场表现（尊重对手、尊重裁判）→精神品质（坚韧不拔、公平竞争）。

4. 应用概念地图

教师可以指导学生创建概念地图，帮助他们整理和总结所学内容。例如，在讨论田径赛事时，概念地图可以包括以下要素：

（1）赛事分类（如短跑、长跑、跳跃、投掷）。

（2）赛事规则。

（3）经典赛事及其意义。

（4）运动员的职业操守和道德规范。

（5）社会问题及其影响。

在讨论真实案例时，鼓励学生使用概念地图分析案例中的关键问题和关联。例如，在讨论兴奋剂问题时，学生可以在概念地图中标出兴奋剂的定义、历史、影响、相关法规，以及运动员的职业操守和社会责任等。通过概念地图，引导学生探讨田径运动中的社会问题。

5. 实地践行

组织学生参加田径比赛和实践活动，让他们在实践中体验田径运动的乐趣和挑战。通过比赛和实践活动，学生可以更好地理解和应用所学知识，提高自己的竞技水平和团队协作能力。

利用智能设备和APP进行训练数据的记录和分析，培养学生的自律和科学训练的习惯。通过AI虚拟教练和心理辅导软件，帮助学生进行心理训练，强调团队合作和互助精神，培养集体主义和责任感。

第四节　理学、工学类专业课程

一、理学类课堂实践案例（一）

课程名称： 解析几何

专业名称（专业类）：数学与应用数学（数学类）

专业代码：070101

【课程简介】

"解析几何"作为数学与应用数学专业的基础课程之一，其基本思想在于通过代数的方法来系统研究和解决几何问题。本课程将几何图形的结构和性质代数化、数量化，为学生进一步学习高等几何、微分几何等提供必要的基础，并作为学习数学分析、高等代数等课程的重要工具。课程涵盖了向量与坐标、空间直线与平面、常见的曲面以及二次曲线等核心内容，旨在培养学生的空间想象能力、运算能力和逻辑思维能力。

【本节课知识点】

本节课将聚焦于"椭圆抛物面"的学习，主要包括以下内容：

1. 椭圆抛物面的定义与性质

介绍椭圆抛物面的基本概念、标准方程及其几何性质。

2. 椭圆抛物面的图形绘制

讲解如何使用平行截割法绘制椭圆抛物面的图形，提升学生的空间综合作图能力。

【课程思政目标和实现路径】

1. 激发创新意识与探索精神

通过介绍椭圆抛物面在建筑设计、桥梁工程等领域的应用实例，激发学生对新知识的兴趣与好奇，引导他们自主探索其他可能的应用场景。

2. 彰显中国智慧与科技力量

融入"中国天眼"（FAST）的介绍，讲述其在天文观测领域的杰出贡献，展现中国科研人员在科技创新方面的成就，激发学生的民族自豪感和爱国情怀。

3. 培养社会责任感与敬业精神

结合南仁东等科学家的先进事迹，强调科学研究的艰辛与不易，引导学生认识到作为未来科研工作者或工程师的社会责任与使命，培养他们的敬业精神。

【数智化技术赋能的课程思政内容】

1. VR 技术模拟实验

采用 MATLAB 仿真软件模拟椭圆抛物面的生成过程，让学生在仿真操作中观察和理解其形态变化，增强学生的空间感知能力。

学生可以通过 APP 在平板电脑或智能手机上观察三维模型。例如，观察不同视角下的椭圆抛物面，有助于学生理解其标准方程及几何性质。在此过程中，教师介绍我国在解析几何领域的历史贡献和现代数学家的成就，引导学生了解数学研究的重要性和我国在数学领域的地位，激发其爱国情怀和民族自豪感。

2. 实际案例分析与讨论

结合真实案例，如建筑设计中椭圆抛物面的应用实例，引导学生进行案例分析和讨论。在讨论中，引导学生思考椭圆抛物面在这些场景中的作用和优势，以及作为未来工程师或设计师应如何运用所学知识解决实际问题。结合南仁东事迹开展思政教育：

（1）在介绍椭圆抛物面时，穿插介绍人民科学家南仁东先生为"天眼（FAST）"建设所作的贡献及其个人经历。

（2）组织学生观看南仁东事迹的纪录片或视频资料，并引导学生分享自己的感受和体会。

（3）通过讨论和交流，引导学生认识到科学研究的艰辛与不易，以及作为未来科研工作者或工程师应具备的敬业精神和社会责任感。

3. 在线论坛与社区建设

在学校的教学平台上建立与"解析几何"课程相关的在线论坛或社区。平台提供公式编辑器、定理证明工具、疑难问题的解题技巧等。教师可以在论坛上定期发布在线数学竞赛活动，引导学生积极参与和交流，促进学生之间的思想碰撞和共同进步。

4. 利用自适应学习技术进行个性化教学

在课后，学生通过自适应学习平台完成针对性的练习题目，平台实时分析学生的表现，提供即时反馈和指导，帮助学生更好地掌握椭圆抛物面的理论知识。学生利用自适应学习平台和知识图谱技术，收集椭圆抛物面在前沿科技中的应用资料，如光学、天文、建筑等领域。通过探讨椭圆抛物面在前沿科技中的应用，激发学生的创新思维和探索精神。并且，使用知识图谱技术整理和分析收集到的资料，形成知识网络，可供下一堂课进行展示和讨论。

二、理学类课堂实践案例（二）

课程名称：固体物理

专业名称（专业类）：应用物理学（物理学类）

专业代码：070202

【课程简介】

"固体物理"作为物理学的重要分支之一，主要研究固体物质的结构、性质以及构成固体物质的粒子（如原子、离子、电子等）之间的相互作用和运动规律。它涵盖了晶体学、固体电子学、固体光学等多个领域，是现代材料科学、电子工程、信息技术等学科的重要基础。通过本课程的学习，学生将掌握固体物理的基本理论和方法，理解固体材料性能的物理本质，为未来的科研和工程实践奠定坚实的基础。

【本节课知识点】

本节课主要聚焦于"晶体结构"这一知识点,包括以下三个方面的内容:

1. 晶体的宏观性质及固体物理学的发展史

介绍晶体的基本概念、特征以及固体物理学的发展历程,使学生了解固体物理学科的历史背景和重要性。

2. 晶体结构的基本元素

详细讲解晶体的结构单元——晶胞(包括原胞、维格纳—赛茨原胞等),晶格实例,晶格的周期性,晶向、晶面,倒格子和布里渊区等概念。

3. 晶体的对称性

分析晶体结构的对称性,理解对称操作在晶体学中的应用。

【课程思政目标和实现路径】

1. 培养学生的科学精神

(1)讲述晶体结构研究的历史和现状,引导学生认识到科学研究需要持之以恒、不断探索的精神。

(2)强调实验在验证和发现科学规律中的重要作用,培养学生严谨的科研态度和实证精神。

2. 弘扬工匠精神

(1)分析晶体结构研究中的精细操作和精确测量,引导学生认识到工匠精神在科学研究中的重要性。

(2)通过展示优秀科学家的案例,引导学生学习他们的敬业精神和追求卓越的态度。

3. 增强国家荣誉感

(1)介绍我国在晶体结构研究方面的重要成果和贡献,如新型晶体材料的发现和应用等,激发学生的国家荣誉感和自豪感。

(2)讲述我国科学家在晶体结构研究中的奋斗历程和感人故事,培养学生的爱国情怀。

4. 树立社会责任感

(1)分析晶体材料在现代工业、新能源等领域的应用,引导学生认识到科学技术对社会发展的重要性。

(2)强调科学研究应服务于社会、造福人类,鼓励学生将所学知识应用到实践中去,为科技进步和社会发展作出贡献。

【数智化技术赋能的课程思政内容】

1. 虚拟仿真实验——晶体结构的探索

利用 VR 技术,创建一个虚拟的晶体结构实验室。学生可以在虚拟环境中,通过操作如 VR 头盔、手柄等观察不同晶体的结构特点。在实验过程中,强调观察和记录的重要性，培养学生严谨的科研态度。同时，引导学生思考实验结果对科学研究的意义，增强他们的科学精神。

2. 智能数据分析——晶体结构数据的解读

利用生成式人工智能技术，对晶体结构数据进行智能分析和解读。学生通过输入晶体结构数据，得到关于晶体性质、稳定性等方面的预测和分析结果。在分析过程中，引导学生认识到数据的重要性和价值，培养他们对数据的谨慎态度。同时，通过解读数据结果，激发学生的求知欲和创新精神。

3. 案例分享——我国晶体结构研究的成就

选取我国在晶体结构研究方面的典型案例和成就，通过视频、图片等多种形式进行展示和分享。在分享过程中，强调我国科学家的贡献和付出，培养学生的爱国情怀和国家荣誉感。同时，引导学生思考如何继承和发扬科学家的精神，为国家的科技进步作出贡献。

4. 互动讨论——晶体结构研究的挑战与未来

组织学生进行互动讨论，探讨晶体结构研究面临的挑战和未来的发展方向。可以引入边缘计算技术来辅助学生进行晶体结构的数据处理和分析。通过搭建基于边缘计算的晶体结构数据分析平台，学生可以将自己收集到的晶体结构数据上传到平台上进行处理和分析。平台会自动将数据分配到多个边缘设备上进行并行计算，并将计算结果实时反馈给学生。同时，在这个平台上还可以加入智能化分析和预测功能。例如，可以根据学生上传的数据自动分析晶体的结构和性能特点，预测其在新材料、新能源等领域的应用前景，帮助学生更好地理解晶体结构的知识，激发他们的创新思维和创造力。同时，通过在线讨论未来的发展方向，让学生意识到科学技术对社会发展的重要性，增强社会责任感。

5. 实践应用——晶体结构知识的应用探索

布置实践任务，如制作简单的晶体结构模型、探索晶体结构在实际应用中的影响等。在实践过程中，强调理论知识与实践应用的结合，培养学生的动手能力和实践精神。同时，引导学生思考如何将所学知识应用到实际中去，为科技进步和社会发展作出贡献，增强他们的社会责任感。

三、理学类课堂实践案例（三）

课程名称：遥感概论

专业名称（专业类）：大气科学（大气科学类）

专业代码：070601

【课程简介】

"遥感概论"是地理信息科学及相关专业的核心基础课程，旨在为学生提供遥感技术的基本理论、方法和技术应用的全面认识。该课程强调理论与实践的结合，内容涵盖了遥感原理、遥感图像处理、遥感数据分析与应用等多个方面。通过学习，学生将能掌握遥感技术的基本知识和技能，为后续的深入学习和工作实践奠定坚实基础。

【本节课知识点】

本节课的专业知识点为"遥感图像的增强与变换"。在这一节中，学生将学习如何通过调整遥感图像的亮度、对比度、色彩等参数，以及应用各种图像变换技术（如傅里叶变换、小波变换等），以改善图像的视觉效果，提高图像的信息提取能力。这一知识点是遥感图像处理中的关键步骤，对于后续的图像分类、目标识别等应用具有重要意义。

【课程思政目标和实现路径】

1. 培养学生的科学素养

（1）通过介绍遥感技术的发展历程和最新进展，引导学生认识科学发展的重要性和推动作用。

（2）让学生明白作为科学工作者应具备严谨、求真、务实的科学态度。

2. 激发学生的爱国情怀

（1）结合我国遥感技术的重大成就，如高分系列卫星、北斗导航系统等，激发学生的民族自豪感和爱国情怀。

（2）引导学生思考如何将所学知识应用于国家发展和建设中。

3. 培养学生的社会责任感

（1）通过分析遥感技术在环境监测、灾害预警、城市规划等领域的应用案例，让学生认识到遥感技术在社会发展中的重要作用。

（2）引导学生思考作为未来科学工作者应如何承担起社会责任，为推动社会进步贡献自己的力量。

【数智化技术赋能的课程思政内容】

1. AR 技术导入，沉浸式感受遥感世界

利用 AR 技术，为学生展示一个虚拟的遥感世界。学生可以通过 AR 眼镜，看到各种遥感卫星、传感器以及遥感图像的处理过程。这种沉浸式的学习体验能够让学生更加直观地了解遥感技术的原理和应用。在导入环节，教师强调科技兴国的重要性，通过 AR 技术的展示，让学生感受到我国遥感技术的先进性和创新性，激发他们的爱国情怀和民族自豪感。

2. 案例分析，探究遥感技术社会价值

展示一些典型的遥感技术应用案例，如利用遥感技术监测环境污染、评估城市规划效果等。教师引导学生分析这些案例，讨论遥感技术在解决社会问题中的重要作用。在分析案例的过程中，教师强调科学技术对于社会发展的推动作用，引导学生思考如何将遥感技术应用于实际问题的解决中，培养他们的社会责任感和使命感。

3. 智能互动，学习遥感图像增强与变换

利用智能教学平台，为学生提供遥感图像增强与变换的在线学习资源和互动练习。学生可以通过平台上的模拟实验，亲自操作遥感图像的增强与变换过程，并实时查看处理结果。在互动学习过程中，教师强调实践能力和创新精神的重要性。鼓励学生通过自主探索和合作学习，掌握遥感图像增强与变换的基本方法，培养他们的科学素养和创新精神。

4. 分组讨论，探索遥感技术未来发展

将学生分成若干小组，每个小组围绕遥感技术的未来发展进行讨论。讨论内容包括遥感技术相关的新应用、新技术的发展趋势等。教师提供相应背景资料和参考文献，引导学生进行深入思考。在讨论过程中，教师强调创新意识的重要性。鼓励学生关注遥感技术的最新动态和前沿技术，培养他们的前瞻性和创新精神。同时，引导学生思考如何将遥感技术与国家发展战略相结合，为国家的未来发展贡献自己的力量。

5. AR 实践体验，模拟遥感图像采集与处理

利用 AR 技术模拟遥感图像的采集与处理过程。学生可以通过 AR 眼镜看到模拟的卫星传感器和地面目标，并使用 AR 手柄模拟操作卫星拍摄和图像处理的过程。这种实践体验能让学生更加深入地了解遥感技术的工作原理和操作流程。在实践体验过程中，教师强调实践能力和团队协作的重要性。鼓励学生通过实践操作巩固所学知识，提高技能水平。同时，引导学生体会团队协作的力量和效率，培养他们的团队精神和合作意识。

四、工学类课堂实践案例（一）

课程名称： 3D 打印技术

专业名称（专业类）： 工业设计（机械类）

专业代码： 080205

【课程简介】

"3D 打印技术"是一门注重实践操作的课程，旨在让学生系统掌握 3D 打印技术的基本原理、操作流程和实际应用。通过本课程的学习，学生将深入了解 3D 打印技术的历史、现状和未来发展趋势，掌握从模型设计、切片处理到实际打印和后处理的全流程操作技能。同时，通过实践项目的开展，培养学生的创新思维、团队协作和问题解决能力，为学生未来的职业发展奠定坚实基础。

【本节课知识点】

本节课的专业知识点为"3D 打印设备操作与后处理"。在这一环节中，学生将学习如何操作不同类型的 3D 打印设备，包括了解设备的工作原理、操作界面和基本参数设置。同时，学生还将学习后处理技术，包括支撑结构的去除、表面处理和

涂装等，以确保最终打印产品的质量和外观。

【课程思政目标和实现路径】

1. 培养学生的创新精神

（1）在教学过程中，鼓励学生尝试不同的设计思路、材料选择和打印方式，激发学生的创新精神。

（2）通过实践项目的开展，让学生体会到创新带来的成就感，从而更加坚定地走上创新之路。

2. 培养学生的团队协作能力

（1）在实训过程中，将学生分组进行实践项目的开展。每个团队需要共同协作，完成从模型设计到打印和后处理的全过程。

（2）通过团队协作，培养学生的沟通能力、协作能力和团队精神，让学生明白团队合作的重要性。

3. 培养学生的社会责任感

（1）在教学过程中，引导学生关注 3D 打印技术在环保、医疗、教育等领域的应用，让学生认识到科学技术对于社会发展的推动作用。

（2）引导学生思考如何在使用 3D 打印技术的过程中，注重环保、节能和资源的合理利用，培养学生的社会责任感。

【数智化技术赋能的课程思政内容】

1. 提供虚拟的 3D 制造实训环境

利用云计算支持的虚拟协作平台，为学生提供虚拟的 3D 制造实训环境。学生可以通过平台进行远程协作，共同完成实践项目的各个环节。这种虚拟协作平台能够突破时间和空间的限制，让实训过程更加灵活高效。在此过程中，教师介绍云计算和虚拟协作技术的优势和发展趋势，引导学生认识到现代科技对于教育领域的推动作用。同时，强调团队合作在科技创新中的重要性，让学生明白只有团队协作才能取得更大的成就。

2. 虚拟环境下的 3D 建模与切片

在虚拟协作平台中，指导学生使用 3D 建模软件进行模型设计，并进行切片处理。学生可以在平台上实时查看和修改模型，与其他团队成员进行沟通和协作。在建模和切片过程中，鼓励学生发挥创新思维，尝试不同的设计思路和方法。同时，引导学生关注模型设计的合理性和实用性，培养学生的责任意识和环保意识。

3. 虚拟仿真的 3D 打印过程

利用虚拟协作平台中的仿真功能，模拟 3D 打印设备的运行过程。学生可以观看打印过程中的各种现象和变化，了解打印参数对打印效果的影响。在仿真过程中，引导学生关注打印过程中的各种细节和问题，培养学生的观察力和分析能力。同时，引导学生思考如何优化打印参数以提高打印效果和质量，培养学生的实践能力和创新精神。

4. 基于云平台的团队协作与项目管理

利用云平台的协作功能，指导学生进行团队协作和项目管理。学生可以在平台上进行任务分配、进度监控和成果展示等操作，确保实践项目的顺利进行。在团队协作和项目管理过程中，强调团队合作的重要性以及沟通、协调和领导能力的作用。同时，引导学生关注项目进度和质量控制等问题，培养学生的责任意识和敬业精神。

5. 成果展示和反思

在实践项目完成后，组织学生进行成果展示和反思。学生可以在云平台上展示自己的实践成果，并分享在实践过程中的经验和教训。同时，引导学生对实践项目进行综合评价和反思，以提高自身的综合素质和能力。在成果展示和反思过程中，强调实践成果的重要性和价值。同时，引导学生思考如何将所学知识和技能应用于实际生活和未来工作中，培养学生的应用能力和社会责任感。此外，鼓励学生提出对实践项目的改进意见和建议，以促进课程的不断完善和发展。

6. 课程总结与展望

在课程结束时，对本次课程的教学内容、思政目标和实施过程进行总结。同时，对学生在课程中的表现和成果进行评价和反馈。最后，展望未来3D制造技术的发展趋势和应用前景，引导学生关注行业发展和科技进步。在课程总结与展望中，强调科技创新对于社会发展和人类进步的重要性。同时，引导学生思考如何在未来的学习和工作中继续发挥创新精神和实践能力，为社会的发展和进步贡献自己的力量。

五、工学类课堂实践案例（二）

课程名称：汽车故障诊断与维修

专业名称（专业类）：汽车维修工程教育（机械类）

专业代码：080212T

【课程简介】

"汽车故障诊断与维修"是汽车类专业中的一门核心课程，旨在培养学生掌握现代汽车故障诊断与维修的基本理论和技能。本课程通过分析汽车各系统的工作原理和故障现象，教授学生运用先进的诊断设备和维修技术，对汽车进行快速、准确的故障诊断和高效维修。课程内容涵盖了从基础理论到实际操作技能的所有知识点，为学生未来的汽车维修与检测工作打下坚实的基础。

【本节课知识点】

本节课的专业知识点主要集中在汽车故障诊断与维修的实操技能上，包括以下三点：

1. 汽车故障诊断方法

学习如何运用先进的诊断设备，如 OBD 系统、扫描工具等，对汽车进行故障诊断。

2. 常见故障分析与排除

针对发动机、底盘、电气系统等汽车关键部位，学习常见故障的识别、分析和排除方法。

3. 维修技能培养

通过实操练习，提升学生的汽车维修技能，如更换机油、火花塞、空气滤清器等基础维修操作。

【课程思政目标和实现路径】

1. 培养学生的工匠精神和责任意识

（1）在教学过程中，强调工匠精神的重要性，引导学生将精益求精的态度贯穿于汽车故障诊断与维修的每一个环节。

（2）通过案例分析，让学生明白作为一名汽车维修人员，他们的工作直接关系到车辆的安全性和乘客的生命安全，从而培养学生的责任意识。

2. 培养学生的创新能力和实践精神

（1）鼓励学生结合所学知识，对汽车故障诊断与维修技术进行创新探索。

（2）通过实操练习，培养学生的实践精神，让学生在实践中不断学习和成长。

3. 培养学生的团队协作和劳动精神

（1）在教学过程中，组织学生进行分组实训，让学生在团队协作中完成汽车故障诊断与维修任务。

（2）通过团队协作，培养学生的集体意识和团队精神，同时提升学生的协作能力和劳动精神。

【数智化技术赋能的课程思政内容】

1. 案例导入：中国一汽首席技能大师

选取扎根生产一线 23 年的中国一汽首席技能大师的案例，讲述他攻关重点项目 90 余项、解决技术难题 260 余个的经历：

2021 年，他带领数控团队实现应用于 L 平台整车驱动桥的减速器壳体，结束了我国需要从国外进口的历史；承担北京冬奥会雪车项目冰刀的试制加工任务，帮助国产雪车实现了"零"的突破。

通过该案例，树立学生心中的榜样形象，强调中国一汽首席技能大师的工匠精神、创新精神和责任意识。引导学生认识到，作为一名汽车维修技术人员，不仅要有扎实的专业技能，更要有对工作的热爱和敬畏之心，以及对社会的责任感和使命感。引导学生意识到劳模工匠是怎样"炼"成的，通过不懈的努力和精湛的技能，可以在自己的领域取得卓越的成就，同时为社会作出贡献。

2. 利用VR技术创建虚拟汽车车间

教师通过VR设备展示虚拟汽车车间，让学生熟悉车间布局、工具位置和基本操作流程。学生可以通过VR设备进入虚拟环境，进行汽车故障诊断与维修的模拟练习。通过虚拟实训，让学生初步了解汽车故障诊断与维修的基本流程和操作要点。在导入环节，介绍元宇宙技术在汽车维修领域的应用前景，引导学生认识到科技创新对于汽车维修行业的重要性。同时，通过虚拟实训的方式，激发学生的学习兴趣和创新精神。

3. 实操技能训练

在虚拟环境中进行实操技能训练，如更换机油、清洗喷油嘴等。学生可以通过VR设备进行模拟操作，并实时查看操作结果和反馈。在实操技能训练中，注重培养学生的实践精神和动手能力。同时，引导学生认识到实践对于技能提升的重要性，鼓励学生勇于尝试和实践。

4. 故障诊断与排除

在虚拟环境中设置一系列故障，让学生进行故障诊断和排除。学生需要运用所学知识和技能，通过诊断设备和分析工具对故障进行定位和分析，并提出解决方案。在故障诊断与排除环节中，强调对学生的创新能力和问题解决能力的培养。同时，引导学生认识到汽车维修工作的复杂性和挑战性，培养学生面对困难和挑战时的勇气和决心。

教师通过实际案例和模拟实验，演示维修过程中的具体操作和技术要点，介绍维修过程中的注意事项和安全规范，并让学生进行实际操作练习。结合王智在汽车维修中的实际案例，展示他在工作中坚持高标准、严要求的职业态度，培养学生的敬业精神和责任感。

5. 远程协作与支持

通过元宇宙平台，实现不同地点的学生和教师之间的远程协作与支持。学生可以实时与教师进行沟通和交流，获取指导和帮助。同时，学生之间也可以进行协作和交流，共同解决问题。在远程协作与支持环节中，强调团队协作和沟通能力的重要性。同时，引导学生认识到现代社会中信息技术对于沟通和协作的重要性，并鼓励学生积极利用信息技术进行学习和交流。

六、工学类课堂实践案例（三）

课程名称：机器视觉

专业名称（专业类）：电子信息工程（电子信息类）

专业代码：080701

【课程简介】

"机器视觉"作为电子信息工程专业方向课程，旨在培养学生掌握机器视觉的基本原理、技术方法及其在实际应用中的能力。通过这门课程的学习，学生将深入了解图像处理、特征提取、目标识别等机器视觉技术，以及语音识别、手势识别、虚拟交互等人机交互技术，并学会运用这些技术解决实际问题。此外，课程还强调培养学生的创新思维和团队协作精神，为未来的科研和工程实践奠定坚实基础。

【本节课知识点】

本节课将聚焦在"基于深度学习的目标检测与人机交互系统的融合应用"这一主题上，专业知识点主要包括：

1. 深度学习目标检测算法

介绍卷积神经网络（CNN）的基本结构和工作原理，特别是目标检测领域中的 Faster R-CNN、YOLO 等经典算法。

2. 人机交互技术

阐述语音识别、手势识别、眼动追踪等交互技术的基本原理和实现方法。

3. 目标检测与人机交互的融合应用

探讨如何将目标检测技术与人机交互技术相结合，实现更加智能、自然的交互方式。

【课程思政目标和实现路径】

1. 培养学生的创新精神

引入最新的研究成果和创新应用，如基于深度学习的实时目标检测与人机交互系统，激发学生创新思维，鼓励他们勇于探索未知领域。

2. 培养学生的科技伦理意识

分析目标检测与人机交互技术在应用中的伦理问题，如数据隐私、技术滥用等，引导学生树立正确的科技伦理观，增强社会责任感。

3. 培养学生的团队协作和沟通能力

组织学生进行分组项目实践，要求学生在项目中明确分工、相互协作，共同完成系统设计和实现，提升团队协作和沟通能力。

4. 国家安全意识教育

结合我国在机器视觉与人机交互领域的发展现状和战略部署，引导学生理解技术创新在国家安全中的重要作用，增强国家安全意识。

【数智化技术赋能的课程思政内容】

1. 案例导入

教师展示一段基于深度学习的实时目标检测与人机交互系统的演示视频，如自动驾驶汽车通过识别行人、车辆等目标进行智能避障和人机交互。引导学生思考这一技术的创新点和应用前景，同时讨论技术发展中可能面临的伦理问题，如数据隐私和安全等。

2. 案例数据库

搭建智能案例数据库，收集国内外关于机器视觉应用的典型案例。数据系统可以根据学生的学习进度和兴趣，智能推荐相关案例，并提供详细的分析和讨论。通过案例学习，学生可以更加深入地了解技术的应用场景、挑战和伦理问题，提升批判性思维和问题解决能力。

3. 伦理问题讨论

结合目标检测与人机交互技术的具体应用案例，引导学生讨论其中的伦理问题，如隐私泄露、技术滥用等。向学生介绍 2019 年 6 月，国家新一代人工智能治理专业委员会发布的《新一代人工智能治理原则——发展负责任的人工智能》，提出了人工智能治理需遵循的八条原则：和谐友好、公平公正、包容共享、尊重隐私、安全可控、共担责任、开放协作和敏捷治理。通过讨论帮助学生认识到科技发展中的伦理问题，树立正确的科技伦理观，增强社会责任感。

4. 企业实践连线

邀请业内专家或企业工程师就"机器视觉技术在国家安全中的应用"进行在线直播连线，并分享机器视觉技术在企业中的实际应用和挑战。通过企业实践连线，引导学生认识到技术创新在国家安全中的重要作用，增强国家安全意识。同时，学生可以了解技术的最新发展趋势和市场需求，并增强对技术应用的实践感知和社会责任感。

5. 在线互动

设立在线互动讨论区，教师鼓励学生就课程内容和思政目标发表观点和看法。组织学生进行头脑风暴活动，围绕"如何利用目标检测与人机交互技术解决某一实际问题"展开讨论，鼓励学生提出创新性的想法和解决方案，并强调创新思维在科技领域的重要性。

第五节　农学类专业课程

一、农学类课堂实践案例（一）

课程名称：无土栽培技术

专业名称（专业类）：智慧农业（植物生产类）

专业代码：090112T

【课程简介】

"无土栽培技术"是智慧农业中的一项关键技术，本课程旨在传授无土栽培技术的原理、方法及其在现代农业生产中的应用。随着科技的进步，无土栽培技术以其节水、节肥、高产、优质等显著优势，逐渐成为现代农业发展的重要方向。本课程将重点介绍无土栽培技术的基本原理、营养液的配制与管理、设施设计与环境控制等方面的内容，并结合真实案例和实操演练，使学生全面掌握无土栽培的技术要点和应用实践。

【本节课知识点】

本节课主要围绕无土栽培技术的核心——营养液配制与管理展开。通过学习，学生将了解无土栽培营养液的基本特性，掌握营养液的配制技术和管理策略，为后续的学习和实践奠定基础。知识点包括：

1. 营养液的组成、功能及不同作物对营养液的需求特点

讲解营养液由哪些元素组成，各元素如何促进植物生长，以及不同作物在不同生长阶段对营养元素的特定需求。

2. 营养液的配制方法、配方设计与调整

介绍如何根据作物需求科学配制营养液，包括原料选择、称量、溶解、混合及pH调整等步骤，并讲解如何根据作物生长情况调整配方。

3. 营养液的日常管理与监控等内容

讲解营养液在使用过程中需要进行的定期检查、补充、更换、清洁等日常管理工作，以及如何通过监测浓度、pH值等参数来确保营养液质量，从而保证植物健康生长。

【课程思政目标和实现路径】

1. 培养科学精神

介绍无土栽培技术的原理和技术方法，引导学生理解科技在现代农业发展中的重要作用，培养学生尊重科学、追求真理的精神。

2. 弘扬劳动精神

强调无土栽培技术需要精心管理和细致操作，引导学生认识到劳动的价值和意义，培养学生热爱劳动、尊重劳动、勤奋劳动的精神。

3. 激发服务意识

介绍无土栽培技术的创新点和未来发展趋势，鼓励学生尝试新的配方和技术，帮助农民解决实际生产过程中的问题，培养他们的服务意识和实践能力。

4. 树立环保意识

分析无土栽培技术在环保方面的优势，如减少土壤污染、节约水资源等，引导学生树立环保意识，积极参与环保行动。

5. 投身助力乡村振兴

结合我国农业现代化的发展目标和国家战略，介绍无土栽培技术在助力农业转型中的重要作用，培养学生投身于乡村振兴的积极性。

【课程思政目标和实现路径】

1. 智能营养液配制系统展示与体验

以"某公司研发了一款 PHEC-B2 智能营养液控制器，能够根据作物需求和生长环境，自动计算并配制出合适的营养液"为案例，介绍智能营养液配制系统的原理和功能，组织学生观看系统演示视频。学生分组进行实践操作，体验智能配制系统的便捷性和高效性。教师引导学生思考科技进步对农业生产的积极影响，并讨论如何在农业生产中更好地应用科技手段，引导学生思考科技进步对农业生产的积极影响，培养他们的科学精神。

2. 虚拟农场农事操作

VR 展示传统土壤栽培与无土栽培的资源利用对比。学生通过 VR 设备参观虚拟农场，观察并分析无土栽培在环保方面的实际效果。讨论无土栽培如何减少化肥和农药的使用，从而降低环境污染，增强学生的环保意识。

利用 VR 技术创建无土栽培虚拟农场。教师设置实验任务，如营养液配制、设施环境调控等。学生利用 VR 设备进入虚拟农场，根据任务要求进行操作。在虚拟农场中分组完成营养液配制和管理任务，通过智能化系统进行任务分配和进度追踪学生分组合作。通过虚拟农事操作，学生不仅能加深对无土栽培技术的理解，还能增强对乡村振兴战略的认识与理解。

3. 大数据分析应用

首先，利用大数据分析展示全球粮食生产现状，讨论无土栽培在保障粮食安全中的作用。学生通过查看全球不同地区的农业生产情况，理解无土栽培的重要性。增强学生对粮食安全问题的认识，培养其社会责任感。

然后，以"无土栽培小番茄"为案例，介绍大数据分析在其营养液调配中的应用方法和案例。通过分析数据，了解作物生长状况、营养液使用情况等，为营养液配方设计和环境控制提供科学依据。通过数据驱动的决策方式，让学生感受到智慧农业的魅力，培养他们的科学思维和数据分析能力。

4. 智能决策支持系统应用

介绍智能决策支持系统在无土栽培中的应用，如基于作物生长模型的智能营养液配方设计、基于气象数据的智能灌溉控制等。通过实际操作智能决策支持系统，让学生体验现代科技在农业生产中的重要作用，激发他们的创新意识和实践能力。

5. 线上互动讨论与案例分享

利用在线教学平台组织学生进行线上互动讨论和案例分享。讨论可以围绕无土栽培技术的创新点、发展前景以及对农业生产的影响等方面展开。学生结合自己在实验或实践中的经验和感悟进行交流分享。同时，教师可以邀请行业专家或企业代表参与讨论，为学生提供更广阔的视野和更深入的见解。通过线上互动讨论和案例分享，培养学生的思辨能力和团队协作精神。

二、农学类课堂实践案例（二）

课程名称：环境监测与评价

专业名称（专业类）：农业资源与环境（自然保护与环境生态类）

专业代码：090201

【课程简介】

"环境监测与评价"是农业资源与环境专业的一门核心课程，旨在培养学生系统分析资源环境问题的能力，强化生态文明理念，树立可持续发展观。本课程通过讲授环境监测的基本理论、分析方法和实践应用，结合数智化技术手段，使学生掌握资源环境分析的基本技能，理解人类活动对资源环境的影响，以及如何通过科学的方法和技术手段，促进资源环境的合理利用和保护。

【本节课知识点】

本节课将聚焦于"地表水资源环境分析与保护"这一专业知识点。通过分析水资源环境现状、问题和挑战，结合智能监测技术和数据分析方法，探讨水资源环境保护的策略和措施。学生将学习如何利用智能化技术手段，如遥感监测、自动化采样、大数据分析等，对水资源环境进行实时监测和评估，为水资源保护提供科学依据。

【课程思政目标和实现路径】

1. 加强生态文明教育

讲解水资源环境的重要性，强调"绿水青山就是金山银山"的理念。通过分析水资源短缺、水污染等问题的严重性，引导学生认识到生态文明建设的重要性和紧迫性。

2. 培养大国"三农"情怀

（1）介绍我国农业发展的现状和面临的挑战，强调水资源对农业生产的支撑作用。

（2）通过案例分析，让学生了解我国在水资源保护方面的成就和不足，引导学生树立强农兴农的使命感。

3. 激发爱农情感

（1）展示农村地区水资源保护的实际案例，如农村饮水安全工程、水土保持项目等。

（2）通过实地调研或视频教学，让学生亲身感受农村水资源保护的重要性和紧迫性，培养学生对农村和农民的深厚情感。

4. 树立服务农业农村现代化的使命感

分析水资源保护在推动农业农村现代化中的作用，如提高农业灌溉效率、减少农业面源污染等。引导学生认识到自己的专业知识和技能在服务农业农村现代化中的价值，树立服务农业农村现代化的使命感。

5. 培养创新精神和实践能力

（1）引导学生思考如何利用智能化技术手段创新水资源保护的方法和策略。

（2）通过小组讨论、项目实践等方式，培养学生的创新精神和实践能力，鼓励他们将所学知识应用于实际问题的解决中。

【课程思政目标和实现路径】

1. 导入环节：强化生态文明理念

教师通过区块链记录的数据，展示不同类型资源和环境的分布和特征，帮助学生理解资源环境的基本概念和分类。同时，通过区块链数据，展示环境变化和影响的实例，讲解环境影响评价的基本理论和方法。学生可以通过分析区块链数据，进行环境质量评价和环境影响预测的实践，引导学生关注农业水资源问题，并发起他们思考这些问题的根源和解决方案。教师可以提问："为什么绿水青山就是金山银山？"引导学生从生态文明的角度进行思考。

2. 知识点讲解：农业水资源管理与保护

教师通过无人机拍摄的实时影像，展示不同类型资源和环境的分布和特征，帮助学生理解资源环境的基本概念和分类。通过无人机影像，展示环境变化和影响的实例，讲解环境影响评价的基本理论和方法。学生可以通过分析无人机数据，进行环境质量评价和环境影响预测的实践，分析农业水资源利用中存在的问题和挑战，引导学生思考如何科学合理地利用和保护农业水资源。

同时，通过无人机遥感技术，展示中国在资源环境保护中的贡献，让学生理解中国在全球资源环境治理中的角色，增强爱国主义精神；展示乡村资源环境现状和变化趋势，理解生态文明建设的重要性，树立和践行"绿水青山就是金山银山"的理念。

3. 实践活动：智能化农业水资源监测与管理

组织学生利用智能化技术开展农业水资源监测与管理实践活动。学生需要自行设计监测方案、搭建监测设备、采集数据并进行分析。通过实践活动，学生将所学知识与实际问题相结合，利用物联网技术搭建农业水资源监测系统，利用数据分析软件对数据进行处理和分析，深入了解农业水资源管理的实践过程。引导学生思考如何根据监测结果制定相应的保护措施。

4. 小组讨论：水资源保护策略探讨

利用在线协作工具，将学生在平台上分成若干小组，每组围绕水资源保护策略展开讨论。学生可以结合实践活动的数据和结果，提出自己的观点和建议。同时，教师可以引导学生关注农业农村水资源保护的问题和需求，思考如何为农业农村现代化贡献力量。

教师在平台上每组将讨论成果进行展示，包括监测数据、分析结果以及提出的保护策略等。同时，教师通过平台生成的词云，对整个课程进行总结，强调服务农业农村现代化的使命感和责任感。引导学生关注农业农村现代化的前沿问题和需求，鼓励学生将所学知识应用于实际问题的解决中。

三、农学类课堂实践案例（三）

课程名称： 历史文化名城保护理论与规划

专业名称（专业类）： 园林（林学类）

专业代码： 090502

【课程简介】

"历史文化名城保护规划"课程旨在深入探讨历史文化名城的保护规划策略与实践。通过系统学习名城保护的理论框架、历史文脉分析、遗产价值评估以及保护规划编制方法，使学生掌握历史文化名城保护的基本理念和技术要点。课程结合国内外典型案例，分析名城保护的成功经验与面临的挑战，培养学生的规划创新思维和实践能力。同时，课程注重实践操作，通过实地考察、方案设计等环节，让学生深入了解历史文化名城保护的复杂性和重要性，为未来的规划工作奠定坚实基础。

【本节课知识点】

本节课以"苏州历史文化名城保护规划"为例，重点讲解以下专业知识点：

1. 历史文化名城价值识别

解析苏州古城的历史沿革、文化特色、建筑风貌及非物质文化遗产等核心价值元素。

2. 保护规划的原则与框架

介绍历史文化名城保护的基本原则（历史文化名城保护的原则方法包括科学规划、严格保护、维护传统格局和历史风貌、继承优秀传统文化、正确处理经济社会发展与历史文化遗产保护的关系），以及规划编制的流程与核心内容。

【课程思政目标和实现路径】

1. 增强学生的文化自信与历史责任感

（1）介绍苏州古城的历史沿革与文化底蕴，强调其在中华文明中的地位。

（2）展示苏州园林、古街巷、传统民居等文化遗产的独特魅力。

2. 培养学生服务乡村振兴的使命感和责任感

（1）分析苏州历史文化名城保护对当地经济社会发展的推动作用。

（2）探讨保护规划在促进乡村旅游、文化传承、社区发展等方面的积极作用。

3. 促进可持续发展理念

（1）讲解可持续发展理念在历史文化名城保护中的重要性。

（2）探讨绿色、低碳、智慧技术在保护规划中的应用。

【课程思政目标和实现路径】

1. 导入环节

以一段精心制作的 VR 视频作为开场，让学生仿佛穿越回古代苏州，漫步于古典园林之中，聆听评弹，品尝苏式小吃，感受那份独特的文化韵味。随后，教师引导学生思考：作为新时代的青年，我们应如何传承与弘扬这份宝贵的文化遗产？

在互动环节，利用 AR 技术，让学生在课堂上"遇见"范仲淹、唐寅等历史名人，通过互动对话了解他们的生平和对苏州的贡献，激发学生对本土文化的自豪感和保护责任感。

2. 案例分析

教师选取周庄或同里等具有代表性的古镇，分析其通过文化旅游带动乡村振兴的成功案例。通过地理信息系统（GIS）展示古镇周边农村地区的经济变化、人口流动等数据，让学生直观感受到保护与发展并重的重要性。

组织学生分组，每组选取一个苏州古镇作为研究对象，利用大数据平台收集并分析当地社会经济数据，结合 GIS 技术进行空间分析，设计一套既符合历史文化保护要求又能促进乡村振兴的规划方案。鼓励学生创新思维，提出切实可行的建议。强调未来名城保护应结合城市设计、城市双修，织补历史城市与山水环境，传承发展中国城市文明，融入社会经济发展，为实现中华民族伟大复兴作出积极的贡献。

3. 模拟预测

介绍可持续发展理论在历史文化名城保护中的应用，强调绿色、低碳、循环的发展模式。通过案例分析，展示苏州在古建筑修缮、生态修复、能源利用等方面的绿色保护实践。利用智能预测模型，模拟不同保护策略下苏州古城的未来发展情景。通过 GIS 系统展示不同方案对环境、社会、经济的影响，引导学生探讨如何找到保护与发展的最佳平衡点，实现历史文化名城的可持续发展。

课程结束时，组织学生进行总结反思，讨论本节课的学习收获与感悟。引导学生认识到，作为未来的城市规划师或相关领域的从业者，他们肩负着保护历史文化名城、促进乡村振兴、推动社会可持续发展的重要使命和责任。鼓励学生将所学知识与实践相结合，为构建更加美好的人类居住环境贡献自己的力量。

4. 课后实践

组织学生前往苏州周边古镇进行实地考察，了解古镇现状、居民需求及保护难题。利用大数据分析软件，指导学生分析游客行为数据，识别旅游热点与潜在市场，为古镇旅游规划提供数据支撑；通过 AI 辅助决策系统，模拟不同保护与发展策略对古镇经济、社会、环境的影响，引导学生思考如何在保护中促进发展，在发展中实现保护。在实践过程中，邀请古镇居民、政府代表参与课堂讨论，增进学生对乡村社区的理解与尊重，鼓励学生为全面推进乡村振兴贡献智慧与力量。

第六节　医学类专业课程

一、医学类课堂实践案例（一）

课程名称：影像诊断学

专业名称（专业类）：临床医学（临床医学类）

专业代码：100201K

【课程简介】

"影像诊断学"是借助于 X 线、CT、磁共振成像（MRI）、超声、核医学与介入放射学的成像手段，使人体内部器官和结构显现出来，从而了解人体解剖与生理功能状况和病理变化，以达到诊断和治疗为目的的一门学科，是影像技术专业的核心课程。

【本节课知识点】

本节课聚焦于"胸部疾病的影像诊断"，学生将学习以下专业知识点：

1. 胸部解剖与影像学基础

介绍胸部重要脏器的解剖结构及其在影像学上的表现特点。

2. 常见胸部疾病的影像学表现

详细讲解肺炎、肺癌、肺结核等疾病的 X 线、CT、MRI 等影像学特征，以及鉴别诊断要点。

3. 智能化技术在胸部影像诊断中的应用

介绍 AI 辅助诊断系统、智能机器人阅片等技术在提高诊断效率、降低误诊率方面的应用实例。

【课程思政目标和实现路径】

1. 加强医德医风教育

（1）课程开篇强调影像诊断学在医疗体系中的重要作用，以及医生的职业道德和责任。

（2）分享影像科医生在工作中的感人事迹，引导学生树立"患者至上"的服务理念。

2. 培养医者精神

（1）阐述"敬佑生命、救死扶伤、甘于奉献、大爱无疆"的医者精神内涵。

（2）通过分析胸部疾病影像诊断中的成功案例，展示医生在挽救生命、减轻病痛中的重要作用，激发学生的职业自豪感和使命感。

3. 培养医者仁心与职业素养

（1）强调在影像诊断过程中尊重患者、关注患者需求的重要性。

（2）设计模拟医患沟通环节，利用元宇宙技术创建虚拟场景，让学生在实践中学习沟通技巧和同理心。

4. 提升综合素养和人文修养

（1）引入跨学科知识，如生物医学工程、计算机科学等，介绍智能化技术在医学影像诊断中的最新进展，拓宽学生视野。

（2）鼓励学生参与科研项目，培养其创新思维和科研能力。

5. 提升依法应对重大突发公共卫生事件的能力

（1）分析近年来重大突发公共卫生事件中医学影像诊断的作用和挑战。

（2）讲解相关法律法规在医疗实践中的应用，特别是针对突发公共卫生事件的应急处理规定，增强学生的法律意识。

【课程思政目标和实现路径】

1. 微视频导入

课程以一段关于影像诊断在医疗救治中起关键作用的微视频作为导入，引导学生思考影像诊断对于患者治疗、康复乃至生命安全的重要性。随后，教师简要介绍影像诊断学的发展历程和当前面临的挑战，强调医生在其中的角色和责任。通过分享几位影像科医生在工作中的真实故事，如长时间坚守岗位、快速准确诊断病例等，激发学生的职业荣誉感和使命感。同时，明确本节课的学习目标，包括掌握胸部疾病的影像诊断知识、加强医德医风教育等。

通过课程导入和医德医风教育，使学生认识到影像诊断学的重要性和医生的职业责任，树立"患者至上"的服务理念，为后续学习奠定坚实的思想基础。

2. 场景构建

利用元宇宙技术创建一个虚拟医院场景，学生以"实习医生"身份进入，在这个场景中，学生扮演影像科医生，面对一位因胸部不适前来就诊的虚拟患者。这位虚拟患者由智能机器人驱动，能模拟出真实的情绪反应和对话交流，使沟通体验更加逼真。

在元宇宙互动体验中，学生需要首先观察虚拟患者的影像学检查结果，包括 X 光片、CT 或 MRI 图像，并运用所学专业知识进行初步诊断。随后，他们进入虚拟诊室，与患者进行面对面的沟通。在这个过程中，学生需要运用沟通技巧，耐心倾听患者的病情描述，关注患者的情绪变化，并结合影像学诊断结果向患者解释病情、治疗方案及预后情况。智能机器人作为辅助工具，会在必要时提供关于沟通技巧、患者情绪管理等方面的提示和建议。

通过这一环节，学生不仅能锻炼自己的影像学诊断能力，更重要的是能学会如何在临床实践中尊重患者、关注患者需求、善于沟通，从而培养起医者仁心的职业素养。

3. 专业知识讲解

在元宇宙虚拟教室内，教师利用3D影像展示胸部疾病的典型病例，结合AI辅助诊断系统的实时分析，详细讲解肺炎、肺癌、肺结核等疾病的影像学特征。同时，引入智能机器人"影像助手"，模拟真实临床场景中的阅片过程，展示其高效、准确的诊断能力。在此过程中，穿插介绍影像科医生在工作中的感人事迹，如远程会诊、紧急救援等，激发学生的医者精神，培养他们的职业使命感。通过智能化技术手段的展示和真实案例的引入，让学生在掌握专业知识的同时，感受到医者精神的伟大和崇高，激发他们的职业热情。

4. 跨学科知识拓展与科研能力培养

在掌握了胸部疾病的影像诊断知识和医者仁心的基本素养后，本环节将引导学生进一步拓展跨学科知识，了解生物医学工程、计算机科学等领域在医学影像诊断中的最新进展。教师可以通过讲座的形式，邀请相关领域的专家或学者来校交流，分享最新的研究成果和技术应用。同时，鼓励学生积极参与科研项目，将所学知识应用于实践中。教师可以设计一些与胸部疾病影像诊断相关的科研项目，让学生组队参与，通过查阅文献、设计实验、数据分析等环节，培养他们的创新思维和科研能力。

5. 课后实践

教师可以通过案例分析的形式，选取近年来发生的重大突发公共卫生事件中的医学影像诊断案例，分析医生在其中的作用和挑战。同时，在教学云平台上传相关法律法规在医疗实践中的应用案例，特别是针对突发公共卫生事件的应急处理规定和程序，引导学生深刻认识自己在公共卫生体系中的重要地位和责任。

二、医学类课堂实践案例（二）

课程名称： 口腔正畸学

专业名称（专业类）： 口腔医学（口腔医学类）

专业代码： 100301K

【课程简介】

口腔正畸学是口腔医学的重要组成部分之一。口腔正畸学是研究错合畸形的症状、病因、诊断及防治的学科。它对预防龋齿、牙周病及颞下颌关节功能障碍等起到重要作用，通过错合防治工作可以提高口腔健康水平，从而进一步提高全身的健康水平。"口腔正畸学"是口腔医学专业本科生必修的专业课程。

【本节课知识点】

本节课的专业知识点聚焦于"青少年错颌畸形的综合矫治策略"。青少年是错颌畸形的高发人群，其生长发育特点决定了矫治策略的复杂性和特殊性。本节课将详细探讨青少年错颌畸形的分类、病因、诊断流程、治疗原则以及综合矫治策略的制定与实施。重点内容包括：生长发育评估、矫治时机的选择、矫治器的选择与应用、咬合关系的调整、面型的改善以及矫治过程中的心理干预等。

【课程思政目标和实现路径】

1. 培养学生的爱国情怀和社会责任感

介绍国内外口腔正畸学的发展历程，特别是我国在正畸技术和设备研发方面的成就，激发学生为国家口腔健康事业贡献力量的热情。

2. 培养学生的人文关怀

分析错颌畸形的形成机制，强调预防为主、早期干预的重要性，教导学生如何与患者有效沟通、积极寻求解决方案的态度。

3. 强化职业道德和医德医风

通过临床案例分析，引导学生理解医患沟通的重要性，培养同理心、责任心和尊重患者隐私的职业素养。

4. 激发创新思维和探索精神

介绍最新的正畸技术和矫治理念，鼓励学生关注学科前沿，勇于探索未知领域，培养创新意识和批判性思维。

5. 促进团队合作和集体意识

在小组讨论、模拟操作和病例分析中，强调团队合作的重要性，培养学生的协作精神和集体荣誉感。

【课程思政目标和实现路径】

1. 导入环节

创设一个虚拟的口腔正畸诊所环境，学生通过穿戴设备，置身于真实的诊疗场景中。借助 MR 技术展示青少年错颌畸形的典型病例，包括牙齿排列不齐、咬合异常等，让学生直观感受错颌畸形对患者外观、功能和心理的影响。引导学生思考错颌畸形的危害及早期矫治的必要性，激发学生对本课内容的学习兴趣。

2. 专业知识讲授

系统讲授青少年错颌畸形的分类、病因、诊断流程和治疗原则。结合具体病例，分析矫治策略的制定依据和实施步骤。介绍我国正畸专家沈刚教授在技术创新和临床应用方面的贡献，激发学生的爱国情怀和社会责任感。

沈刚教授长期潜心临床创新，深耕技术研发，在凸面、凹面及偏颌畸形等正畸高难领域探索开拓了三十余载。提出了凸面畸形与凹面畸形诊断分类，研制出 SGTB、正雅 S8、S9 等矫形技术，形成了包括基础理论、机制循证、装置设计、临床治疗及疗效评价等各个环节的完整体系，完善了严重畸形正畸治疗的中国方案。沈刚教授领衔的正畸团队，是凸面畸形分类诊断、下颌骨形态学分析、拔牙与否十大关系等理念的创立者，也是 SGTB 矫形、颌骨生长型重塑、正雅 GS 颌位重建、舌侧无形矫治、TMJ 骨组织诱导改建及 TMD 正畸介入治疗等正畸临床核心技术的首创者或引领者，在我国现代正畸临床治疗学的理论创新与技术拓展发挥重要影响。这种基于东方人面型特征的矫形治疗，与欧美人常需进行的仅解决牙齿问题的矫正治疗是不同的，具有"中国特色"。

从沈刚教授三十余载的正畸领域创新历程中，学生可以学习到坚持不懈的科研精神、对临床难题的探索勇气，以及勇于开拓的中国特色治疗方案。这不仅体现了科学家对技术的不断追求和对患者健康的深切关怀，更展现了立足本土、面向国际的学术视野。学生应学习其严谨的科学态度、创新精神和家国情怀，深刻理解将个人发展与国家需求相结合的重要性，以及传承和发扬中国特色治疗方案的价值。这些教育内涵对培养学生的职业素养和创新能力具有重要意义。

3. 模拟操作

利用 VR 技术或模拟矫治器，让学生分组进行错颌畸形矫治方案的模拟操作。学生需根据病例特点选择合适的矫治器、设计矫治路径并调整咬合关系。VR 技术提供安全的模拟环境，让学生在无风险的情况下进行实践操作。在操作过程中，强调团队协作的重要性。学生需分工合作，共同完成矫治方案的制订和实施。

4. 自适应学习

学生通过自适应学习平台，针对自身课堂学习中的薄弱点，进行自主学习。根据平台设置的模拟患者沟通情境，进行角色扮演练习和操作练习。

三、医学类课堂实践案例（三）

课程名称：药物化学实验

专业名称（专业类）：药物制剂（药学类）

专业代码：100702

【课程简介】

"药物化学实验"为药学专业本科生必修实验课，是一门实践性很强的学科。教学内容包括经典药物合成实验与学生独立设计实验两部分内容，经典药物合成实验部分要求学生掌握药物合成原理、合成操作技能、纯化技巧、鉴定与分析手段等具体化学技巧；其实验的目的是通过制备某些药物的过程来熟悉一些有机化学反应的原理和药物的理化性质，并掌握一些基本操作技术和化学反应后处理以及产品纯化的方法。通过实验，培养正确的观察能力和科学的思维方法，以及实事求是的记录习惯，使学生具备基本实验动手能力，及独立设计、合成各种药物的意识。

【本节课知识点】

本节课以阿司匹林的合成为核心知识点，围绕其合成路线、反应机理、实验操作、产物纯化与鉴定等方面展开教学。阿司匹林作为经典的非甾体抗炎药，其合成方法多样，大多基于水杨酸与乙酸酐在酸催化下的酯化反应。通过本节课的学习，学生将掌握阿司匹林合成的基本原理和实验技能，理解药物合成过程中的关键控制点，为后续的药物研发工作奠定基础。

【课程思政目标和实现路径】

1. 弘扬科学精神，培养创新精神

（1）介绍阿司匹林的历史背景，激发学生对科学探索的兴趣。

（2）分析合成路线的演变，鼓励学生思考并提出创新思路。

2. 强化安全环保意识，树立责任担当

（1）强调实验室安全规范，进行安全教育培训。

（2）分析合成过程中的环境影响，讨论绿色化学理念。

3. 坚守科研诚信，培养道德品质

（1）讲解实验数据记录的重要性，强调科研诚信原则。

（2）分析科研不端行为的危害，树立正确的科研伦理观。

4. 树立技能报国的理想

（1）讲述新药研发在公共卫生事件中的重要作用，增强技能报国的信念。

（2）讨论药物研发的社会价值，引导学生将个人理想融入国家发展大局。

5. 促进跨学科交流，培养团队精神

（1）介绍药物化学与其他学科的交叉融合。

（2）鼓励学生在小组项目中跨学科合作，共同解决问题。

【课程思政目标和实现路径】

1. 导入环节

播放一段关于阿司匹林发现历程的短视频，并利用知识图谱展示阿司匹林从发现到应用的历史脉络，以及其在药物化学和临床医学中的重要性。通过阿司匹林的故事，引导学生思考科学研究对国家和民族的意义。以中国科学院院士陈凯先："真正让中国人用上中国科学家研制的新药、好药"为案例，引导学生思考如何在自己的学习和未来的工作中践行创新精神，为国家科技进步作出贡献。

1988年，陈凯先完成了三年公派留学深造，毅然决然回国开创计算机辅助药物设计的新领域。彼时中国加入世界贸易组织，国内医药行业遭遇知识产权保护的严格限制，自主创新成为唯一的出路。药片虽小，却关系到人民群众生命健康，也关系到中国生物医药领域如何以创新开拓一条生路，意义十分重大。作为重大专项的参与者和技术副总师，陈凯先为我国药物研究从仿制为主到创新为主的历史性转变不遗余力地努力，作出了贡献。

从陈凯先的案例中，学生可以学习到强烈的爱国主义精神、坚定的创新意识和对社会责任的深刻认识。陈凯先的回国行动展现了他对国家发展的责任感。面对国内外医药行业的变化，他坚持自主创新，为我国的药物研究开辟了新的道路。这一案例鼓励学生将个人发展与国家需要紧密结合，勇于面对挑战，积极创新，为国家的科技进步和人民健康贡献自己的力量。同时，也提醒学生尊重知识产权，遵守法律法规，培养法治意识。

2. 原理讲解

详细讲解水杨酸与乙酸酐发生酯化反应合成阿司匹林的化学原理，包括反应条件、催化剂选择等。引导学生绘制阿司匹林合成实验的概念地图，包括原料准备、反应过程、产物分离纯化及性质研究等关键环节。在讲解过程中，强调科学研究的严谨性和创新性，鼓励学生勇于探索未知领域。

3. 实验操作

学生分组进行阿司匹林的合成实验，利用智能化实验设备（如自动合成仪、在线监测系统等）辅助实验操作。在实验过程中，利用知识图谱为学生提供实时指导，帮助学生解决实验中遇到的问题。通过智能化技术的应用展示，让学生感受科技进步对实验教学的促进作用，同时引导学生思考科技如何更好地服务于社会发展和人类健康。

4. 产物分析与数据处理

指导学生运用熔点测定、薄层色谱分析等方法对产物进行纯度和结构的初步鉴定。教授学生如何收集、整理和分析实验数据，绘制相关图表。强调数据真实性和科学严谨性的重要性，引导学生树立正确的科研态度和价值观。同时，通过讨论阿司匹林的药理作用及其在临床医学中的应用，培养学生的社会责任感。

5. 总结反思

引导学生思考阿司匹林研发与应用过程中的社会责任和职业道德问题，如药物安全性评估、伦理审查等。鼓励学生将所学知识应用于实际问题的解决中，为人类的健康事业贡献力量。同时，强调团队协作和沟通能力在科研工作中的重要性，鼓励学生在未来的学习和工作中继续发扬这些精神。

第七节　艺术学类专业课程

一、艺术学类课堂实践案例（一）

课程名称： 中外工艺美术史

专业名称（专业类）： 艺术设计学（设计学类）

专业代码： 130501

【课程简介】

"中外工艺美术史"课程是艺术设计学专业的基础课程之一，以了解和掌握中国及外国主要国家或地区的工艺美术发展的历史为教学目标。通过课程的学习，使学生掌握人类文明进程中具有代表性的造物或工艺制品的相关基本知识、历史脉络和发展规律，为后续各相关基础课程和专业教育课程的学习提供必要的知识储备，打下良好基础。

【本节课知识点】

本节课以"明清陶瓷的辉煌与传承"为主题，通过详细解析明清时期陶瓷艺术的代表作品、工艺特点、艺术风格及文化寓意，引导学生立足时代、扎根人民、深入生活，树立正确的艺术观和创作观，积极弘扬中华美育精神，传承和弘扬中华优秀传统文化，全面提升审美和人文素养，增强文化自信。

【课程思政目标和实现路径】

1. 立足时代，理解工艺美术与社会变迁的关系

分析明清时期社会经济、文化、科技对陶瓷艺术发展的影响，引导学生理解工艺美术与社会变迁的紧密联系，鼓励学生关注时代变迁，创作符合时代精神的工艺美术作品。

2. 扎根人民，感受工艺美术的民间情怀与实用价值

介绍明清时期民间陶瓷艺术的多样性与活力，如青花瓷在民间的广泛应用，探讨其背后的文化寓意和实用价值，引导学生深入生活，关注民间工艺，从人民生活中汲取创作灵感。

3. 深入生活，探索工艺美术的审美与功能统一

分析明清陶瓷作品中审美与功能相结合的特点，如青花瓷的装饰性与实用性并重，引导学生关注工艺美术作品的审美价值与实用功能的统一，鼓励学生在创作中追求功能与审美的和谐统一。

4. 树立正确的艺术观和创作观，弘扬中华美育精神

通过赏析明清陶瓷艺术经典作品，引导学生理解其中蕴含的工匠精神、审美情趣及文化价值，树立正确的艺术观和创作观，积极传承和弘扬中华美育精神。

5. 提高审美和人文素养，增强文化自信

（1）利用智能化技术手段展示明清陶瓷艺术精品，拓宽学生审美视野，提升其审美鉴赏能力。

（2）通过对比中外陶瓷艺术，增强学生的文化自信，促进其全面发展。

【课程思政目标和实现路径】

1. 导入环节

利用 VR 技术虚拟重现明清时期的瓷器作坊或市集场景，让学生身临其境地感受明清陶瓷艺术的魅力，激发学习兴趣。展示"明清陶瓷艺术知识图谱"，简要介绍本节课将要探讨的几大领域（如历史背景、主要类型、艺术价值等），为后续学习奠定基础。引导学生思考工艺美术在社会变迁中的角色，激发其探索历史、立足时代的兴趣。

2. 历史背景与陶瓷艺术概览

结合 PPT 和视频资料，详细介绍明清时期的历史背景及其对陶瓷艺术发展的影

响。引导学生绘制"明清陶瓷艺术发展脉络概念地图",梳理关键时间节点、重要事件及代表作品。强调历史与现实的联系,引导学生认识到每个时代的工艺美术都是当时社会风貌的缩影,激发其历史责任感和使命感。

3. 经典作品赏析与技艺探讨

将学生分为若干小组,每组选取一件明清陶瓷经典作品进行深入赏析,分析其工艺特点、艺术风格及文化内涵。利用 AR 技术,让学生可以 360°无死角地观察作品细节,甚至"拆解"作品了解其内部结构。同时,提供"明清陶瓷技艺知识图谱",帮助学生更好地理解陶瓷制作技艺的复杂性和精妙之处。在赏析过程中,引导学生体会工匠们的精湛技艺和匠心独运,理解"工匠精神"的内涵,鼓励学生在学习和创作中追求精益求精的态度,同时思考如何在现代社会中传承和发扬这种精神。

4. 互动创作与创意实践

结合所学知识,设计一个创意实践活动。学生可以以小组为单位,利用数字化设计软件(如 SketchUp、Adobe Illustrator 等)或实体材料(如陶土、釉料等,视条件而定),尝试设计并制作一件具有明清陶瓷风格元素的现代工艺品。利用 AI 辅助设计工具提供设计灵感和参考,帮助学生快速构建设计思路。同时,通过 VR 技术模拟陶瓷制作流程,让学生在虚拟环境中体验从拉坯、修坯到上釉、烧制的全过程,降低实际操作难度,提高学习效率。在创作过程中,引导学生将所学知识与现实生活相结合,关注社会热点和人民需求,创作出既有文化底蕴又符合时代精神的作品。同时,强调创意实践的重要性,鼓励学生勇于创新,敢于尝试,不断提升自己的创造力和实践能力。

5. 反馈总结

各组展示自己的创意实践作品,分享创作思路和心得体会。教师和其他同学进行点评和反馈,共同促进学习进步。回顾本节课的学习内容,强调工艺美术在文化传承中的重要性。引导学生认识到作为新时代的艺术学子,不仅要具备扎实的专业技能和审美能力,更要具备强烈的文化自信和文化担当。鼓励学生积极投身到中华优秀传统文化的传承和弘扬中去,用自己的作品讲述中国故事,传递中国声音。最后,引导学生再次浏览"明清陶瓷艺术知识图谱"和"明清陶瓷艺术发展脉络概念地图",巩固所学知识,形成系统的知识体系。

二、艺术学类课堂实践案例(二)

课程名称:中国电影史

专业名称(专业类):电影学(戏剧与影视学类)

专业代码:130303

【课程简介】

"中国电影史"是针对电影学专业学生所开设的基础必修课程,它详细地梳理了从 1905 年开始到现在海峡两岸暨香港、澳门华语电影的主要发展情况。电影史的学习对于电影创作、电影产业、电影文化的研究具有重要的意义。课程主要以时间为序，主要涉及重要的电影公司、导演、影片、评论、社会影响、演员、制片、电影院建设和相关的文化事件。要求学生在结课时了解中国电影史的大致结构，熟悉中国电影史的重大事件、核心人物，以及相关的历史背景知识。

【本节课知识点】

本节课聚焦于"新中国电影的初创与探索（1949—1966 年）"，主要涵盖以下专业知识点：

1. 新中国电影事业的建立与发展背景

介绍中华人民共和国成立后，电影事业在国家建设中的重要地位及初期发展概况。

2. "十七年"电影的主要成就与特点

分析这一时期电影艺术的风格特征、题材选择、表现手法及代表性作品，如《白毛女》《祝福》《英雄儿女》等。

3. 电影工作者的贡献与创作理念

介绍以谢晋、崔嵬等为代表的电影导演、编剧、演员等电影工作者的艺术成就和创作理念。

4. 电影政策与体制的演变

探讨中华人民共和国成立初期电影政策、管理体制的形成及其对电影创作的影响。

5. 电影与社会文化的互动

分析电影如何反映社会现实、塑造国家形象、传播主流价值观，以及电影在社会文化生活中的地位和作用。

【课程思政目标和实现路径】

1. 立足时代，理解电影与社会发展的关系

分析中华人民共和国成立后，电影作为国家意识形态工具的功能，以及电影如何反映社会变革、人民精神面貌的变化。

2. 深入生活，关注电影中的民生百态

通过解读"十七年"电影中的农村题材、工业题材影片，如《我们村里的年轻人》等，引导学生关注人民群众的生活状态，理解电影在反映民生、传递正能量方面的作用。

3. 树立正确的艺术观和创作观，弘扬中华美育精神

介绍电影工作者的艺术追求和创作理念，强调艺术创作要源于生活、高于生活，引导学生树立正确的艺术观和创作观，追求真善美，抵制低俗、媚俗。

4. 自觉弘扬中华优秀传统文化、革命文化、社会主义先进文化

分析电影中蕴含的中华优秀传统文化元素、革命精神及社会主义核心价值观，引导学生自觉传承和弘扬这些文化精髓。

5. 提高审美和人文素养，增强文化自信

通过对比"十七年"电影与同时期国际电影艺术的发展，展示中国电影的独特魅力和成就，提升学生的审美鉴赏能力，增强对中国电影及中华文化的自信心。

【课程思政目标和实现路径】

1. 导入新课，介绍时代背景

利用 AI 辅助修复图像的中华人民共和国成立初期社会风貌短片作为导入，快速将学生带入历史情境。简述中华人民共和国成立后，电影作为文化建设的重要组成部分，其发展历程与国家命运紧密相连，引导学生认识电影的时代性。

2. 讲解知识，梳理脉络与特点分析

教师通过知识图谱软件（如 MindManager 或 XMind）展示中国电影的发展历程，包括起源、早期发展、黄金时代、"文革"时期、改革开放后的新时期等。学生通过知识图谱自主学习，了解各个时期的代表性电影作品和创作背景。知识图谱内容示例：

起源和早期发展：1905—1949 年，中国电影的起源和早期发展，包括早期电影《定军山》等。

黄金时代：1949—1966 年，中国电影的黄金时代，代表性作品《红色娘子军》《林海雪原》等。

"文化大革命"时期：1966—1976 年，"文化大革命"对电影创作的影响。

新时期：1976 年至今，改革开放后的中国电影，包括近年著名导演及其代表作品。

同时，借助大数据分析，快速提取代表性作品的票房、口碑、观众评价等数据，分析其社会影响。深入剖析几部经典影片，如《白毛女》的艺术特色、社会意义及历史地位。在分析电影成就的同时，强调电影工作者扎根人民、深入生活的创作态度，以及电影在反映社会现实、塑造国家形象方面的积极作用。

3. 互动讨论，探寻电影中的文化

教师通过概念地图工具（如 Cmap Tools 或 Lucid Chart）展示代表性电影作品的分析框架，包括影片内容、艺术风格、主题思想、社会文化背景，强调其中的艺术观和创作观问题，如导演的创作理念、艺术追求等。组织学生分组讨论"十七年"电影中哪些元素体现了中华优秀传统文化、革命文化或社会主义先进文化。引导学生从文化角度审视电影，理解电影作为文化传播载体的功能，增强对中华文化的认同感和自豪感。

4. 创意实践，微电影创作

学生以小组为单位，选取"十七年"电影中的一个片段或主题进行微电影改编

或重新创作。鼓励学生融入现代元素或跨文化视角，展现对传统文化的创新理解和传承。在创意实践环节，教师需引导学生思考如何在新的时代背景下，以微电影的形式传承和弘扬中华优秀传统文化、革命精神和社会主义核心价值观。通过创作过程，让学生深入体会"立足时代、扎根人民、深入生活"的创作理念，同时树立正确的艺术观和创作观，追求真善美的艺术表达。

三、艺术学类课堂实践案例（三）

课程名称： 中国书法史

专业名称（专业类）： 书法学（美术学类）

专业代码： 130405T

【课程简介】

"中国书法史"是书法学专业基础课，重点考察书法在不同历史时期的特殊性和个别性，同时在书法的历史演变中揭示发展与演变规律，展示中国书法的宏观框架和脉络。使学生掌握书法学的基本理论、基本知识，并初步把握、理解、分析中国书法理论知识的能力；使学生了解中国古代优秀的书法文化和卓越成就，提高学生的民族自信心和信念，提高学生的书法鉴赏及审美判断能力。

【本节课知识点】

本节课的专业知识点聚焦于"唐代书法的辉煌成就"，唐代作为中国书法史上的黄金时代，不仅涌现了众多杰出的书法家，如颜真卿、柳公权、张旭、怀素等，还形成了独特的书法风格与流派，对后世产生了深远的影响。具体知识点包括：

1. 唐代书法的历史背景

介绍唐代社会的政治、经济、文化状况对书法艺术发展的影响。

2. 唐代书法风格的演变

分析初唐、盛唐、中唐、晚唐不同时期的书法风格特点及其变化。

3. 唐代书法大家的艺术成就

详细阐述颜真卿、柳公权等人的书法特色、代表作品及对后世的影响。

4. 唐代书法理论的贡献

探讨唐代书论著作的丰富内容及其对书法实践的理论指导。

【课程思政目标和实现路径】

1. 弘扬中华优秀传统文化

（1）通过展示唐代书法作品的高清图片或视频，介绍其在世界文化史上的独特地位。

（2）以颜真卿的《祭侄文稿》为例，讲述其背后的历史背景与情感表达，体现书法艺术与历史的紧密联系，弘扬中华民族精神。

2. 增强文化自信与民族自豪感

（1）将唐代书法与其他时期书法艺术进行对比，强调唐代书法的独特魅力和世界影响力。

（2）讲述柳公权"心正笔正"的故事，引导学生理解书法不仅是技艺的展现，更是人格魅力的体现，增强文化自信与民族自豪感。

3. 培养审美能力与艺术鉴赏力

（1）利用 AI 图像识别技术，分析唐代书法作品的笔法、结构、章法等艺术特色，引导学生从多个角度鉴赏书法之美。

（2）通过 VR 技术模拟唐代书房场景，让学生身临其境地感受唐代书法创作的氛围，提升审美体验。

4. 激发创新思维与创造力

（1）介绍现代艺术家如何将唐代书法元素融入现代艺术创作中，如装置艺术、数字艺术等。

（2）鼓励学生运用智能化工具（如电子书法软件、3D 打印等）进行创作实践，尝试将唐代书法与现代设计相结合，激发创新思维。

5. 传承与发展的责任感与使命感

（1）讲述书法家在推动书法教育、普及书法文化方面的贡献，如怀素、张旭等人在民间传授书法技艺的故事。

（2）组织学生参与社区书法教学、文化展览等公益活动，通过实际行动传承与发展书法艺术，培养学生的责任感与使命感。

【课程思政目标和实现路径】

1. 导入环节

播放一段关于唐代书法艺术魅力的短视频，展示唐代书法作品的精美与独特，激发学生学习的兴趣。简短介绍唐代书法在中华文化传承中的重要地位，引导学生认识到学习书法不仅是技艺的提升，更是对中华优秀传统文化的传承。

2. 历史回溯

利用 PPT 展示唐代社会的政治、经济、文化状况，分析其对书法艺术发展的影响。详细讲述唐代书法风格的演变过程，介绍不同时期的书法风格特点。引入颜真卿、柳公权等书法大家的生平事迹与艺术成就，通过真实故事加深学生的理解与记忆。在讲述过程中，穿插唐代书法家们如何在逆境中坚持创作、传承文化的故事，如颜真卿在安史之乱中的忠诚与坚韧，引导学生学习他们的精神品质，增强文化自信与民族自豪感。

3. 作品鉴赏

利用 AI 图像识别技术，对颜真卿的《祭侄文稿》、柳公权的《玄秘塔碑》等代表作品进行细致分析，展示其笔法、结构、章法等艺术特色。通过 VR 技术模拟唐代书房场景，让学生仿佛置身于唐代书法家的创作环境之中，感受书法艺术的独特魅力。在鉴赏过程中，引导学生体会书法作品中蕴含的情感与意境，理解书法不仅是文字的书写，更是情感的抒发与精神的寄托。通过颜真卿《祭侄文稿》的鉴赏，让学生深刻感受到书法家在悲痛中仍坚持书写的坚韧与深情，从而激发学生的同理心与人文关怀。

4. 创新实践

介绍现代艺术家如何将唐代书法元素融入现代艺术创作中的案例，如利用数字化技术重现古代书法作品的动态美，或是将书法元素融入现代设计、装置艺术等。

组织学生分组，利用智能化工具（如电子书法软件、3D 打印、AR 技术等）进行创作实践。鼓励学生发挥想象力，尝试将唐代书法的笔法、结构等特色与现代设计理念相结合，创作出具有创新性的作品。通过创新实践环节，引导学生认识到传统文化与现代科技融合的重要性，激发学生的创新思维与创造力。同时，强调在创新过程中要尊重传统、传承文化，保持对书法艺术的敬畏之心，肩负起传承中华优秀传统文化的责任。

5. 社会实践

讲述唐代书法家们如何通过书法教育、文化传播等活动为社会作出贡献的真实案例，如怀素、张旭等人在民间传授书法技艺，推动书法艺术的普及与发展。

宣布一项实践活动计划，如组织社区书法班、参与文化展览志愿服务等，鼓励学生积极参与，将所学知识应用于社会实践。

邀请一位在书法教育领域有突出贡献的嘉宾进行线上或线下分享，分享其传承与发展书法艺术的经历与感悟，为学生提供榜样与激励，积极传承与发展中华优秀传统文化。

> 拓展内容

各类教师对数智化技术的接纳现况

随着信息技术的飞速发展，数字智能技术在各类专业课程中的应用日益普及。然而，不同专业课程的老师在课堂教学中习惯使用的数智化技术存在显著差异。文学、历史学、哲学类专业的老师通常依赖电子图书馆、在线学习平台和多媒体教学工具，以丰富课堂内容和促进互动。然而，这些专业领域的老师对虚拟现实、增强现实以及人工智能辅助教学等新兴技术的接受度较低，主要由于缺乏相关技术培训和设备支持，导致其应用范围有限。同样的情况也出现在经济学、管理学、法学类课程中，这些课程的教师普遍使用大数据分析工具、在线模拟系统和电子商务平台来提升教学效果，但对区块链技术和人工智能决策系统的掌握仍不足，主要归因于技术复杂度高以及理论与实践的脱节问题。

教育学类专业的教师在使用教育管理信息系统、在线教学平台和互动白板方面表现出较高的适应性，因为这类教师大多在就职前或者在校期间经历过师范技能系统化的培训。但对于虚拟现实教育系统和学习分析技术的接受度较低。理学、工学类课程的教师得益于本专业技术基础，教师大多在课程中会使用计算机辅助设计、仿真与建模软件以及实验数据采集与分析系统，然而，对于物联网技术和复杂的人工智能算法编程仍显得不适应。农学类课程的教师已经逐渐将农业物联网、遥感技术和精准农业技术融入课程，但在区块链和人工智能农业管理系统的应用上仍处于探索阶段，需要将技术付诸实践，实际应用于田间操作。

医学类专业课程的教师通常使用电子病历系统、医学影像技术和虚拟解剖与手术模拟系统，但对于人工智能医疗诊断系统和远程医疗技术表现出不是特别熟悉的状态，主要囿于这些技术涉及复杂的培训和伦理问题。艺术学类课程的教师则已经开始使用数字艺术创作工具、多媒体展示技术和虚拟现实艺术体验，但对人工智能艺术创作工具和区块链技术的接受度不高，很多教师表示担心技术会影响艺术创作的原创性和独特性，以及设备成本过高。

可见，各学科门类的教师在接纳和实施数智化技术时存在显著差异，这些差异主要源于学科特性、教学需求和个体教师的教学理念和能力水平等多方面因素。尽管面临着技术学习成本、整合挑战、资源不足和安全风险等诸多困境，但随着技术的不断发展和教育改革的推进，各学科门类的教师在数智化技术应用方面的探索和实践仍在不断深化和拓展。这些挑战也促使教师们在教学实践中寻求更加创新和有效的解决方案，以更好地服务于教育教学的现代化需求和学生的全面发展。

第五章

**数智化背景下
高校课程思政的效果评估**

　　高校课程思政的效果评估对于确保思政教育质量、优化教学内容与方法、促进学生全面发展具有至关重要的作用。本章第一节概述了当前高校课程思政效果评估的实施现状与常用方法，指出传统评估方式存在的局限性与不足之处。第二节针对数智化趋势，提出了课程思政效果评估的设计思路，明确了设计的前提条件和评估流程，强调以目标导向、科学性、可测性、全面性以及持续改进为设计原则，构建客观的评估体系。第三节则提出构建数智化背景下的高校课程思政效果评估指标体系，详细阐述了评估指标的选取与构建逻辑，解释了各指标权重赋分的注意事项，并提出引入智能技术赋能评估，包括建立智能化评估平台、实施智能化评估方法、强化数据驱动的评估过程，旨在提高评估的精准度和效率。

第一节 高校课程思政效果评估现状

一、高校课程思政效果评估实施情况

近年来，国家高度重视高校课程思政建设，出台了一系列政策文件，如《关于深化新时代学校思想政治理论课改革创新的若干意见》《高等学校课程思政建设指导纲要》等，为课程思政效果评估体系的建立提供了明确的方向和指导。这些政策文件强调要将思想政治教育贯穿于教育教学全过程，推动各类课程与思政课程同向同行，形成协同效应。在政策引领下，各高校纷纷响应，将课程思政纳入学校发展规划，制定具体实施方案，为评估体系的建立奠定了坚实基础。

（一）评估体系初步形成

一些高校设立了专门的评估小组，负责制定评估标准和流程，并定期进行评估和反馈。高校课程思政效果评估的组织架构通常由学校党委领导，具体由教务处、学生处、马克思主义学院等多个部门协同配合。学校党委负责把握课程思政的总体方向，制定相关政策；教务处则负责具体的教学安排、质量监控和评估工作；学生处关注学生的学习反馈和思想动态；马克思主义学院作为思政教育的主阵地，负责思政课程的开发和实施。为了保障课程思政效果评估的顺利进行，高校建立了相应的评估制度，包括评估标准、评估流程、评估周期以及评估结果的反馈与应用等。评估标准通常涵盖教学内容、教学方法、学生参与度、教学效果等多个维度；评估流程则包括自评、互评、专家评审等多个环节；评估周期通常为每学期或每学年一次。

教学内容是课程思政效果评估的核心之一。目前，高校评估内容主要围绕四个方面展开。一是课程内容的思政融入度，即考察专业课程中是否有机融入了思想政治教育元素，是否实现了知识传授与价值引领的有机结合；二是教学方法的创新性，评估教师是否采用灵活多样的教学手段，激发学生的学习兴趣，增强思政教育的针对性和实效性；三是学生获得感与满意度，通过问卷调查、访谈等方式，了解学生对课程思政的接受程度、认同度及其在实际生活中的应用情况；四是教学效果的持续性，关注课程思政对学生长远发展的影响，如价值观塑造、社会责任感培养等。

课程思政效果评估体系的有效性在很大程度上取决于其反馈与改进机制的完善程度。各高校普遍建立了评估结果反馈机制，及时将评估结果反馈给相关部门和教师个人，帮助他们了解课程思政的实施情况，发现存在的问题和不足。学生的参与度和反馈是评估课程思政效果的重要依据。部分高校建立了多样化的反馈渠道的充分听取学生的意见和建议，如学生代表座谈会、在线意见征集、课堂观察、问卷调查等。同时，学校还建立了学生评教制度，让学生直接参与对课程的评价，通过评价结果的分析，及时调整教学策略，优化课程思政实施方案，提高课程思政的实际效果，并将评估结果纳入教师考核体系，鼓励教师不断改进教学方法。

（二）评估方法各具特色

为了更准确地评估高校课程思政的效果，当前高校采用了多种评估方法，这些方法各具特色，相互补充。高校普遍采用定性与定量评估相结合的方法。定量评估主要通过问卷调查、考试成绩、作业完成情况等量化指标来衡量学生对课程思政内容的掌握程度和学习效果。这种方法具有客观性强、易于操作的特点，能直观地反映学生的学习成果。然而，仅仅依靠定量评估难以全面反映学生的思想动态和价值观变化。因此，高校还结合定性评估方法，如深度访谈、课堂观察、学生自评与互评等，以深入了解学生对课程思政的认同感、获得感及其实践应用情况。不少高校还引入了现代技术手段，通过在线平台进行数据收集与分析，提高评估的效率和精准度。在评估维度上，高校的评估维度逐渐从单一迈向多元。例如，在课程内容方面，评估其是否紧密围绕社会主义核心价值观、中华优秀传统文化等核心内容进行设计；在教学方法方面，考察教师是否采用了互动式、案例式、项目式等多样化的教学手段；在学生参与度与满意度方面，关注学生的课堂表现、作业完成情况以及课后反馈等；在教学效果的持续性方面，关注课程思政对学生长远发展的影响，如价值观塑造、社会责任感培养等。

（三）评估效果逐显成效

从评估结果来看，课程思政对学生综合素养的提升起到了积极的推动作用。许多学生在参与课程思政后，表现出更强的社会责任感和更积极的价值观。具体表现为学生更加关心社会热点问题，能够将所学知识与实际生活紧密结合；越来越多的学生积极参与志愿服务、社会实践等活动，用自己的实际行动践行社会主义核心价值观。徐晓军教授基于华中师范大学 3450 份调查问卷做了实证分析，在《高校"课程思政"建设现状及其影响因素分析》一文中指出，"课程思政"课堂教学在培育和践行社会主义核心价值观方面教学效果相对较好。有 68.12% 的学生表示课程思政教师积极倡导他们立足实际、实事求是；有 65.8% 的学生表示教师对教学内容有深入的挖掘，很好地体现了所属专业的专业价值观、学科价值；超过半数的学生认为课堂的学习让他们意识到，生活在中国是很幸福的，他们愿意为国家发展、民族进步等作贡献；对传承发扬、创新发展中华传统文化有了更强的责任感。研究还发现专业类别、学生获得感、教师能力以及课堂启发性四个变量与学生课堂满意度间存在显著的相关性。可见，课程思政教学对学生、教师均产生了影响。评估不仅是对学生的考察，也促进了教师教学能力的提升。在评估过程中，教师通过反思教学过程，能发现自身在课程思政教学中的不足，从而不断改进教学方法与策略。课程思政的融入，使得专业课程的教学内容更加丰富，教学方法更加多样，教学效果更加显著。教师在教学过程中更加注重引导学生思考社会问题，结合专业知识解决实际问题，从而提升了课程的吸引力和感染力。许多教师开始主动探索思政元素与专业知识的融合途径，形成了一批具有创新性的课程思政教学案例。

二、高校课程思政效果评估不足之处

中共中央、国务院印发的《中国教育现代化 2035》明确要求构建教育质量评估监测机制，建立更加科学公正的考试评价制度，建立全过程、全方位人才培养质量反馈监控体系。而课程思政作为一种突破性、创新性理念和思维方法的教学教育改革，是一项关涉课程体系、教学体系和质量保障体系等方面的复杂系统性工程，已然超越了课程层面，然而关于课程思政评价指标体系的研究还比较少，且以理论推演为主，评价指标也是各自侧重尚需完备。

（一）缺少对课程内容与思政元素融合度的评估

课程内容与思政元素的融合度是衡量课程思政效果的关键指标之一。它直接反映了思政教育是否真正渗透进专业课程，是否与学生的专业知识学习紧密结合，从而实现润物细无声的教育效果。融合度的高低不仅影响学生对思政内容的接受程度，也决定了思政教育能否有效转化为学生的内在素质和行为习惯。

当前，许多高校在课程思政效果评估中，缺乏明确的融合度评估标准，导致评估工作难以量化、具体化，无法准确判断课程内容与思政元素的融合程度。评估过程中，往往单方面考察知识水平或能力水平，难以全面反映课程内容与思政元素的融合情况。特别是一些隐性的思政元素，如价值观、情感态度等，更是难以通过量化手段进行有效评估。部分教师对课程思政的理解仍停留在表面，认为只要在课堂上提及一些思政内容就足够了，缺乏深入挖掘和整合思政元素的意识和能力，这也导致课程内容与思政元素的融合度不高。

融合度评估的缺失容易导致课程思政在实施过程中流于形式，无法深入专业课程的各个层面，难以触动学生的心灵深处，限制课程思政的深度发展，也影响其育人功能的全面发挥。因此，需要制定科学合理的融合度评估标准，包括思政元素在课程内容中的占比、呈现方式、学生接受程度等方面。通过明确的标准引导教育者深入挖掘和整合思政元素，提高课程内容与思政元素的融合度。

（二）缺乏细致的评估指标和系统支持

细致的评估指标是确保评估结果客观、准确的关键。部分高校的课程思政效果评估指标较为单一，仅关注学生的思想政治表现、课程成绩等。这些指标虽然能在一定程度上反映课程思政的成效，但难以全面、深入地揭示课程内容与思政元素的融合程度、学生的价值认同与行为改变等深层次问题，容易忽视对学生情感态度、价值观形成等隐性成效的评估。在评估方法上，当前的评估体系中质性评估的占比相对较低。部分高校过于依赖量化评估手段，如问卷调查、考试成绩等，而忽视了质性评估的重要性，难以深入挖掘学生的内心体验、价值认同等主观感受，导致评估结果存在片面性。

系统支持也是评估工作中不可或缺的一环。一个完善的评估系统不仅可以提供便捷的数据收集和分析功能，还能帮助评估者更全面地了解教学情况。然而，目前许多高校尚未建立起完善的课程思政效果评估系统，导致评估工作缺乏统一的标准和流程，影响评估结果的科学性，也增加了评估工作的复杂性和难度。同时，在数智化技术应用方面，部分高校的技术支持相对薄弱，难以充分利用技术提高评估的效率和准确性。当然，也无法避免部分高校资源投入不足，导致评估工作难以深入开展。例如，缺乏专业的评估团队、评估经费不足等问题制约了评估工作的质量和效果。

（三）评估主体参与度局限

目前，很多高校的课程思政效果评估主要由教师和校内的教育行政部门主导，师生的参与度较低。一方面，由于评估机制不完善，师生缺乏参与评估的渠道和平台；另一方面，部分师生对于评估工作的重要性认识不足，缺乏主动参与的积极性。这种情况下，评估结果往往难以真实反映师生的实际感受和课程思政的实际效果，容易导致教育资源的配置和教学策略的调整缺乏科学依据。课程思政的效果不仅体现在学生在校期间的表现，还应体现在其走向社会后的实际行动和价值观体现上。当前评估中社会和用人单位的参与度普遍较低，缺乏外部视角和参与，评估结果往往只代表校内部分群体的观点，鲜少对毕业生思想政治素养和社会责任感进行长期跟踪和评价，亟待引入更多的评估主体参与课程思政效果评估，包括学生、教师、校友、企业等，形成多元化的评估主体结构，从多个角度、多个层面全面评估课程思政的效果。

家长和社区是学生思想政治教育的重要环境，其对学生的影响不可忽视。当前的评估过程对家长和社区的意见和反馈关注较少，使评估结果缺乏对学生思想成长环境的整体把握。需要建立畅通的家长和社区参与评估的渠道和平台，鼓励社会各界积极参与评估工作。同时，加强评估工作的透明度，公开评估标准、评估过程和评估结果，接受社会监督，有助于增强评估工作的公信力和权威性。

（四）对长效机制的关注不足

一方面体现在评估周期短暂。思政教育的核心目标在于培养学生的长期价值观和道德素养，但这些方面的变化通常需要较长时间才能显现。例如，学生在思政课程中获得的思想启迪和道德提升，可能在其后续学习和生活中逐渐体现，而这种渐进的变化难以通过短期评估手段捕捉。然而，当前许多高校在课程思政效果评估中多采用短期评估的方法，即在课程结束后（学期末或年度末）进行总结性效果评价，主要考查学生考试成绩、课堂参与度、活动参与度等。这种评估方式虽然能快速获取反馈，但难以全面、深入地揭示课程思政对学生思想政治素质的长远影响。并且，评估往往只关注课程结束时的即时效果，缺乏对学生毕业后思想政治素养和社会责任感的长期跟踪与评价。学生在离开校园后的表现才是课程思政长期效果的真正体现。有必要建立毕业生跟踪调查机制，通过借助大数据、人工智能等现代信息技术，搭建动态评估平台，实时跟踪和分析学生思想政治素养的变化趋势，收集毕业生在社会工作中的表现及其对课程思政的反馈。这不仅能反映课程思政的实际效果，还能为后续课程优化提供参考。

另一方面，评估容易忽视环境因素的影响。课程思政的效果不仅受教学过程的影响，还与学生所处的社会、家庭环境密切相关。现有评估中往往缺乏对这些环境因素的长效关注，难以全面评估课程思政的实际效果。高校需要引入多方参与机制，鼓励学生、家长、用人单位和社会团体等多方参与评估过程，通过多元视角获取更加全面的评估信息，并通过数据挖掘和分析，为长效机制的建立提供科学依据。

第二节　数智化背景下高校课程思政效果评估设计前置条件

一、设计前提和评估流程

（一）设计前提

高校在设计数智化背景下课程思政效果评估之前，首先要明晰三个前置性问题，即谁负责打分？给谁打分？依据什么打分？

在数智化背景下，高校课程思政效果评估的打分主体是多元化的，体现评估的全面性和客观性。一般来说，参与打分的主体包括专业课教师、思政课教师、教学管理人员及学生。同时，还可以通过数智化系统辅助评估，系统可以分析学生的学习数据、行为数据等，为评估提供量化支持。专业课教师作为课程思政的直接实施者，对学生的思想动态和专业学习状态有较深的了解，是评估课程思政效果的重要主体；思政课教师能从专业角度对课程思政的融合程度和效果进行评价；教学管理人员，包括学校的教学评估委员会、教学质量监控与评价中心等部门人员，他们负责整体教学质量的监控与评估，自然也包括课程思政效果的评估；学生参与课程学习的全过程，对课程思政的接受度和效果有直接的感受，因此学生自评与互评也是评估体系中的重要组成部分。

对于课程思政效果的评估对象，亦是以课程思政涉及的三个主体作为评估维度，即课程本身、教师、学生。课程本身的评估是对课程思政的设计、实施、效果等方面进行评价，以判断课程是否达到了预期的思政教育目标；教师的评估是评估教师在课程思政教学中的表现，包括教学态度、教学方法、教学效果等；学生的评估是了解课程思政教学中学生的参与度、接受度、学习效果等，以判断课程思政对学生产生的影响等方面。

打分依据主要包括教学目标达成度即评估课程思政是否达到了既定的教学目标，包括学生政治思想素质、道德品质等方面的提升；教学内容与方法的适宜性即评估课程思政的教学内容是否贴近学生实际，教学方法是否多样且有效，是否有助于激发学生的学习兴趣和主动性；学生参与度与反馈即评估学生在课程思政教学中的参与度，包括课堂互动、作业完成情况、课外实践等，以及学生对课程思政的反馈意见和建议；量化数据用以反映学生的学习状态、学习成效以及课程思政的实际效果；定性分析对学生思想动态、价值观发展状况进行深入了解。

（二）评估流程的设计

对于效果评估的类别来说，可以分为两类，一类是可量化的评估，如学生的学习数据、行为数据等，这一类可以利用数智化系统完成评估以提高评估效率及精准度；另一类是不可量化的质性评估，如教学态度、教学方法、教学效果等，这一类课程思政效果评估的流程设计是依据上述评估主体和被评估主体两两之间的关系设定的，设计思路如图5-1所示。

1. 课程评估流程

（1）确定评估目标和内容：明确课程思政效果评估的具体目标和内容，包括课程的教学目标、教学内容、教学方法和教学效果、思政元素融入情况、数智化技术辅助等方面。

（2）收集课程资料：利用大数据技术，自动收集和分析课程相关的数据，如学生在线学习时长、互动次数、作业完成情况等；收集与课程相关的资料，如教学大纲、教学计划、教材、教学PPT等，以便全面了解课程的设计和实施情况。

（3）分析课程资料：对收集到的课程资料进行深入分析，评估课程在思政教育方面的设计

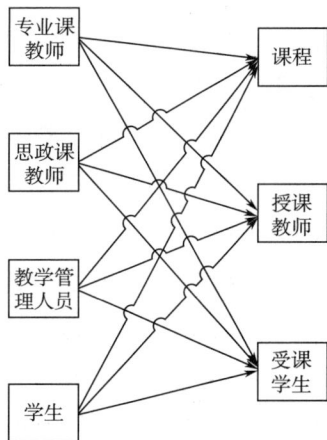

图5-1 评估流程设计思路

是否合理，内容是否充实，以及是否符合高校思政教育的总体要求；通过自然语言处理等技术，对课程教材、PPT等教学内容进行智能分析，评估其思政元素的融入情况和教学质量。

（4）实施课堂观摩：通过实地观摩课堂教学，了解课程的实际实施情况，包括教师的教学态度、教学方法、课堂氛围等，以评估课程的教学效果。

（5）反馈与改进：根据评估结果，向课程负责人和教师提供反馈意见，并提出

针对性的改进建议，以促进课程思政效果的不断提升。

2. 授课教师评估流程

（1）确定评估标准：制定授课教师在思政教育方面的评估标准，包括教学理念、教学方法、教学能力、教学态度、思政元素挖掘能力、课程思政案例设计能力、对于数智化技术驾驭和融入能力等方面。

（2）收集教学资料：收集教师的教学日志、教学反思、学生评价等资料，以全面了解教师的教学情况。

（3）分析教学资料：对收集到的教学资料进行深入分析，评估教师在思政教育方面的表现，包括其对思政内容的理解和掌握程度，以及在教学过程中的引导和启发作用。

（4）实施教学观摩：通过实地观摩教师的教学过程，评估其教学能力和教学态度，包括与学生的互动情况、对课堂氛围的把控能力等；通过教室内的摄像头和麦克风等设备，捕捉教师的教学行为（如讲解时间、提问方式等），并利用人工智能技术进行分析，为教师提供个性化的教学反馈。

（5）反馈与提升：根据评估结果，向教师提供反馈意见，并针对其不足之处提出改进建议，以提升教师在思政教育方面的专业素养和教学能力。

3. 受课学生评估流程

（1）确定评估指标：制定受课学生在思政教育方面的评估指标，包括学生的思政素养提升情况、对思政内容的理解和应用能力等方面。

（2）收集学生资料：通过在线学习平台，追踪学生的学习轨迹（如观看视频时长、论坛参与度等），并利用大数据分析技术，评估学生的学习效果和思政素养提升情况。

（3）分析学生资料：对收集到的学生资料进行深入分析，评估学生在思政教育方面的学习效果，包括其对思政内容的掌握程度、思想观念的转变情况等。

（4）实施学生调查：利用在线调查工具，实时收集学生对教师教学的反馈，并通过数据分析技术，快速整理和分析学生意见，了解学生的真实想法和反馈意见，以便更准确地评估思政教育的实际效果。

（5）反馈与激励：根据评估结果，向学生提供反馈意见，并对其在思政教育方面的优秀表现给予肯定和激励，以激发学生的学习兴趣和积极性。

二、设计原则

评估课程思政效果，要紧紧围绕"培养什么人、怎样培养人、为谁培养人"的教育根本问题，以马克思列宁主义、毛泽东思想、邓小平理论、"三个代表"重要思想、科学发展观、习近平新时代中国特色社会主义思想为指导，坚持社会主义办学方向，落实立德树人根本任务，把立德树人成效作为检验学校一切工作的根本标准，坚持思政课程与课程思政同向同行，形成协同效应，深度挖掘各学科门类专业课程的思想政治教育资源，发挥所有课程的育人功能，建立健全多维度的课程思政建设成效评价体系和监督检查机制，构建三全育人大格局。

1. 目标导向原则

课程思政效果评估应立足《高等学校课程思政建设指导纲要》提出的课程思政建设目标要求和内容重点，围绕课程的教育目标进行。课程思政的教育目标是以习近平新时代中国特色社会主义思想为指导，坚持知识传授与价值引领相结合，以大学生理想信念、价值取向、政治信仰、社会责任的题材与内容，全面提高大学生缘事析理、明辨是非的能力，让学生成为德才兼备、全面发展的人才。因此，评估应明确这些目标并制定相应的评估标准和指标，评估工具和方法的选择也应能真实反映学生在课程中所获的思政教育成效。以目标导向原则强调评估结果的反馈和应用。评估结果不仅是对学生学习成效的评价，还应作为改进教学设计、调整教学策略的重要依据。通过评估，教师可以了解哪些教学环节、教学方法或内容在思政教育中更有效，从而不断优化课程设计，提高课程思政的实际效果。

2. 科学性原则

科学性原则要求课程思政效果评估在设计和实施过程中遵循科学方法，确保评估的客观性、可靠性和有效性，包括评估指标的科学设计、数据收集和分析方法的合理选择，以及对结果的准确解读。在评估指标的设计上，要有系统性和层次性。评估指标应该涵盖思政教育的各个维度，包括思想认知、情感态度、价值观念和行为表现等。同时，这些指标应具有可操作性，能够通过具体的评估工具进行量化或质化测量。数据收集和分析方法的选择也需要基于科学的原则。数智化背景下，评估可以借助大数据技术、人工智能分析等手段，确保数据的全面性和准确性。例如，可以通过在线平台实时收集学生的学习行为数据，利用数据挖掘技术识别学习规律，进而分析课程思政的实施效果。对于评估结果的解读同样需要客观，应基于数据的事实分析，避免主观偏见。要求教师和评估人员需要具备数据分析和解读的能力，能够从数据中提取有意义的信息，为教学改进提供依据。并且，评估过程要确保透明和公正，将评估标准、方法和结果公开透明化，让学生和教师了解评估的依据和结果的含义，从而增加评估的可信度和接受度。

3. 可测性原则

可测性原则要求评估标准和指标是明确和可操作的。通过设定具体的量化指标，避免评估过程中出现主观判断的偏差，确保不同评估者之间的一致性。《高等学校课程思政建设指导纲要》指出要紧紧抓住教师队伍"主力军"、课程建设"主战场"、课堂教学"主渠道"。教师队伍、课程建设及课堂教学是课程思政评估的主要对象，要融合"双一流"建设、学科评估、教学评估、专业认证、校院综合考核等机制，建立科学、客观、公正的权重指标和测量体系，分类施策、精准考核，才能实行定量评价和量化评价的部分制定"硬指标"，实行"硬考核"。通过量化指标，能对不同时间段、不同课程之间的思政效果进行比较，识别变化趋势和改进空间，有助于教师和管理者根据数据调整教学策略和资源配置。

4. 全面性原则

课程思政不仅体现在课程内容的传授上，还涉及教学方法、课堂氛围、师生互动等多个方面。全面性原则强调课程思政效果评估应考虑教育过程中的各个方面和环节，包括课程内容、教学方法、学生反馈、学习成果等，以确保评估的全面和系统。可以通过课堂观察、学生问卷、教师自评等多种方式获取信息，从不同角度评估课程思政的效果。效果评估不仅关注学生最终的思政教育成果，也要强调教育过程中的动态评估。通过对教学过程的持续观察和反馈，教师可以及时调整教学策略，提高课程思政的实效性。数智化技术可以提供实时的教学过程数据分析支持，帮助教师进行过程评估。全面性原则还强调评估对象的多元性。课程思政效果评估涉及学生个体、班级整体、课程团队、学校层面的因素等。通过多层次的评估，能更全面地了解课程思政在不同层次的实施情况，为教育决策提供更全面的依据。此外，全面性原则要求评估工具和方法的多样性。评估可以结合量化和质性评估的方法，通过问卷调查、访谈、课堂观察、数据分析等多种手段获取全面的信息。利用智能化评估平台、在线学习系统等工具，提高评估的便捷性和准确性。

5. 持续改进原则

持续改进原则强调课程思政效果评估不是一次性活动，而是一个持续的过程，通过不断反馈和调整，提升课程思政的实施效果。该原则要求评估具有循环反馈机制。评估结果应及时反馈给教师和课程设计者，作为改进课程和教学策略的依据。通过定期评估和反馈，教师可以了解学生在思政教育中的进展和不足，进而调整教学内容和方法，提高课程的教育效果。评估不仅是对现状的评价，更是促进教学创新和改进的动力。评估应支持创新和改进，教师可以根据评估结果，探索新的教学模式和方法，例如利用各种数智化技术手段提升课程思政的吸引力和实效性。对于高校而言，可以通过建立课程思政评估体系，定期开展评估活动，形成持续改进的长效机制，通过数据分析，长期跟踪和分析学生的学习轨迹，为持续改进提供数据支持。另外，评估不仅关注学生的学习效果，也应关注教师在课程思政中的角色和发展。通过评估，教师可以发现自身在思政教育中的优点和不足，进行针对性的专业发展和提升，不断提高课程思政的实施水平。

第三节　数智化背景下高校
课程思政效果评估指标构建

一、评估指标构建

在本章第二节的评估流程的设计中，提出对开展课程思政的课程、授课教师和受课学生进行效果评估，效果评估的第一步均为"确定评估指标"。高校课程思政效果评估不仅需要关注课程本身的实施效果，还需要评估学校层面的情况。因为学校作为教育组织的核心，其政策、资源配置、支持系统以及整体环境对课程思政的实施和效果有着重要影响。本节将立足学校层面以及三个课程思政开展主体，设计相应的评估指标。

（一）学校评估指标

学校层面，课程思政领导小组与专家委员会协同，将职责分工、履职情况、工作成效纳入观察指标；职能部门之间协同，教学管理部门、宣传部门、规划部门、学工部门、人事部门等在课程思政、教师思政、学生思政、学校战略规划等大框架下同向同行、形成合力。学校和院系之间协同，要体现目标的一致性和系统性。学校层面和二级单位层面指标均包括顶层设计、师资力量、教学体系、教材建设、数智化建设、质量保障和成果产出等八个维度（表5-1）。

表5-1　学校层面评估指标构成表

一级指标	二级指标	评估内容	评估标准	评分（1~5分）
学校评估指标	战略定位与目标	学校对课程思政在数智化背景下的战略定位是否清晰，目标是否明确	定位准确，目标具体、可衡量	
	规划制定与执行	是否制定了详细的课程思政发展规划，并得到有效执行	规划详细，执行有力，有阶段性成果	
政策支持与保障	政策制定	学校是否出台了支持课程思政与数智化融合的政策文件	政策完备，覆盖全面，具有可操作性	
	资源配置	学校在人力、物力、财力等方面对课程思政数智化建设的投入情况	资源配置合理，投入充足，满足发展需求	
师资力量建设	思政教师培养	学校对思政教师的培养与培训计划及实施情况	计划科学，实施有效，教师能力提升显著	
	跨学科团队建设	跨学科课程思政教学团队的组建与协作情况	团队结构合理，跨学科融合度高，协作顺畅	
教学体系构建	课程体系设计	课程思政融入专业课程体系的程度与科学性	课程体系设计合理，思政元素自然融入	
	教学模式创新	教学模式在数智化背景下的创新与实践情况	教学模式新颖，有效利用数智化工具，学生参与度高	

一级指标	二级指标	评估内容	评估标准	评分 (1~5分)
教材与 资源建设	教材开发	思政与专业课程融合的教材开发与使用情况	教材内容丰富，思政元素突出，与专业课程紧密结合	
	数字资源建设	数字化教学资源的建设与应用情况，包括在线课程、虚拟仿真等	资源丰富，更新及时，有效支持教学	
数智化建设	信息化平台建设	学校课程思政信息化平台的建设与运用情况	功能完善，用户体验好，支持个性化学习	
	数据驱动决策	利用大数据、人工智能等技术优化课程思政教学的程度	数据收集全面，分析精准，决策科学	
质量保障 与评估	质量监控机制	课程思政教学质量监控机制的建立与执行情况	机制健全，监控到位，反馈及时	
	评估与反馈	对课程思政效果的定期评估与反馈机制	评估全面，反馈有效，促进持续改进	
成果产出 与影响	成果产出	课程思政在数智化背景下的研究成果、教学案例等	成果丰硕，具有推广价值	
	社会影响	学校课程思政在社会上的影响力与认可度	社会反响热烈，获得广泛认可	

注 每项二级指标可根据实际情况进行打分，采用1~5分的评分标准，1分表示非常不满意，5分表示非常满意，最终汇总各项得分，综合评价数智化背景下专业课程思政的实施效果。

（二）课程评估指标

从课程层面评估高校课程思政的实施效果，应当聚焦于思政元素与专业教学的深度融合及其对学生全面发展的促进作用。评估需考量思政内容与专业课程内容的契合度与融合度。优秀的课程思政应使思政元素自然而然地融入专业知识体系之中，而非简单叠加或割裂；需关注教学目标的达成情况。课程思政应设定明确的教学目标，既包含专业知识的学习，也涵盖思政素养的提升；课程思政应积极探索和应用多样化的教学方法，如案例教学、讨论式教学等，以激发学生的学习兴趣和主动性；学生的学习效果与反馈是评估课程思政实施效果的关键。通过考试、作业、项目、观察等多种形式收集学生的学习成果，评估其在思政素养、专业知识及综合能力等方面的提升情况。课程层面指标均包括课程设计与目标定位、教学内容与资源、教学方法与手段、教学效果与评估、课程特色与影响力五个维度（表5-2）。

表 5-2　课程层面评估指标构成

一级指标	二级指标	评估标准	评分 （1~5分）
课程设计与 目标定位	教学目标明确性	思政元素与专业知识融合度，是否清晰界定课程在传授知识同时应达成的思政目标	
		目标设定的时代性与前瞻性，是否结合数智化发展趋势，融入社会责任、职业道德等思政内容	
	思政元素融入规划	思政内容布局合理性，是否在各章节或教学模块中自然、有机地融入思政元素	
		思政目标达成路径清晰性，是否设计了具体的教学活动或项目来促进思政目标的实现	
教学内容与 资源	教学内容质量	思政元素与专业知识结合度，内容是否既准确反映专业知识，又有效融入思政元素	
		案例与素材的时效性与代表性，是否选用符合数智化背景、具有思政教育意义的案例和素材	
	教学资源数字化 与智能化	数字化教学资源丰富度，是否利用在线平台、虚拟仿真等技术手段丰富教学资源	
		智能化教学工具应用，是否有效运用 AI、大数据等技术分析学生学习行为，个性化推送思政学习资源	
教学方法与 手段	教学方法创新	思政元素融入教学方法的多样性，如案例教学、讨论式学习、翻转课堂等中是否体现思政元素	
		互动与反馈机制，是否建立有效的师生互动平台，及时收集并反馈思政教学效果	
	数智化技术辅助教学	技术应用的有效性，数智化技术是否有效提升了思政教育的吸引力和实效性	
		技术支持的个性化学习，是否利用数据分析为不同学生提供定制化的思政学习路径	
教学效果与 评估	学生思政素养提升	学生思政认知变化，通过问卷调查、访谈等方式评估学生在课程前后思政认知的变化	
		行为表现与态度转变，观察学生在课程学习后是否能在实践中体现思政素养的提升	
	课程持续改进能力	教学效果反馈机制，是否建立了科学、全面的教学效果评估体系，包括学生评价、同行评价等	
		课程迭代优化，基于评估结果，是否对课程内容、方法、技术等方面进行持续改进和优化	

一级指标	二级指标	评估标准	评分 （1~5分）
课程特色与 影响力	形成鲜明的思政特色	课程是否形成了鲜明的思政特色，如独特的思政教学模式、突出的教学成果等	
	课程在校内外的影响力	课程在校内外的影响力，包括是否获得了教学奖励、是否吸引了其他院校的关注和学习等	

注　1. 每项二级指标可根据实际情况进行打分，采用1~5分的评分标准，1分表示非常不满意，5分表示非常满意，最终汇总各项得分，综合评价数智化背景下专业课程思政的实施效果。

2. 部分评量指标需要结合其他方法来收集和评量，如学生思政素养提升，需通过问卷调查、访谈等方式评估学生在课程前后思政认知的变化，并通过课堂观察或者IoT技术观测学生在课堂中的行为表现等。

（三）授课教师评估指标

从授课教师层面评估高校课程思政实施效果，应重点关注教师在思政元素融入、教学设计、教学实施及学生引导等方面的表现。评估应考察教师是否能将思政元素自然、贴切地融入专业课程中，使思政教育与专业知识传授相得益彰。同时，评估还需关注教师的教学设计是否科学合理，能否有效激发学生的学习兴趣，促进其深度思考与价值认同。在教学实施过程中，教师的思政素养、教学能力、师生互动以及对学生思政成长的关注程度也是重要的评估指标。授课教师层面指标均包括教学理念与态度、教学方法与能力、思政元素挖掘与案例设计、数智化技术驾驭与融入能力、教学反思与改进五个维度（表5-3）。

表5-3　授课教师层面评估指标构成

一级指标	二级指标	评估标准	评分 （1-5分）
教学理念 与态度	教学理念	思政与专业知识融合意识，是否明确将思政教育融入专业教学的必要性，被视为教学重要目标之一	
		持续学习与自我提升，是否主动关注教育政策、思政理论及数智化技术发展，不断更新教学理念	
	教学态度	责任心与敬业精神，是否对教学工作充满热情，认真备课，积极投入课程思政实践	
		学生为中心，是否关注学生的学习需求与成长，鼓励学生参与思政讨论，培养其思辨能力	

一级指标	二级指标	评估标准	评分 （1-5分）
教学方法与 能力	教学方法创新	多元化教学方法，是否采用案例教学、讨论式学习、翻转课堂等多种方式，灵活融入思政元素	
		互动与反馈，是否建立有效的师生互动机制，及时收集并反馈学生意见，调整教学策略	
	教学能力	专业知识掌握度，是否对专业知识有深入理解和准确把握，能够清晰传授给学生	
		思政元素挖掘与融合能力，是否能够从专业课程中挖掘出思政元素，并与专业知识有效融合	
思政元素挖掘与 案例设计	思政元素挖掘	敏感度与深度，是否对专业课程中的思政元素有敏锐的洞察力，能够深入挖掘其内涵	
		时代性与针对性，挖掘的思政元素是否紧跟时代步伐，贴近学生实际，具有针对性	
	课程思政案例设计	案例选取与设计，是否选取具有代表性、典型性的案例，设计合理的教学情境，融入思政元素	
		案例教学效果，通过案例分析、讨论等方式，是否有效提升了学生的思政素养和综合能力	
数智化技术 驾驭与融入能力	数智化技术掌握	技术基础，是否具备基本的数智化技术操作能力，如在线教学平台使用、数据分析等	
		技术应用能力，是否能够灵活运用数智化技术辅助教学，提升课程思政的吸引力和实效性	
	技术融入与创新	技术融入自然度，是否将数智化技术自然融入课程思政中，不显得突兀或生硬	
		技术创新与探索，是否勇于尝试新技术、新方法，不断创新课程思政的教学模式和路径	
教学反思与 改进	课后反思深度	对课程思政教学效果的反思深度与广度	
	持续改进机制	是否有明确的持续改进计划和措施，以优化课程思政效果	

注 每项二级指标可根据实际情况进行打分，采用1~5分的评分标准，1分表示非常不满意，5分表示非常满意，最终汇总各项得分，综合评价数智化背景下专业课程思政的实施效果。

（四）受课学生评估指标

学生是课程思政实施的主要对象，从受课学生层面评估高校课程思政实施效果，应当是一个多维度、综合性的过程，既关注学生自我认知的成长，也需借助外部视角来审视其变化。学生自评是不可或缺的一环，它要求学生能诚实地反思自己在学习课程思政过程中的收获与变化，包括知识结构的丰富、价值观念的塑造以及行为模式的改善等方面。通过自评，学生可以更加清晰地认识到自己在思政素养上的提升，以及课程思政对其成长的积极影响（表5-4）。

表5-4 受课学生层面评估指标（自评）构成

一级指标	二级指标	自评描述	评分（1~5分）
政治认同与价值观塑造	政治理论认知	我对课程涉及的党的理论、国家政策有清晰的理解	
	价值观内化	社会主义核心价值观已深入我心，影响我的日常行为	
	国家与民族认同	我对国家和民族有强烈的归属感和自豪感	
文化素养与跨文化能力	人文知识积累	我在课程中学习到了丰富的人文知识，拓宽了视野	
	全球视野培养	课程拓宽了我的国际视野，让我对多元文化有了更深的认识	
宪法法治观念	法律知识掌握	我对宪法及基本法律有了更清晰的认识，增强了法治观念	
	法治实践意识	我能将法治观念融入日常生活中，做到遵纪守法	
道德修养与品质	个人品德修养	课程思政提升了我的道德修养，培养了我良好的道德品质	
	社会公德意识	我更加注重社会公德，积极维护公共秩序和公共利益	
思维能力与创新	批判性思维	课程激发了我的批判性思维，学会了从不同角度思考问题	
	创新思维培养	我在课程学习中培养了创新意识，能够提出新颖的观点和解决方案	
综合能力发展	跨学科融合能力	我能够将思政知识与专业知识相融合，提升了我的综合应用能力	
	自主学习能力	课程培养了我的自主学习能力，我能主动探索新知识，拓宽学习领域	
行为习惯与学习态度	行为习惯改善	课程思政促使我养成了良好的行为习惯，提高了自我管理能力	
	学习态度积极	我对课程思政内容保持高度的学习热情，积极参与课堂互动和讨论	

注 每项二级指标可根据实际情况进行打分，采用1~5分的评分标准，1分表示非常不满意，5分表示非常满意，最终汇总各项得分，综合评价数智化背景下专业课程思政的实施效果。

然而，仅凭学生自评难以全面反映课程思政的实施效果，因此还需要引入他评机制。他评可以来自同学、教师、辅导员及社会实践导师等多个方面，通过他们的观察和评价，来客观衡量学生在接受课程思政前后的具体变化。例如，同学之间的互评可以揭示学生在团队合作、沟通交流等方面的进步；教师的评价侧重于学生在课堂上的表现、作业完成情况以及对思政知识点的掌握程度；辅导员和社会实践导师则能从更广阔的视角，评估学生在社会实践、志愿服务等活动中的表现，以及这些活动对其思政素养的促进作用（表5-5）。

表5-5 受课学生层面评估指标（他评）构成

一级指标	二级指标	评估标准	评分（1~5分）
价值观念的提升	价值认同	在课程学习中，通过思政元素的渗透，对社会主义核心价值观、爱国主义精神、社会责任感等方面的认同感和理解能力得到提升	
	道德判断	在面对社会和个人问题时，能够运用正确的价值观进行分析和判断，体现出较强的道德判断力	
思维能力的发展	批判性思维	通过如讨论、辩论、案例分析等环节，促进学生批判性思维的形成，引发他们对社会现象进行独立思考	
	问题解决能力	专业知识掌握度，是否对专业知识有深入理解和准确把握并积极与团队成员共同协作解决问题	
		在课程中学习到如何综合运用所学知识和价值观念解决现实问题，提高了实际问题解决能力	
综合素养的提高	人文素养	尊重他人观点、文化和背景，能包容和接纳不同声音，关注他人需求和感受	
	社会责任感	在学习过程中增强了对社会责任和公民义务的理解，表现出更强的社会责任感和参与意识	
行为习惯的改变	实践应用	能将思政课程中的理论知识应用到实际生活中，如在社区服务、志愿活动中表现出更积极的参与态度和良好的行为习惯	
	自律与自省	通过思政教育，在自我管理和自我反省方面能力增强，更加自律，能主动进行自我提升	
学习态度与动机	学习兴趣	对课程内容保持好奇心，愿意深入了解相关知识和背景	
	内在动机	逐渐形成内在的学习动机，不仅为了成绩，更为了自我提升和社会贡献而努力学习	

注 每项二级指标可根据实际情况进行打分，采用1~5分的评分标准，1分表示非常不满意，5分表示非常满意，最终汇总各项得分，综合评价数智化背景下专业课程思政的实施效果。

二、评估指标权重说明

在数智化背景下，高校课程思政效果评估的指标构建需要充分考虑不同学校、不同教师，以及不同专业学生的具体情况。因此，评估指标的权重赋分不能采用统一的标准，而是应根据实际情况进行个性化调整。

（一）学校层面呈现多样性

1. 办学定位和特色不同

工科学校可能更加关注学生的工程实践和技术应用能力，而文科高校可能更加关注学生的理论分析和文化素养。在这种背景下，课程思政的评估指标的权重也应当有所不同。例如，对于工科学校，技术应用和实践效果的权重可能较高；而对于文科高校，思想理论和文化素养的权重则可能更高。

2. 资源配置的差异

高校的资源配置，如教学设施、技术设备和师资力量，也影响课程思政的实施效果。部分高校可能拥有先进的 VR 和 AR 技术，可以在课程中应用这些技术以增强学生的学习体验。对于具备丰富数智资源的高校，技术应用效果的评估指标可能考虑赋予较高权重。而对于资源相对有限的高校，则可能更多地关注基本的教学内容和理论知识的传授。

3. 学校文化与特色

不同高校具有不同的学校文化和特色，这些因素影响着课程思政的内容和方式。评估指标的权重应当根据学校的文化和特色进行调整，以确保评估能够真实反映学校的教育目标和办学方向。

（二）教师层面具有风格水平的差别

1. 教学风格的多样性

一些教师可能倾向于讲授式教学，通过传统的讲解和讨论传递思政内容；而另一些教师则可能采用案例分析、互动讨论等方式。教学方法的有效性和学生的参与度在评估中应当获得不同的权重。对于讲授式教学的教师，理论认知的评估指标可能会被设置得更高；而对于采用互动式教学的教师，学生的参与度和互动效果可能被认为更为重要。

2. 教学经验及对课程思政理解的差异

教师的教学经验和对课程思政的理解会影响其教学效果。经验丰富的教师可能在课程设计和实施中更加成熟，能够更好地将思政内容融入专业课程中。而经验较少的教师可能需要更多的支持和指导。在评估中，应根据教师的经验水平调整相关指标的权重。例如，对于经验丰富的教师，可以赋予教学方法和内容内化的指标较高的权重；而对于经验较少的教师，则可以更多地关注理论知识的传授和基本的教学效果。此外，教师对课程思政内容的理解和融入程度不同，也会影响评估指标的权重。评估时应根据教师对思政内容的理解和融入程度调整权重，以确保评估能够真实反映教师在课程思政中的实施效果。

（三）学生层面存在专业背景和学习需求的差异

1. 学生专业背景不同

学生所学专业的特点对课程思政的效果有重要影响。不同专业的学生对课程思政的关注点和需求不同。例如，经济学、管理学、法学类专业学生可能相较于理学、工学专业学生更关注国家战略、法律法规等内容。

2. 学习动机和背景各异

对于学习动机强烈的学生，他们可能在课程中表现出更高的参与度和更好的学习效果，而学习动机较低的学生可能则表现较差。在评估中，应考虑学生的学习动机和参与度，调整相应指标的权重。学生的背景多样性也影响评估指标的权重。来自不同地区、文化和家庭背景的学生对课程思政的理解和接受程度可能不同。在评估中，应考虑学生的背景多样性，调整相关指标的权重，以确保评估能够全面反映不同背景学生的学习效果。

在数智化背景下，高校课程思政效果评估中采用的个性化权重赋分方法，正是体现了"因事而化、因时而进、因势而新、因地制宜、因材施教"的教育理念。"因事而化"要求根据课程思政的具体内容、教学目标和学生特点转化为具体的评估指标，通过个性化权重赋分，确保评估的针对性和实效性；"因时而进"则强调评估体系应随着时代的发展而不断更新，利用数智化工具和技术手段，使评估更加高效、精准，适应新时代对人才培养的新要求；"因势而新"意味着在评估过程中要敏锐捕捉教育环境的变化和趋势，灵活调整评估指标和权重，确保评估体系的创新性和前瞻性；"因地制宜"指的是在构建评估体系时，要充分考虑不同学校、不同专业的实际情况，避免一刀切的做法，通过个性化权重赋分，实现评估的差异化和特色化；"因材施教"则是教育的基本原则之一，在评估中也应得到充分体现。通过个性化权重赋分，可以更加准确地反映学生在思政学习中的个体差异和优势，为个性化教学提供有力支持，促进学生的全面发展。

实施个性化权重赋分打破统一标准的束缚，各校根据自身特点和学生实际情况进行灵活调整的方法，不仅符合教育规律和学生成长的需求，也体现了新时代背景下高校课程思政评估的创新与发展。

三、引入智能技术赋能评估

（一）建立智能化评估平台

智慧教学云平台是智能化评估体系的重要载体。平台应包含教学、测试、评估及管理四大板块，实现教学资源的整合与共享、学习过程的实时监测与评估以及评估结果的及时反馈与利用。在教学板块中，教师可以上传课程资源，根据平台数据提前进行学情分析；在测试板块中，学生可以进行随学随测、模块测试等，获取实时反馈；在评估板块中，通过多样化的评价方式（如学生自评、互评、教师评价等）全面评估学生的学习效果；在管理板块中，提供安全保障和技术支持，确保平台的稳定运行。

此外，社交媒体平台已成为青年学生重要的信息获取和交流渠道。在智能化评估过程中，可以充分利用小红书、微信、抖音等社交媒体平台开展网络思政教育，收集学生的思想动态和价值观认同情况的数据。通过对学生社交媒体行为的监测和分析，可以更加全面地了解学生的思想状况和价值观取向，为评估提供更加丰富的数据来源。

（二）实施智能化评估方法

智能感知技术是智能化评估方法的重要组成部分。通过运用传感器技术、数字图像处理和模式识别技术等手段，可以实现对学生校园生活轨迹、实践活动参与等多情境数据的全面、连续和异构采集，使数据采集更加全面、连续和客观，为评估提供有力的数据支持，具体体现在以下四个方面：

1. 由定点转为全面，提供"全方位"画像

传统评估往往依赖于特定的时间点或场景下的数据收集，容易忽略学生在其他时间和场景中的表现，导致评估结果片面。而智能感知技术能实现对学生校园生活全方位的监控和数据采集，包括课堂表现、课外活动、社交互动等多个方面，提供了"全方位"的学生画像，使评估能更加全面、真实地反映学生的思想动态、价值观念和道德素质。

2. 由离散转为连续，提供"增值性"证据

传统评估中，数据的采集只在特定的时间点进行，难以捕捉学生思想动态和行为习惯的变化过程。而智能感知技术能实现对学生行为数据的连续采集，形成时间序列数据。不仅能记录学生在不同时间点的表现，还能揭示其思想动态和行为习惯的变化趋势，为评估提供了"增值性"的证据，可以更加准确地评估学生的成长和发展情况。

3. 由同构转为异构，提供"多模态"识别

传统效果评估中的数据采集类型较为单一，如主要通过问卷调查、考试成绩等方式获取数据。智能感知技术能采集包括文本、图像、视频、音频等多种模态的数据，使评估能够更加全面地反映学生的综合表现。通过多模态数据的融合分析，可以识别学生学习特征，深入挖掘学生的潜在能力和发展需求，为个性化教学提供有力支持。

同时，在评估模型构建过程中，智能计算技术发挥着重要作用。通过运用机器学习、人工神经网络等智能计算技术，可以对采集到的数据进行深度挖掘和分析，提取出有价值的信息用于评估模型的构建和优化。智能计算技术能处理大规模、复杂的数据集，提高评估模型的准确性和可靠性，还可以根据评估结果动态调整评估模型的参数和权重，实现评估模型的持续优化和更新。

（三）强化数据驱动的评估过程

建立纵向追踪数据库，收集学生思想道德、心理素质和行为习惯等的"增值"数据，分离出思想政治教育的"净效应"。数据库应能够存储学生在不同时间段内的各项评估数据并进行分析比较。通过纵向追踪数据的积累和分析可以揭示学生思想动态和行为习惯的变化趋势以及影响因素，为评估提供更加深入和全面的依据。教师可以根据实时监测结果及时调整教学策略和方法，确保教学效果的最大化；学生也可以通过实时反馈了解自己的学习情况和不足之处，及时调整学习计划和方法提高学习效果。

引入增值评价理念，关注学生在不同时间段内的进步情况和发展潜力。通过智能感知技术连续采集学生的数据，如思想动态、价值观念、道德行为等方面的变化，利用智能计算技术对这些数据进行深度分析，可以准确衡量学生在不同时间段内的进步幅度和成长速度。同时，增值评价也鼓励学生关注自己的成长过程，激发其内在的学习动力和自我提升意识。基于增值评价基础上，系统能精准地识别出学生在思政学习中的强项和弱项，以及他们在价值观念、道德素质等方面的具体表现，教师可为每个学生量身定制有针对性的反馈和指导。

（四）注重评估结果的运用

评估结果应作为教学改进的重要依据。通过对评估结果的分析，教师可以发现教学过程中的问题和不足，及时调整教学策略和方法，优化教学内容和形式，以提高教学效果。例如，针对学生在某个思政知识点上的掌握情况不佳，教师可以加强相关内容的讲解和练习；针对学生在实践活动中的参与度不高，教师可以设计更加有趣和富有挑战性的活动，激发学生的参与热情。

评估结果应作为课程优化的参考。通过对评估结果的深入分析，发现课程设计

中存在的问题和不足之处，为课程优化提供有力支持。如果评估结果显示学生对某个思政主题的兴趣不高，可能是因为该主题与现实生活脱节或教学方式单一。此时，可以对课程内容进行调整或更新，采用更加贴近学生生活实际和富有创新性的教学方式，以激发学生的学习兴趣和积极性。

评估结果还应作为学生个性化发展的指导。每个学生都是独一无二的个体，具有不同的学习特点和发展需求。通过评估结果，教师可以更加全面地了解每个学生的具体情况，为他们提供个性化的学习建议和发展规划。例如，对于在思政学习中表现出色的学生，可以鼓励他们参加更高层次的学术竞赛或社会实践活动；对于在某些方面存在困难的学生，可以提供额外的辅导和支持，帮助他们克服障碍，实现自我提升。

评估不是目的，而是手段。只有将评估结果及时反馈给教师和学生，并引导他们采取相应的行动和措施，才能真正发挥评估的作用。因此，需要建立畅通的反馈渠道和机制，确保评估结果能及时、准确地传达给相关人员，并引导他们根据评估结果进行改进和优化。同时，还需要建立激励机制，鼓励教师和学生积极参与评估工作，共同推动教学质量的提升。

拓展内容

数智化背景下构建学生精准画像

在数智化背景下开展课程思政，构建学生精准画像是提升教育针对性和有效性的重要途径。这一过程不仅依赖于大数据、人工智能等先进技术的支持，还需要教育者对教育理念的深刻理解和对学生需求的精准把握。

一类是建立在学生海量学习生活数据的基础上的学生个体画像。该画像以学生为主体，通过对学生学习、生活、行为等数据进行挖掘和分析，建立相关的分析模型和人工智能算法，构建多维度地精准描述学生的标签体系，全面刻画学生情况，实现个性化教育与精细化管理。在数据采集阶段，通过学校的信息系统、智慧校园平台、教学管理系统等，收集学生的基本信息、学习行为、实践活动、校园消费、线上线下互动等多维度数据。在画像构建阶段，根据学生课堂表现、课程成绩、图书借阅、网络行为等数据，设置学习、消费、兴趣、情感等多维度标签。例如，根据课程成绩和课堂参与度设置学习标签，根据食堂消费和网络购物数据设置消费标签。通过一系列标签的设定和数据分析，形成对学生个体的精准画像。画像应以可视化文本、图像等形式呈现，全面反映学生的思想行为状况及动态变化趋势。在数据应用阶段，基于学生个体画像，精准识别学生的需求点和疑惑点，从学生的兴趣点入手，定制个性化的思想政治教育内容。根据学生的学习进展和反馈，动态调整教学策略，提供适应性的学习资源和支持。

另一类是学生群体画像，对特定学生群体的共性特征进行分析，以便设计和实施更具针对性的课程思政方案。在群体分类筛选阶段，按照基本信息、组织机构、行为标签等进行筛选，创建画像目标群体。运用大数据分析技术，对每个群体的日常行为、思想动态、学习需求等进行深入分析，提炼出群体共性和差异性特征。在群体画像构建阶段，借鉴商业领域的客户画像分析方法，构建以群体画像为依据的大学生精准教育"核心—边缘"模型。将群体中的核心成员和边缘成员分别识别出来，并分析他们之间的相互作用和影响。对筛选出来的群体进行画像，展示包括基本信息、学习成绩、阅读情况、生活情况、心理健康等，协助辅导员、院系负责人合理调整育人方案。根据学生群体画像，可以设计和实施更具针对性的课程思政方案，满足不同群体的需求。课程思政开展需充分利用群体教育，开展符合对应群体感兴趣、有需要的相应课程活动，增强学生的归属感和集体荣誉感，促进学生之间的相互学习和交流。当然，群体画像模型是一个动态变化的过程，需要教育者不断收集新的数据和信息进行更新和优化。通过教育效果的监测和评估，及时调整教育策略和方法，确保群体教育的针对性和有效性。

第六章

数智化背景下
高校课程思政的实施保障

本章将详细探讨如何通过审核管理、组织机制保障和师资队伍建设，确保高校课程思政的有效实施和高质量发展。第一节聚焦课程思政的内容审核管理，明确审核主体，介绍审核流程并提出八点审核标准。第二节通过构建多维度的组织机制来保障高校课程思政的有效实施，强调顶层设计的重要性，提出围绕"学生素养、职业素养、公民素养"三个梯度构建并充实课程思政内容体系，鼓励学生、家长及社会各界参与课程思政建设，强化主体协同，探索"一二三课堂"协同共育机制。第三节分析了数智化时代对课程思政教师核心素养的新要求，提出了相应的教师队伍建设策略，旨在打造一支政治素质高、业务能力强的课程思政教师队伍，为高校课程思政的深入实施提供坚实的人才保障。

第一节　内容审核管理

《高等学校课程思政建设指导纲要》中明确要求，要加强高校课程思政建设的组织实施和条件保障。要完善高校课程思政建设的组织管理机制，就需要把各种资源整合成不可分割的有机整体，使各种各样分散的力量聚集成合力，让机制系统发挥远远大于这些资源合力的课程思政效能。在数智化背景下，高校课程思政的实施过程中，授课内容的审核显得尤为重要。这不仅涉及课程思政教育的质量和方向，也关乎到课程内容的合规性和科学性。在信息技术快速发展的背景下，如何有效审核课程思政的授课内容，确保其能够准确传递正确的价值观念，是高校管理者和教育工作者面临的重要课题。本节将从审核主体、审核流程、审核标准三个方面进行阐述。

一、审核主体

数智化背景下，课程思政内容的呈现形式、传播渠道以及互动方式都发生了深刻变化，课程思政不再局限于传统的课堂教学，而是更加注重与其他学科的交叉融合。这就要求审核主体必须具备更加多元化的背景和专业素养，以确保课程思政内容的质量与效果，体现高校对课程思政工作的重视和对学生全面发展的关注。

1. 学校工作领导小组

设立专门的课程思政管理部门，如思政教育办公室或课程思政领导小组，负责统筹规划、实施和监督课程思政工作。领导小组由校领导、相关职能部门负责人及专家组成，负责制定课程思政的总体战略和方针政策。管理部门负责制定审核政策、组织审核工作、监督审核过程，确保审核工作的公正性和有效性。

2. 教学工作委员会

教学管理部门是具体实施教学管理的部门，由学校的资深教师、学科专家、教育管理者组成，负责对课程内容的科学性和教育性进行审核。教学委员会应具备丰富的教学经验和学术背景，能够对课程内容进行深入的分析和评估。

3. 课程思政教学督导

课程思政教育专家由学校各级党务工作者、马克思主义学院教授及副教授、"课程思政"优秀教师代表组成，具有深厚的专业素养和教学经验，能准确判断授课内容的质量和价值观导向，形成审核工作的重要力量。专家可以从思想政治教育的角度，对课程内容的思想性和教育意义进行把关，定期对各单位开展课程思政建设情况和课程质量进行督导检查，加强对任课教师的指导，确保课程内容符合社会主义核心价值观的要求，提高"课程思政"的准度和深度。同时，需要注意的是，数智化技术可能带来多元的信息来源和观点碰撞，因此在审核授课内容时，需要专家特别关注技术所承载的内容是否符合社会主义核心价值观和正确的价值导向，避免误导学生。

4. 信息技术专家

负责审核数智化技术的使用合理性，包括技术平台的安全性、稳定性以及数据处理的合规性等方面。在利用数智化技术进行课程思政教学时，必须高度重视信息安全和隐私保护。审核过程中，需要确保所使用的技术平台和数据存储方式符合相关法律法规要求，防止敏感信息泄露和滥用。信息技术部门还需要为授课教师提供技术支持和培训，确保他们能够正确使用数智化工具进行教学。

5. 行业和企业代表

在课程思政内容的审核中，引入行业和企业代表可以提供实践视角。来自行业和企业人员，可以评估课程内容的实用性和社会需求，确保课程内容与实际工作环境相符。

6. 学生代表

学生作为教学活动的直接参与者，对授课内容有最直观的感受和反馈。邀请学生代表参与审核工作，可以从学生的角度提出意见和建议，使审核结果更加全面和客观。

二、审核流程

高校课程思政内容的审核标准需要各学院根据自身的学科特点、学生群体及教学资源等实际情况进行灵活调整与细化，以确保审核工作的有效性和针对性。总体而言，应围绕政治性、科学性、思想性、教育性、合规性、时效性、针对性及创新性这八大核心要素展开。这些标准确保了课程思政内容既符合国家的教育方针和意识形态要求，又能紧跟时代步伐，贴近学生实际，有效促进学生全面发展。各校在遵循这些基本原则的基础上，可根据自身办学定位、学科特点、学生群体特征以及教学资源条件等因素，灵活调整和完善审核标准，以形成更具针对性和实效性的课程思政体系。

1. 提交审核材料

管理部门应制定统一的审核标准，并结合学科特点进行适当调整。授课教师应按照学校要求，提前将授课内容的电子版或纸质版提交给相关部门或人员进行审核。审核材料应包括教学大纲、授课计划、教学材料和思政案例、教学视频等。

2. 小组评审

由管理部门、教学委员会、思政专家和技术专家组成的审核小组对提交的审核材料进行初步审核，主要检查内容的规范性、完整性和是否符合教学要求。对于存在明显问题或不符合要求的内容，应及时反馈给授课教师进行修改，修订后的内容需再次审核。

3. 专业审核

思政专业教师或相关专家对初步审核通过的内容进行专业审核，主要评估内容的科学性、准确性和价值观导向是否正确。对于存在争议或难以判断的内容，可以组织专家会议进行集体讨论和决策。

4. 终审与反馈

课程思政领导小组对专业审核通过的内容进行终审，并给出最终意见。对于通过审核的内容，应及时通知授课教师可以正式使用；对于未通过审核的内容，应明确指出存在的问题和修改建议，并要求授课教师在规定时间内进行修改后重新提交审核。

三、审核标准

1. 政治性

高校课程思政内容的审核首先需确保高度的政治性。要求课程思政内容必须牢牢把握正确的政治方向，确保其传递的价值观和思想观符合时代发展的正能量价值观。审核过程中，应特别关注课程内容是否涉及政治敏感问题，是否有助于增强学生的政治意识和爱国情怀。政治性审核还需关注内容的政治表达是否准确，是否有助于学生理解和认同党的路线、方针、政策。通过严格的政治性审核，可以确保课程思政内容能够在引导学生形成正确的政治观、价值观和世界观方面发挥积极作用。

2. 科学性

科学性审核旨在确保课程思政内容的学术严谨性和科学准确性。在数智化背景下，课程中涉及的科学知识和技术应用必须基于可靠的学术研究和数据支持。审核应评估课程内容是否符合当前科学发展水平，是否引用了权威的研究成果和数据。此外，还需评估课程中使用的数智化工具和技术是否经过科学验证，能有效提升教学效果。科学性审核有助于确保学生在学习过程中获得准确的知识，并能批判性地思考和分析问题。

3. 思想性

思想性审核关注课程内容对学生思想品德的引导和影响。课程思政内容应通过学科知识的传授，引导学生形成正确的价值观、道德观和人生观。审核过程中，应评估课程是否能有效激发学生的思想共鸣，是否能够帮助学生树立积极向上的生活态度。同时，要评估内容是否具有思想深度，能引导学生进行深入思考和反思。确保课程能在潜移默化中影响学生的思想和行为，促进其全面发展。

4. 教育性

教育性是课程思政的核心属性。审核时需确保课程内容具有鲜明的教育意义。课程思政不仅要传授学科知识，还应关注学生的综合素质培养，包括培养学生的爱国情怀、敬业精神、诚信品质等，以及提升学生的文化素养、科学素养和人文素养。

审核过程中，应评估课程内容是否能够有效提升学生的学习能力、批判思维能力和创新能力，是否能够促进学生的情感、态度和价值观的发展。教育性审核还需关注课程内容是否能够适应不同学生的学习需求，提供多样化的学习体验。内容应贴近学生实际，易于被学生接受和内化，确保课程能够有效实现立德树人的教育目标，促进学生的全面发展。

5. 合规性

在数智化背景下，课程思政内容的合规性尤为重要。在数智化背景下，课程思政内容的合规性尤为重要。审核时需严格检查内容是否符合国家法律法规、教育政策以及学校规章制度的要求。合规性审核还须关注课程中使用的数智化工具和平台是否符合相关法律法规，特别是涉及版权、隐私、网络安全等方面的问题，要确保课程内容的合法性和规范性，维护教育的严肃性和权威性。

6. 时效性

时效性要求课程思政内容紧跟时代步伐，反映社会热点和时代特征。在快速变化的数智化背景下，课程思政内容应与时俱进，反映社会的发展变化和最新的科技进展。审核过程中，应评估课程内容是否及时更新，是否能反映当前的社会热点和趋势。时效性审核还需关注课程中使用的案例和资料是否具有时效性，通过引入最新数据、案例和研究成果，增强课程的吸引力和说服力。通过时效性审核，可以确保课程内容能够与学生的生活和学习环境相契合，提高课程的吸引力和实效性。

7. 针对性

针对性审核关注课程内容是否能满足不同学生群体的学习需求。在多样化的学生群体中，课程思政内容应能够根据学生的学科背景、兴趣爱好和认知水平进行个性化设计。审核过程中，应评估课程内容是否具有明确的目标群体，是否能针对不同学生的特点进行有效引导和教育。还需关注课程中使用的教学方法和工具是否能适应不同学生的学习风格，提高教学效果。通过精准定位，提高思政教育的针对性和实效性，确保每位学生都能从中受益。

8. 创新性

创新性审核旨在评估课程内容的创新性和前瞻性。在数智化背景下，课程思政内容应积极探索新的教学模式和方法，促进教育的创新发展。审核过程中，应评估课程内容是否具有创新思维，是否能引导学生进行创新实践。创新性审核还需关注课程中使用的数智化技术和工具是否具有创新性，能够提升学生的学习体验和效果，确保课程内容能够激发学生的创新意识和能力，为培养创新型人才提供支持。

第二节　组织机制保障

高校课程思政机制建设需构建多元共治体系，即以学校引领方向、企业融入实践、学院深耕专业、教师创新教学，形成齐抓共管格局。内容体系上，围绕学生素养、职业素养、公民素养三大梯度，丰富思政课程，促进全面发展。参与机制上，整合专业课教师、人文基础课教师与企业导师资源，实现知识与实践深度融合。同时，构建"一二三课堂"协同共育机制，融合线上线下教学，创新方法渠道，提升思政教育实效性与吸引力，培养具备高尚品德、专业技能与公民责任感的复合型人才，适应数智化时代需求。

一、构建齐抓共管机制，明晰顶层设计

构建"学校引领、企业参与、学院为重、教师为先"齐抓共管机制，有效整合各方资源，形成工作合力，提升课程思政的实施效果和教育质量。

学校作为顶层设计的主体，应明确数智化背景下课程思政的总体目标和方向，制定科学合理的战略规划。包括构建课程思政的顶层架构，明确各教学单位、职能部门的职责分工，形成上下联动、左右协同的工作格局。同时，学校应出台一系列激励政策，通过建立专项资金、配备先进的数字化技术和教学设施，支持数智化教学资源的开发与利用，确保教师能顺利开展课程思政教学活动，为课程思政的深入实施提供坚实的政策保障和资金支持。同时，学校领导应定期召开专题会议，评估课程思政的实施效果，并根据实际情况调整政策。

数智化时代强调产教融合、校企合作，企业作为社会经济发展的重要力量，其参与高校课程思政具有重要作用。通过校企合作，建立产学研深度融合的协同育人模式，让学生在学习专业知识的同时，深入企业一线，了解行业动态，感受企业文化，增强社会责任感和使命感。企业可派出经验丰富的技术人员和管理人员担任兼职教师或开展专题讲座，将企业文化、职业道德、工匠精神等思政元素融入课堂，丰富教学内容。同时，高校也应积极向企业开放教育资源，促进知识共享，共同研发课程思政案例库、教学资源库等，形成优势互补、资源共享的良好局面。此外，企业还可以为学生提供实习实训机会，让学生在实践中感受社会、理解国情，增强社会责任感和使命感。

各二级学院作为课程思政实施的主体，应根据学校的总体规划，结合自身学科特点，制定具体的实施方案。可以通过课程开发、教学改革、评价机制等多方面自主创新，推动课程思政有效融入专业课程中。组织教师针对不同专业的课程，设计具有思政元素的教学模块，以实现理论与实践的结合。一方面，学院要加强教师的教研与培训，通过组织教师开展集体备课、教学研讨等活动，提升教师在课程思政方面的能力和水平，促进教师之间的交流与合作。同时，通过培训课程，提升教师对思政教育理念的理解和应用能力，确保课程思政的高效实施。另一方面，建立学院的大数据平台系统，开发线上线下相结合的思政教学资源，如虚拟仿真实验、在线互动课堂等，提高课程思政教育资源的流通。同时，学院还应加强课程思政团队

建设，通过组织教学研讨、经验交流等活动，提升教师的思政素养和教学能力，确保课程思政的有效实施。鼓励教师结合专业前沿动态，开发具有专业特色的思政课程或教学模块，如将人工智能伦理、大数据安全等话题融入计算机科学课程中，实现专业知识与思政教育的无缝对接。

教师是课程思政的直接实施者，其思想政治素质和业务能力直接影响着课程思政的效果。因此，高校应高度重视教师队伍建设，加强师德师风建设，以教育家精神为引领，铸魂强师，厚植"大情怀"。同时，加强教师思政教育能力培训，提升教师将思政元素融入专业课程的能力。通过组织专题培训、工作坊、学术交流等活动，特别是针对数智化背景下课程思政的新要求、新特点，开展有针对性的培训活动，提升教师的信息技术应用能力和课程思政设计能力。帮助教师掌握数智化时代思政教育的新理念、新方法，提高教学水平和育人质量。对在课程思政工作中表现突出的教师给予表彰和奖励，激发教师的工作热情和创造力。

二、构建三梯度培养机制，充实内容体系

随着信息技术的飞速发展，教育资源的获取方式、教学模式以及学生的学习习惯都发生了深刻变化。构建符合时代特征、满足学生全面发展需求的课程思政内容体系显得尤为重要。围绕"学生素养、职业素养、公民素养"三个梯度构建并充实课程思政内容体系，是对传统教育模式的创新，也是对新时代人才培养需求的积极响应。

学生作为教育的主体，其思想道德素养是课程思政的首要任务。在数智化背景下，学生素养的内涵更加丰富多元，不仅包括传统的学术能力、人文素养，还涵盖了信息素养、创新能力、批判性思维等新时代要求。因此，课程思政内容的设计应紧密围绕学生融合信息技术、激发创新思维、强化人文关怀。数智化时代，信息素养已成为学生不可或缺的基本能力。高校开展课程思政应充分利用信息技术手段，如在线学习平台、虚拟实验室、大数据分析等，将信息素养的培养融入日常教学中。高校可以通过开设信息技术相关培训课程、组织实施信息素养提升活动等方式，引导学生掌握信息获取、处理、分析和利用的能力，同时培养其信息安全意识和伦理道德观念，确保学生能够在海量信息中做出正确判断，避免信息污染和误导。创新是引领发展的第一动力，而批判性思维则是创新的前提和基础。高校课程思政应鼓励学生勇于质疑、敢于创新，通过案例分析、问题导向式教学等方法，培养学生的批判性思维能力。同时，结合专业特点，引入前沿科技、社会热点等话题，激发学生的创新思维和想象力，促进其综合素质的全面提升。人文素养是学生全面发展的重要组成部分，它关乎学生的精神世界和价值取向。要重视人文关怀，通过开设文学、艺术、哲学等人文课程，引导学生阅读经典、欣赏艺术、思考人生，培养其审美情趣、人文情怀和道德情操。同时，将思政教育融入人文课程中，通过历史人物、

文化传统的讲述，引导学生树立正确的世界观、人生观和价值观。

学生最终将走向社会，成为各行各业的从业者。因此，高校课程思政内容的设计还需立足学生未来职业，注重职业素养的培养。在数智化背景下，职业素养的内涵不断拓展，除了专业技能外，还包括团队协作能力、沟通能力、领导力、职业道德等多个方面。第一，要紧跟行业趋势，更新课程内容。高校应密切关注行业动态和市场需求，及时调整专业设置和课程内容，确保教学内容与产业需求紧密对接。通过引入行业专家进课堂、开展校企合作等方式，让学生了解行业动态和前沿技术，掌握行业所需的专业技能和知识，并将思政教育融入专业课程中，引导学生树立正确的职业观和就业观。第二，强化实践教学，提升综合能力。实践教学是提升学生职业素养的重要途径。高校应加大实践教学比重，通过实习实训、项目驱动、竞赛参与等方式，让学生在实践中锻炼专业技能、提升团队协作能力、沟通能力和领导力，将思政教育融入实践教学中，通过职业道德教育、企业文化宣讲等方式，引导学生树立正确的职业道德观和企业文化认同感。第三，培养创新意识，激发创业精神。课程思政教师应鼓励学生勇于创新、敢于创业，通过开设创新创业课程、举办创新创业大赛等方式，激发学生的创新意识和创业精神。将思政教育融入创新创业教育中，引导学生树立正确的创业观和社会责任感，确保其在创新创业过程中能遵守法律法规、遵循商业道德。

学生不仅是未来的从业者，更是社会的公民。因此，课程思政内容的设计还需立足学生公民身份，注重公民素养的培养。公民素养的内涵更加广泛，包括法治观念、公民意识、社会责任感等多个方面。第一，加强法治教育，树立法治观念。课程思政应加强对学生的法治教育，通过开设法律基础课程、举办法律知识竞赛等方式，引导学生了解国家法律法规和司法制度，树立法治观念，将思政教育融入法治教育中，通过案例分析、模拟法庭等方式，让学生深刻认识到法律的重要性和严肃性。第二，提升公民意识，增强社会责任感。公民意识是社会成员对自身权利和义务的认知和认同。通过开设公民教育课程、组织社会实践活动等方式提升学生的公民意识，让学生了解公民的基本权利和义务、参与社会公共事务管理的方法和途径。同时，将思政教育融入公民教育中，引导学生树立正确的国家观念、民族观念和社会责任感，积极投身社会公益事业和志愿服务活动。第三，弘扬中华优秀传统文化，培养文化自信。优秀传统文化是中华民族的瑰宝和根基。高校课程思政应弘扬优秀传统文化，通过开设传统文化课程、举办文化节庆活动等方式，让学生了解和传承中华民族的优秀传统文化。同时，将思政教育融入传统文化教育中，引导学生树立正确的文化观和价值观，增强文化自信和文化自觉。

三、构建共同参与机制，强化主体协同

在数智化时代，信息技术的飞速发展不仅改变了知识传播的方式，也深刻影响

着人们的思维方式和价值观念。高校作为知识传授与价值引领的主阵地，必须紧跟时代步伐，创新课程思政模式，构建"专业课教师、人文基础课教师、企业师傅"共同参与机制，将思政元素自然融入专业课程、人文基础课程、实践教学之中，实现知识传授与价值引领的同频共振。

专业课教师拥有深厚的专业知识背景，能在传授专业知识的同时，自然地融入思政元素，使学生在学习专业知识的过程中，潜移默化地接受思想政治教育。这种"润物细无声"的方式，有助于增强思政教育的针对性和实效性。人文基础课教师则擅长从文化、历史、哲学等角度，引导学生思考人生、社会、国家等深层次问题。他们的加入，能为课程思政提供更为丰富的思想资源和人文情怀，帮助学生构建更加完整、深刻的价值体系。企业师傅作为行业内的专家和实践者，他们的经验、案例和见解是课堂教学难以替代的宝贵资源。邀请企业导师参与课程思政，可以让学生更直观地了解行业现状、发展趋势以及职业道德要求，从而增强学生的职业认同感和社会责任感。因此，专业课教师、人文基础课教师、企业导师三者之间需加强沟通与协作，形成教学合力，强化协同育人的共识。在课程思政体系设计层面，构建专业课、人文基础课和实践课程有机结合的综合性课程体系。将思政内容分为不同模块，融入专业课和人文基础课中，使学生在学习专业知识的同时，接受思想政治教育。

对于学校层面，要确保协同机制的顺利运行，高校应建立相应的组织架构，并配套激励机制。如，设立课程思政优秀教学奖、优秀案例奖等奖项，对在协同育人工作中表现突出的个人或团队给予表彰和奖励。在数智化背景下，充分利用现代信息技术手段，整合优质的教育资源，为课程思政提供丰富多样的教学内容和形式。建立一个多方协作平台是实现协同工作的基础。可以利用在线教育平台、虚拟现实技术和大数据分析工具，构建一个综合性的教学与互动平台，方便各方教师和企业师傅的协同参与。通过平台的在线交流与互动功能，教师和企业师傅可以实时沟通与协作，分享经验和教学成果。平台也可以通过数据分析工具，对学生的学习进度和表现进行分析，为教师和企业师傅提供科学的反馈，以及时调整教学策略。在协同机制的构建中，明确各方的目标和任务。协同目标的制定有助于各方在合作中发挥各自的特长，提高整体教育效果。

四、构建"一二三课堂"协同共育机制，创新方法渠道

在数智化背景下，高校课程思政的教育理念正从单一的课堂教学模式向多元化、综合化的"大课堂"模式转变。构建"一二三课堂"的协同共育机制，能够打破传统课堂教学的局限，实现教学资源的优化配置和教学模式的创新发展。第一课堂作为严格执行国家课程及地方课程的教育教学"主阵地"。强调学科知识的传授，是学校教育的核心。第二课堂则汇聚校内各项资源，通过丰富的校内资源和活动，提

供学生个性化发展的平台。第三课堂则走出校门，拓展到社会实践，将课堂知识与社会生活相结合，增强学生的实践能力和社会责任感，三者各有侧重，互为补充，各具特色，构成了完整的教育体系，能够满足学生个性化、差异化的学习需求，激发学生的学习兴趣和动力，促进学生全面发展。

在数智化背景下"一二三课堂"的功能与内涵发生了拓展。技术赋能的第一课堂不再局限于传统的单向授课，利用数智化技术建设智慧教室，通过智能教学系统、互动教学终端等设备，实现教学内容的数字化、可视化、互动化。运用大数据、人工智能、VR、AR等先进技术，学生可以在沉浸式的环境中体验历史事件、社会问题等，从而加深对思想政治教育内容的理解。第一课堂能实现教学内容的个性化推送、学习过程的智能跟踪与评估、学习资源的精准匹配与推荐，学生可以自主选择学习资源，进行预习与复习。课堂上教师可以采用翻转课堂的形式，促进学生参与讨论和实践，提高思政教育的实效性。这不仅提升了教学效率，也增强了学生的学习兴趣与参与度，使思政教育更加生动、有效。教师可以针对一些难以在现实中开展的实验或实践活动，利用虚拟仿真技术构建虚拟实验环境。学生在虚拟环境中进行实验操作、模拟演练等，增强实践能力和创新能力。同时，通过虚拟仿真实验还可以引入思政元素，让学生在实践中感悟思政价值。

第二课堂在数智化时代，其实践形式也得以拓展与丰富。除了传统的校园活动外，线上平台、虚拟社区、社交媒体等也成为第二课堂的重要组成部分。学校应利用数智化手段丰富校园文化内涵，如使用校园APP、微信公众号等平台发布校园文化资讯，展示学校特色和文化成果。同时，建立稳固的思政宣传阵地，通过举办线上思政论坛、开展网络主题教育、组织虚拟红色旅游等活动，学生可以随时随地参与思政教育，与来自不同地域的学生交流和合作，拓宽视野，实现线上线下的无缝对接。同时，学校应充分利用数智化资源对"第二课堂"进行优化升级。例如，在图书馆引入智能图书管理系统和数字化阅读平台；在音乐体育场馆安装智能健身设备和在线教学系统；在文化走廊设置数字展示屏和互动体验区等。这些措施可以为学生提供更加便捷、高效的学习环境和丰富的文化体验。同时，鼓励学生参与数智化志愿服务和社区服务活动，如在线支教、智慧助老等。通过数智化手段搭建志愿服务平台和管理系统，实现志愿服务项目的精准对接和有效管理。另外，可以开展线上线下相结合的志愿服务培训活动，提升学生的志愿服务能力和社会责任感。

第三课堂是社会实践学习锻炼的重要场所，应充分利用数智化技术为社会实践和志愿服务提供有力支持。利用数智化技术打造数字化研学基地和爱国主义教育基地，通过虚拟现实、增强现实等技术手段还原历史事件和场景，让学生在身临其境中感受历史厚重感并培养爱国情怀。博物馆和文化馆是第三课堂的重要载体之一。充分利用数智化手段对博物馆和文化馆进行数字化改造和升级。通过建设数字博物馆和文化馆平台，实现文物展品的数字化展示和虚拟参观；通过开发在线课程和互动游戏等形式，增强学生的参与度和体验感。同时，可以引入 AI 导览和智能语音解说等技术手段提升学生的参观体验和学习效果。此外，要鼓励学生走出校门参与数智化社区服务和社会实践活动。通过与社区合作建立数智化服务平台和管理系统，实现社区服务的精准对接和有效管理。同时，引导学生利用数智化手段开展社会调研、政策宣传等活动，提升他们的社会责任感和实践能力。例如，可以开展"智慧社区"建设项目研究或利用大数据分析社区居民需求并提出改进建议等；还可以开发志愿服务 APP、小程序等，方便学生随时随地参与志愿服务活动，记录志愿服务时长和成果。

第三节　师资队伍建设

在课程思政实施过程中，教师是关键的执行者和引导者。教师的知识结构、教育理念和教学能力直接影响课程思政的效果。数智化背景下，技术的引入也对教师提出了更高的要求，需要教育者具备相应的数字能力和教育智慧，以有效地整合和应用这些技术。建设高素质的师资队伍是实现课程思政目标的基础和保障。

一、数智化背景下课程思政教师核心素养所需

（一）坚定的政治立场与高尚的道德情操

高校教师应具备坚定的共产主义信仰和中国特色社会主义道路自信、理论自信、制度自信、文化自信。这是实施课程思政的前提和基础，只有教师自身政治立场坚定，才能在教学中自然而然地融入社会主义核心价值观，引导学生树立正确的世界观、人生观、价值观。

教师不仅是知识的传播者，更是学生品德形成的引路人。教师的言行举止、价值观念和道德标准会直接影响学生的思想发展。高校教师应以身作则，展现出高尚的道德情操，如诚信、敬业、责任、奉献等，树立良好的师德师风，通过言传身教，影响并塑造学生的道德品质。

（二）深厚的专业素养与教学能力

数智化时代对教师的专业素养提出了更高的要求。高校教师应具备扎实的专业知识基础，不仅要在自己的专业领域内有深入的理解和研究，还要能够紧跟学科前沿动态，不断更新知识体系。要求教师能够在讲解专业课程内容的同时，融入思想政治教育元素。

在数智化时代，学生获取信息的渠道更加广泛，需求也更加多样化。这要求教师能够及时了解学生的需求，掌握和运用现代教育技术，设计和实施适合的教学方

法，调整教学策略，满足学生的个性化学习需求。有效的教学设计与组织能力要求教师能够将课程思政元素巧妙地融入专业课程中。在设计教学活动时，教师应考虑如何通过案例分析、讨论、实践活动等形式，将思想政治教育融入课堂教学，实现知识传授和价值引领的有机结合。同时，教师应具备高效的课堂管理能力，能够有效组织和控制课堂氛围，促进学生的积极参与。

（三）数智化技术应用能力与创新能力

数智化技术打破了传统教育模式的时空限制，使课程思政的教学不再局限于课堂之内，而是可以通过线上平台、虚拟现实等多种方式进行。这种转变要求教师具备更强的技术适应力和创新能力。数智化技术带来了大量的数据资源，教师除了需要熟练掌握各种信息技术工具，如多媒体教学设备、在线教学平台外，还应具备数据分析和处理的能力，以便从海量数据中提取有价值的信息，以通过对学生学习数据的分析，了解学生的学习情况和思想动态，调整教学策略和内容，提供个性化的教育服务。教师还需能够利用数据进行教学效果的评估和反馈，不断优化教学方案。

创新是教育发展的不竭动力。高校教师应具备创新思维和创新能力，敢于尝试新的教学方法和手段，如翻转课堂、混合式学习、项目式学习等，以激发学生的学习兴趣和主动性；应具备技术创新和应用能力，能积极探索新技术的教学应用，如VR、AR、AI等；还应积极探索课程思政的新路径和新模式，不断学习和掌握前沿技术，探索其在课程思政中的应用可能性，使思想政治教育更加贴近学生实际，更加富有成效。

（四）良好的沟通与协作能力

沟通与协作是教育工作中不可或缺的能力。在数智化背景下，高校教师需与学生、家长、同事以及社会各界保持密切的沟通和协作关系。良好的沟通能力有助于教师了解学生的学习需求和思想动态，及时给予指导和帮助；同时，也能促进教师与家长之间的合作，形成教育合力，共同促进学生的全面发展。

团队协作能力也是教师必备的素质之一。在数智化教学中，往往需要多个教师或团队共同完成教学任务和资源开发，数据资源通常也是开放共享的。这要求教师具备信息筛选、整合和分享的能力，具备强烈的团队协作精神，能够与其他教师、教学管理人员以及技术人员紧密合作，共同开发优质课程资源，优化教学流程，提升教学质量。

（五）跨学科知识与终身学习能力

在课程思政实施过程中，跨学科知识的整合能力是指教师需要具备一定的跨学科知识储备，能将不同学科的知识和思政元素有机结合，设计出综合性的教学方案。

例如，教师可以结合社会学、心理学、哲学等学科的知识，丰富课程思政的内容和形式；能与其他学科的教师合作，共同设计和实施课程思政。跨学科合作可以带来新的视角和方法，提升课程思政的效果。教师应主动参与跨学科的团队合作，发挥各自的专业优势，共同推进课程思政的实施。

同时，在快速发展的数字时代，教师需要保持终身学习的态度，积极更新知识和技能。教师应通过参加培训、学习新技术、阅读前沿文献等方式，不断提升自己的教学能力和思想政治素养，保持对新技术、新理念的敏感性和适应性，以更好地适应教育变革的需求。

（六）自我反思能力与评估反馈能力

教育技术的不断更新和课程思政的深入实践要求教师不断审视自己的教学实践，思考教学方法的有效性、教学内容的适切性以及学生反馈的积极性。通过自我反思，教师可以及时发现教学过程中的不足，调整教学策略，优化教学设计，从而提升课程思政的针对性和实效性。这种自我驱动的成长模式，有助于教师在数智化浪潮中保持敏锐的洞察力和持续的创新力。

评估反馈能力则对应保障教学质量。数智化技术为教学评估提供了更多元、更精准的工具和方法。教师可以通过数据分析、学生反馈等方式，全面、客观地评估教学效果，了解学生的学习情况和思想动态。同时，教师还需要及时给予学生反馈，帮助他们认识自己的优点和不足，并提供针对性的指导建议。双向的评估反馈机制有助于形成师生互动、共同进步的课堂氛围，提高课程思政的针对性和实效性。

（七）人文关怀与情感共鸣

教育本质上是关于人的事业。高校课程思政的实施不仅依赖于技术的革新与教学方法的现代化，更要求教师具备深厚的人文关怀与情感共鸣能力。这种能力在数智化时代显得尤为重要，因为技术虽能高效传递知识，却难以直接触及学生的心灵深处，而思政教育的核心在于塑造学生的价值观与情感认同。教师在课程思政中，应始终以学生为中心，关注学生的全面发展与个性需求。教师以温暖、包容的心态去理解学生，尊重他们的差异与多样性，通过课程内容与教学方式的选择，引导学生关注社会、关注他人，培养他们的同理心与责任感。同时，在数智化技术的辅助下，教师可以通过数据分析更精准地把握学生的心理状态与情感变化，从而提供更加贴心、个性化的关怀与支持。

情感共鸣则是连接教师与学生、课程内容与学生心灵的桥梁。在思政课堂上，教师应通过生动的案例、深刻的讲解、适时的互动等方式，激发学生的情感共鸣，让他们在感动与思考中深刻理解课程思政的精髓，从而增强学生对思政元素及内容的认同感，使他们在潜移默化中接受并内化课程思政的价值观念。教师通过讲述生动的案例、分享个人的经历等方式，激发学生的情感共鸣和情感体验，引导学生深入思考和理解课程内容所蕴含的价值观念和精神内涵。

二、数智化背景下课程思政教师队伍建设策略

当今世界正经历百年未有之大变局，国家对新时代人才培养提出了新的更高要求。在《高等学校课程思政建设指导纲要》的指导下，高校要围绕全面提高人才培养能力这个核心点，着力推进课程思政建设，用好提升人才培养质量这个关键招，充分调动并发挥教师队伍作为核心驱动力的关键作用，全面增强教师们融入课程思政的自觉性与施教能力，培养出一支既精通专业知识又擅长思政教育的教师队伍，为培养德智体美劳全面发展的社会主义建设者和接班人奠定坚实基础。

（一）配齐构建课程思政教师创新团队

高校配齐并有效引进课程思政教师，是落实立德树人根本任务、深化教育教学改革的重要举措。高校作为人才培养的摇篮，必须高度重视课程思政建设，将其贯穿于教育教学全过程，而优秀的课程思政教师是这一战略实施的关键力量。

高校应明确课程思政教师的角色定位与能力要求，结合学校特色与学科优势，制定长远规划与短期实施计划，确保人才引进与培养有的放矢。一方面，明确思政课教师队伍建设的战略定位，将其视为提升人才培养质量、实现立德树人目标的关键环节。通过制定科学合理的中长期规划，确保思政课教师队伍在数量、结构和质量上满足教学需求。另一方面，积极引进具备数智化素养和思政教育经验的高素质专业技术人才加入课程思政教师队伍。拓宽引进渠道，实施灵活多样的引进方式，如设立专项基金吸引高层次人才，采用柔性引进政策吸引校外专家兼职授课或指导，以及加强校企合作，共同培养兼具理论与实践经验的课程思政教师。通过引进优秀人才，为课程思政教师队伍注入新的活力和动力，提升整体的教学水平和科研能力。

构建课程思政教师创新团队是推动高校课程思政创新发展的关键。加强思政课教师与专业课教师的交流互动，形成思政教育与专业教育相互渗透、同向同行的良好生态，有助于打破学科壁垒，促进不同学科之间的交流与融合，形成跨学科的教学与研究合力，提升教学的深度和广度。高校应将构建课程思政教师创新团队纳入学校整体发展战略，明确团队建设的目标、任务与路径。通过制定详细的实施方案，包括团队建设的时间表、阶段性目标、预期成果等，为团队建设提供清晰的指引。同时，加强顶层设计，确保团队建设与学校的教育教学改革、人才培养目标等相契合，形成协同效应。加大对课程思政教师创新团队的资源投入，包括经费支持、教学设施、研究平台等。通过设立专项基金、提供教学科研奖励等方式，激励团队成员积极参与课程思政的教学研究与改革。加强教学资源的整合与共享，为团队成员

提供丰富的教学案例、教材、课件等，提升教学质量与效果。鼓励团队成员教师积极参与教学研究与改革项目，探索适合本校特点的课程思政教学模式与方法。参与社会实践与科研创新，将最新成果融入课程思政，增强教学的时效性与针对性。关注教师的职业发展规划，为他们提供个性化的职业指导和支持，打造出一支高素质、专业化的课程思政教师创新团队。

（二）搭建课程思政交流平台

搭建课程思政交流平台，举办课程思政比赛，是推广示范课程、激发教学创新活力、促进思政教育深度融合的有效途径。不仅有助于提升教师的课程思政教学能力，还能在校园内形成浓厚的思政教育氛围。

高校应充分利用数字化技术，搭建线上线下结合的课程思政交流平台，为教师提供一个展示教学成果、交流教学经验的互动空间。在线上，教师可以分享自己的课程思政设计思路、教学方法及实践案例，相互学习借鉴，共同探索课程思政的新思路、新模式。在线下，则可以组织定期的沙龙、研讨会、工作坊等活动，促进面对面的互动交流，邀请教育专家、学者进行在线指导，为教师提供专业支持。平台汇聚各类优秀的课程思政教学资源，包括教学案例、课程设计方案、教学视频、科研成果等，为教师提供丰富的学习和借鉴材料，有助于激发教师的教学创新思路，提升课程思政的整体教学质量。举办课程思政比赛可以激发教师的教学创新热情，鼓励他们在教学中大胆尝试新的思路和方法。比赛可以围绕课程内容与思政元素的融合度、教学方法的创新性、教学效果的显著性等方面展开，鼓励教师深入挖掘课程中的思政元素，创新教学方式方法，提高课程的吸引力和感染力。通过比赛，选拔出一批优秀的课程思政示范课程，为全校乃至全国的高校提供可借鉴、可推广的范例。同时，高校应充分利用各种渠道和平台，如校园网、教学展示会、学术期刊等，对获奖的示范课程进行广泛宣传和推广，引导更多教师关注课程思政、投身课程思政实践。并且组织教师观摩学习示范课程，通过现场教学、交流研讨等方式，促进课程思政理念和方法在全校的普及和应用。

（三）建立开展课程思政的持续学习机制

随着信息技术的飞速发展，教育模式和教学环境不断变化，高校需要通过持续学习机制提升教师的思想政治教育能力和数字化素养，以应对新时代的挑战。全面开展课程思政专题培训是深化教育教学改革、强化思想政治教育的重要一环。这一举措旨在通过系统化的培训，提升全体教师的思政素养与教学能力，确保思政教育自然融入各门课程，确保思政教育的时代性和实效性。

保持持续学习的前提是建立激励与支持机制，鼓励教师积极参与持续学习。例如，可以通过评选"学习标兵"或提供学习奖励等方式，激励教师主动参与各类学习活动，提升自身素养和教学水平。同时，高校要为支持教师的持续学习，提供充足的学习资源和必要的经费支持，包括为教师提供免费或优惠的课程、购置学习设备等，确保教师能顺利开展学习活动。在培训内容方面，课程思政专题培训应以提升教师的思想政治素养为核心目标。培训内容需涵盖思政教育理论、政策方针、教学案例分析等，以增强教师对课程思政的理解和认同，使其能自觉将思政元素融入专业教学中。培训内容既要注重理论深度，又要贴近教学实际，帮助教师掌握将思政元素有机融入专业课程的策略与方法。在培训形式方面，应灵活多样，结合线上与线下资源，采用专题讲座、工作坊、教学观摩、研讨交流等多种方式，激发教师的参与热情与学习兴趣，满足教师不同的学习需求和节奏。鼓励教师之间形成学习共同体，通过经验分享、问题探讨，共同提升课程思政教学质量。同时，高校应建立健全课程思政专题培训的长效机制，将培训纳入教师继续教育体系，定期举办，持续跟进。通过考核与激励机制，对积极参与培训并取得显著成效的教师给予表彰与奖励，形成浓厚的课程思政教学氛围。此外，要加强对教师的培训效果的评估与反馈，通过问卷调查、教学检查、学生评价等多种方式，及时了解教师在课程思政教学中的困惑与需求，不断优化培训内容与方式，确保培训取得实效。

（四）创新教师考核评价机制

考核评价机制是促进教师专业发展，提升教学质量的重要工具，在强化课程思政教师团队建设方面起到关键作用。高校应当秉持"人本至上、质量为先"的原则，将立德树人视为思政课教师评价体系的基石，聚焦于"教学质量"与"育人成效"这两大核心要素进行深度评估。通过评价来激发课程思政建设动力，促进持续发展，为教育的改革与创新之路提供坚实的支撑与保障。

在评价指标体系构建上，传统的考核评价方式往往侧重于定量指标，如课时量、科研成果等，而忽视了课程思政的独特性和复杂性。在数智化背景下，考核评价应重点关注教师在课程中融入思政元素的效果以及数智技术的应用能力。根据学生的思想变化、价值观塑造、社会责任感增强等维度，全面评估教师的教学成效，形成立体化的评价视角。评价体系还应包括对教师在教学方法和内容上的创新实践的考核。鼓励教师采用数字化技术、跨学科整合等方式，提升课程思政的趣味性和实效性。评价中应给予这类创新尝试以充分的认可和激励。在评价机制上，考核过程不仅要重视管理者的评价，还应引入教师自评与同事互评机制。鼓励教师自我反思与总结，促进教学相长，形成持续改进的良好机制，而同事互评可以通过同行的专业视角，提供更具建设性的反馈和建议。除了学期末的总结性评价，高校应加强对教学全过程的动态监测与反馈。通过日常课堂观察、教学研讨会、教学日志等方式，及时掌握教师在课程思政实施中的具体表现，帮助其不断调整与优化教学策略。同时，引入激励与竞争机制，激发教师活力。高校可以设置课程思政教学奖励基金，对在思政教育中有突出贡献的教师给予表彰和奖励。在评价手段上，要善用大数据技术，分析学生的学习数据与反馈信息，为教师的教学效果提供量化依据。利用人工智能技术开发智能评价工具，实现对课程思政教学质量的自动化评估，并根据实际情况调整评价标准和方法，确保考核评价机制的科学性、公正性和有效性。

拓展内容

建立学生课程思政数智档案袋

学生课程思政档案袋是一种系统化的记录工具，旨在全面反映学生在课程思政学习过程中的学习成果、思想进步和综合素质发展。它包含学生在课程学习中的各种材料，如学习记录、作业、项目成果、反思日志、教师评价等。学生课程思政数智档案袋，则是指在信息技术环境下，运用数字化手段记录和展示学生在学习课程思政相关内容时的学习目的、学习活动、学习成果、学习反思及思想政治素质提升情况等信息的集合体。它不仅包含了传统的纸质档案袋所具备的功能，还通过大数据、云计算、人工智能等先进技术实现了信息的智能化处理与分析，为课程思政教学提供了更加科学、全面的评价依据。学生课程思政数智档案袋作为一种创新的教育管理工具，能有效记录和评价学生在课程思政学习过程中的表现和成长，给学生提供了自我反思的机会，帮助他们认识到自己的进步与不足，明确未来的发展方向。也是教师进行教育评估和调整教学策略的重要依据。教师通过档案袋可以更加全面、客观地评估学生的思政学习效果，包括知识的掌握程度、价值观的形成情况、行为表现等。家长通过档案袋可以了解孩子在学校的思政表现，与教师共同探讨孩子的成长问题，形成教育合力，共同促进学生的全面发展。以下将简要介绍如何构建和实施学生课程思政档案袋。

1. 确定档案袋的目标与内容

● 基本信息：学生姓名、学号、专业、年级等基本信息。

● 思政课程成绩：包括思政课程考试成绩、平时表现、作业完成情况等。

● 参与活动记录：参加思政主题讲座、社会实践、志愿服务、党团活动等的记录及心得体会。

● 思想汇报与反思：学生定期撰写的思想汇报、学习心得、自我反思等材料。

● 荣誉与奖励：在思政方面获得的荣誉证书、表彰等。

● 教师评语与反馈：教师对学生的思政表现给予的评语和个性化建议。

2. 建立档案袋的管理系统及工具

● 建立电子档案系统：可以依托学校的学习管理系统（LMS）或专门开发的档案袋管理平台，建立档案袋的管理系统，实现信息的数字化存储、自动化管理和智能化分析。

●开发移动应用：开发适用于手机和平板等移动设备的思政档案管理 APP，方便学生随时查看、更新自己的档案内容，同时也便于教师实时掌握学生动态。

●引入智能分析功能：通过数据分析技术，对学生的思政表现进行量化评估，为教师提供决策支持，帮助教师精准识别学生的思政需求，制定个性化的教学方案。

3. 学生课程思政档案袋的实施步骤

●筹备与规划：在实施课程思政档案袋之前，需要进行充分的筹备与规划，包括制定实施方案、培训教师、开发管理系统等。

●数据收集与录入：在课程进行过程中，教师和学生共同参与档案袋的数据收集与录入工作。学生需及时上传学习成果和反思日志，教师需定期更新评价和反馈信息。

●数据分析与应用：利用管理系统的分析工具，对档案袋中的数据进行分析，生成学生的学习报告和思政成长报告。教师可根据分析结果调整教学策略，并与学生进行个别指导和交流。

●反馈与改进：定期对课程思政档案袋的使用情况进行反馈与评估，及时改进存在的问题和不足，实现教师对学生思政表现的即时反馈，帮助学生及时调整学习状态，引导学生参与自我评价和同伴评价，培养他们的自我认知能力和团队协作能力，同时丰富档案袋的内容。

第七章

数智化背景下
高校课程思政的建议与展望

本章深入探讨了数智化时代高校课程思政的推进策略与未来发展方向。第一节围绕大中小一体化开展课程思政协同育人，提出从教育内容、教学方式、教师团队和资源整合四个方面的推进策略，构建"大思政"格局。第二节将课程思政推进过程中遇到的问题分为三类，即实施之问、应变之问和发展之问，涉及技术工具与教育内容的融合、有限资源高效的技术应用方案，以及生成式人工智能对思政课程的影响，关注数据安全、隐私保护问题，以及教育元宇宙应用的潜在影响与风险，并探讨培养具备数智素养的社会主义建设者和接班人的方法，并将新质生产力理论融入课程思政。第三节分别聚焦数智化和国际化两大视域，阐述课程思政发展方向，思考在未来的教育发展中，课程思政如何不断创新与进步，保持与时代发展的同步。

第一节　大中小学一体化课程思政推进策略

一、大中小学课程思政一体化建设现状

随着经济全球化和信息技术的快速发展，青少年学生面临着日益复杂多元的思想文化环境。如何在这样的背景下坚守教育初心，培养具有坚定理想信念、深厚爱国情怀、高尚道德品质的时代新人，成为教育领域亟待解决的问题。近年来，党和国家高度重视大中小学课程思政一体化建设，出台了一系列政策文件加以指导和推动。2019年，习近平总书记主持召开学校思想政治理论课教师座谈会，提出"统筹推进大中小学思政课一体化建设"。在学校思想政治理论课教师座谈会召开五周年之际，习近平总书记对学校思政课建设作出重要指示，强调"深入推进大中小学思想政治教育一体化建设"。深入推进大中小学思想政治教育一体化建设，关系"培养什么人、怎样培养人、为谁培养人"这个教育的根本问题。教育部等十部门在关于印发《全面推进"大思政课"建设的工作方案》的通知中指出，大中小学思政课一体化建设亟须深化，有的学校第二课堂重活动轻引领，课程思政存在"硬融入""表面化"等现象。由此，需要进一步探索和创新思想政治教育的方式方法，加强课程设计和教学实践的融合，确保思想政治教育能够真正入脑入心。同时，各地教育部门也积极响应号召，制订具体实施方案和行动计划，推动课程思政一体化建设落地生根。"大中小学课程思政一体化建设"强调将思想政治教育贯穿于大中小学各学段、各学科教学的全过程，旨在通过知识传授与价值引领的有机结合，通过构建内在统一、横向一致、纵向衔接、形式联合的课程体系，将立德树人的根本任务贯穿于学生成长的全过程，从而更有效地培养学生的思想政治素质和社会责任感，为培养德智体美劳全面发展的社会主义建设者和接班人奠定坚实基础。

为了深入了解"大中小学课程思政一体化建设"中的现状与问题，课题组前期已形成了一支调研团队，成员包括教育学专家、课程思政相关研究人员以及经验丰富的中小学教师，并设计了一套调研问卷和访谈提纲，涵盖了课程内容、教学方式、教师团队建设、资源整合等多个方面。调研地区主要集中在浙江，面向浙江的部分中小学和高校，实施了问卷调查、实地访谈以及课堂观察等方式。以下为调研过程中发现的四方面共性问题。

（一）课程思政教学内容有待优化

当前，各学段在思政教育内容的设置上普遍注重融入社会主义核心价值观、中华优秀传统文化、革命文化和社会主义先进文化等元素。然而，在实际教学过程中，仍存在内容衔接不畅、针对性不强、时代性不足的问题。

一是课程内容的系统性和连贯性不足。在大中小学课程思政一体化建设过程中，课程内容的系统性和连贯性是实现有效教育的关键。然而，当前在不同学段之间的课程内容设置上，仍存在一定的脱节现象。各学段之间缺乏系统的规划与衔接，导致课程思政内容的重复与断层现象较为普遍，从而削弱了课程的教学效果，还影响了学生思想认识的逐步深化。二是思政元素的融合深度不够。虽然课程思政强调将思想政治教育元素融入专业课程之中，但在实际操作中，许多教师在课程设计时仍倾向于简单地"嵌入"思政内容，而未能做到深度融合。这种表层化的处理方式使得课程思政难以真正发挥应有的作用，学生也难以在专业学习中深刻领会思想政治教育的意义。三是教育内容与时代发展的契合度不足。随着社会的快速发展，学生的思想观念和需求也在不断变化。然而，部分课程思政内容未能及时跟上时代发展的步伐，仍然停留在传统的观念和方式上，导致课程难以引起学生的共鸣，影响了教育的实效性。

（二）课程思政教学方式亟待创新

当前，各学段在思政教学中普遍注重采用多样化的教学方法和手段，如案例教学、情境教学、实践教学等。然而，在教学方式创新方面仍存在方式单一、技术应用不足、实践环节薄弱的问题。

一是教学方式的创新不足。课程思政强调教学方式的多样化和创新性，但在实际教学过程中，仍有相当一部分教师沿用传统的灌输式教学方法，未能充分利用现代信息技术手段来增强教学的吸引力和互动性。这种单一、封闭的教学方式难以满足学生的多样化需求，导致学生在课堂上缺乏主动性和参与感。二是技术应用不足。随着信息技术的发展，数字化、智能化教学手段在教育领域得到广泛应用。然而，在大中小学课程思政一体化建设中，由于部分学校缺乏必要的技术支持和设备投入，导致大中小学课程思政的资源难打通，缺少有效的数智化平台整合各阶段教育的资源。此外，部分教师在技术应用方面也存在能力不足的问题，难以充分发挥技术在教学中的优势。三是教学实践环节薄弱。思政教育不仅是知识的传授，更重要的是通过实践活动来培养学生的道德品质和社会责任感。然而，当前大中小学课程思政在教学实践环节上普遍较为薄弱，缺乏与现实生活和社会实践紧密结合的教学活动，对于课外思政不够重视，容易致使学生在接受思政教育时往往停留在理论层面，难以将所学知识转化为实际行动。

（三）课程思政教师团队凝聚力不足

教师是课程思政一体化建设的重要力量。当前，各学段在思政课教师队伍建设上普遍注重加强教师培训、引进优秀人才等方面的工作。然而，在教师团队力量凝聚方面仍存在思政素养参差不齐、团队协同不足、专业化程度不高、团队协作不够的问题。

一是教师思政素养参差不齐。课程思政的有效实施离不开高素质的教师队伍。然而，当前教师队伍在思政素养和教学能力上存在一定差异。部分教师对课程思政的理念理解不够深入，难以胜任课程思政的教学任务，缺乏主动性和创造性。二是教师团队协同不足。由于各学段、各学科教师之间缺乏有效的沟通与合作，课程思政的实施往往仅限于个别教师的个人努力，未能形成整体合力。这种"各自为战"的局面，不仅影响了课程思政的整体效果，也使得教育资源无法得到充分利用。三是教师培训和专业发展支持不足。尽管众多学校已经认识到课程思政的重要性，但在教师的专业发展和培训支持上仍存在不足，一些学校也缺乏对教师进行思政教育专项培训和继续教育的平台。许多教师在实际教学中感到力不从心，缺乏系统的课程思政教学培训和指导，使得教师在课程思政的设计和实施上面临较大困难，无法有效应对教学中的各种挑战，对创新技术的应用有畏难情绪。

（四）课程思政教学资源整合力不够

课程思政教学资源整合力不够已成为制约大中小学课程思政一体化建设的重要因素之一。主要体现在教育资源未实现均衡分配，信息化资源的整合与利用不足，以及校内外资源未能有效整合，导致资源分散、利用效率低。

一是教育资源的不均衡分配。在大中小学课程思政一体化建设过程中，教育资源的不均衡分配问题依然突出。特别是在城乡之间、不同地区之间的教育资源配置上存在显著差异，导致课程思政的实施效果在不同学校和地区间存在较大差距，从而限制了课程思政在全国范围内的全面推广和普及。二是信息化资源的整合与利用不足。课程思政强调信息技术的应用，但在实践中，许多学校未能充分整合和利用现有的信息化资源。部分学校缺乏统一的资源平台和数据库，教师在教学中难以获取高质量的课程思政资源，影响了课程思政的教学效果和质量。三是校内外资源的衔接与协同不力。课程思政建设不仅依赖于校内资源，还需要与社会、家庭等校外资源形成有效联动。然而，当前在校内外资源的衔接与协同方面仍存在较大不足。学校与社会、家庭之间的互动和沟通不够紧密，难以形成教育合力。这使课程思政的实施过程往往流于形式，未能发挥应有的作用。

二、数智化赋能下大中小学一体化课程思政推进策略

在"大思政课"视域下推进大中小一体化思政教育，数智技术能够发挥重要的作用，它不仅能够弥合不同学段之间的教育差距，还能够提供更为丰富和个性化的学习体验。数智技术的运用为我们提供了一个前所未有的机会，通过创新的方法和工具，将大中小各个学段的思政教育串联起来，从而形成一个连贯的、无缝衔接的教育体系。当前社会环境下，青少年的价值观和世界观的形成受到了多方面的影响。

互联网的普及、信息的多样性和复杂性，使传统的思政教育模式面临挑战。不同年龄阶段的学生有着不同的认知水平和接受能力，如果思政教育无法系统、连续地进行，学生在成长过程中容易产生认知断层，甚至形成错误的价值观。因此，从小学、中学到大学，构建一体化的思政教育体系，确保学生在各个阶段都能接受符合其认知特点和发展需求的教育，是非常必要的。

一方面，国家和社会对人才的综合素质提出了更高的要求。新时代的建设需要既具备专业知识和技能，又有坚定信仰和正确价值观的全面发展的人才。通过大中小一体化的思政教育，能更好地培养学生的综合素质，使思政内容保持连贯性，并促进学生全面发展。另一方面，社会的多元化和复杂化，使青少年面临更多的诱惑和挑战。系统的思政教育可以帮助学生树立正确的价值观和道德观，增强其辨别是非的能力。加之，信息技术的发展，使教育形式和手段发生了深刻变化。传统的思政教育模式已经不能满足当前学生的需求，迫切需要通过数智技术来创新教育方法和手段。那么，在这一背景下，数智技术该如何发挥作用呢？

（一）优化教育内容，构建数字思政"课程群"

数智技术通过其强大的数据处理和呈现能力，能极大地丰富和优化思政课程内容，形成覆盖大中小学各学段的数字思政"课程群"。在小学阶段，利用 AI 技术重现"英雄模范形象"，通过生动的视觉和听觉体验，激发学生的爱国情感和道德情操。中学阶段，则利用算法技术将党的创新理论、道德规范、法律基础知识等有机融合到学生的认知体系中，通过精准推送和个性化学习路径设计，消除知识盲区，巩固思想基础。大学阶段，则借助大数据技术，深入剖析知识点，如新时代党的创新理论的历史脉络与实践脉络，强化学生的理论学习与探究性学习，培养新时代青年的使命担当。数智技术还能促进跨区域、跨学校的资源共享，形成具有地方特色的数字思政课区域"应用带"。如重庆依托红岩联线，打造红岩精神数字传播空间，通过线上线下相结合的方式，引导各学段学生增强"四个自信"。助力打造区域化的"红色"品牌，丰富思政课程内容，增强课程的吸引力和感染力。

（二）创新教学方式，实现精准滴灌育人

通过数据共享、数据画像、数据建模等方式，可以实现对思政教育数据资源的"大循环"，为政策调适、教学调整、学习方法优化提供有力支撑。教师可以根据学生的学习数据和行为特征，制订个性化的教学计划和学习路径，实现精准施教。通过人工智能技术，可以根据每个学生的学习情况和兴趣爱好，提供个性化的学习方案和反馈。这样一来，思想政治教育不再是"一刀切"，而是可以根据每个学生的具体情况进行调整和优化。在小学阶段，学生可以通过互动游戏和多媒体内容，培养对国家和社会的基本认知和情感；到了中学阶段，学生则可以通过更为深入的案例分析和讨论，提升思辨能力和社会责任感；大学阶段，学生则可以通过参与实际项目和社会实践，将理论与实践相结合，提高综合素养和实践能力。此外，通过区块链技术可以实现教育过程和成果的可信记录。思想政治教育的效果往往难以量化和追踪，而区块链的不可篡改性可以确保每一个学习过程和成果的真实记录。例如，学生在小学阶段的学习心得、中学阶段的实践活动以及大学阶段的论文和项目，都可以通过区块链进行记录和认证。这些记录不仅可以作为学生个人成长的真实见证，还可以作为各学段之间教育衔接的重要参考数据。此外，还可优化网络思政教育的表达方式和呈现形式，把握"00后""10后"学生的心理特点和思维特征，创新内容呈现方式，不断吸引和感染学生，把网络空间建设成为汇聚青少年力量的"强磁场"。

（三）凝聚教师团队力量，优化集体备课过程

大中小一体化课程思政育人需要凝聚各学段教师合力，跨学段集体备课，确保思政教育内容在不同学段之间的有效衔接与深化。集体备课平台建设有助于打破学段和学科的壁垒、促进大中小阶段教师交流、强化衔接、创新方法，推动思政教育的连贯性、系统性和实效性提升。从备课主体来看，数智技术为构建跨学段的集体备课平台提供了强有力的支持。能够打破传统教学中大学、中学、小学之间的物理与心理壁垒，使来自不同学段的思政教师能够便捷地聚集在一起，共同探讨教学问题，分享教学经验。平台应具备多种功能，如在线会议、文件共享、讨论区等，以满足教师间实时交流、资料传输和意见反馈的需求。跨学段集体备课不仅是教学内容的交流，更是教学方法的碰撞与融合。数智技术为教师提供了展示各自教学方法的平台，使得大学、中学、小学的思政教师能够相互借鉴、取长补短。通过观摩其他学段教师的课堂实录、参与教学案例讨论等方式，教师可以了解到不同学段学生的学习特点和需求，进而调整和优化自己的教学方法。同时，数智技术还鼓励教师进行教学创新，尝试将新技术、新工具引入课堂，提高学生的学习兴趣和参与度。从备课场域来看，数智技术通过构建统一的在线备课平台，打破了传统集体备课中信息孤岛的现象。不同学校、不同学段的教师可以轻松上传和下载备课资料，包括教案、课件、教学视频、案例分析等，实现教学资源的无缝对接和共享。这种跨校、跨学段的资源整合，有助于形成一体化的思政课程体系，确保各学段之间的教学内容相互衔接、逐步深入。利用大数据和人工智能技术，备课平台可以对海量教学资源进行智能筛选和推荐。根据教师的备课需求、学生的学情分析以及教学大纲的要求，平台能自动匹配并推荐最适合的教学资源，帮助教师快速定位到所需内容，大大提升备课效率，快速凝聚备课合力。

（四）促进资源整合，构建"大思政课"体系

在数字化时代，大中小学思想政治教育涉及多学段、多主体，需要构建主体联

动机制以形成发展共同体。在纵向上，应以教育主管部门牵头，形成统筹协调各学段教育主体的纵向联动机制。通过建立数字化专职管理部门和技术实施部门，运用数字技术赋能大中小学思政课内容的纵向衔接，加深各学段思想政治教育经验、方法与技术的互联互通。在横向上，应以地方政府牵头，以学校为牵引，深入推进校园与社会育人联动。通过数智技术打破校园教育空间与学生生活空间的壁垒，推动学校与企事业单位、社会团体以及爱国主义教育基地、劳动教育基地等实践育人平台携手合作。将真实情境与虚拟场景进行虚实结合，创设线下专职教师课堂与线上社会专家参与的联动教学模式，实现课堂、实践与网络的全方位结合。同时，运用先进数智技术打破信息壁垒，建立高质量一体化的思政课教学资源库，包含课件、教案、案例、试题等教学资源，涵盖社会实践、需求导向等多元素材，实现跨学校（部门）协作、教学资源共享。通过这些资源的整合与共享，有助于推动大中小学思政课在内容衔接、信息反馈、教学协同方面的高效化、便捷化、精准化。此外，通过加强不同区域间大中小学线上线下思政实践课程的联合建设，建立跨学科、跨学段以及跨校区、跨学区的数字联动机制，可实现对教学系统的持续优化和进化，提升思政课程的针对性和实效性，促进教育资源的最大化利用和教育教学质量的全面提升。

在"大思政课"视域下的大中小一体化思政教育，是应对当今时代变革和培养全面发展人才的必然选择。而数智技术的快速发展，为大中小一体化教育的实现提供了强有力的技术支持。数智技术的运用有助于推进大中小一体化的思想政治教育的进程，培养具有综合素养和社会责任感的新时代高素质人才。

第二节　前瞻性问题探讨

一、实施之问

（一）如何确保技术工具与思政教育内容的深度融合

随着技术的进步和普及，我们不得不面对一个关键问题，即如何确保技术工具与思政教育内容的深度融合，避免让形式主导、内容被边缘化的局面发生？

首先，让我们思考技术工具在教育中的角色。技术的引入通常被视为提升教学效率和吸引学生注意力的手段。例如，虚拟实验室或在线模拟课程对于那些没有物理实验室条件的学生而言，这无疑丰富了他们的学习体验。然而，对于具备丰富数智化设备、环境的学生而言，技术工具的使用不应仅停留在表面的新鲜感和视觉吸引力，而是应当深入到教育内容的核心，服务于思政教育的使命和目标。

其次，教育者在设计课程和选择技术工具时需要有明确的教育理念和目标并选取匹配的数智技术。技术工具应当被精心选取和运用，以支持这些教育目标的实现。例如，利用大数据分析学生的思想动态和学习行为，不仅可以帮助教育者更好地了解学生的成长过程，还可以及时发现并解决可能存在的问题，从而更有效地引导学生。

再次，教育的人文关怀和情感共鸣是确保深度融合的重要因素。技术工具虽然能够提供高效的教学手段，但教育的核心在于人与人之间的情感交流和思想碰撞。举例来说，通过虚拟现实技术，学生可以仿佛置身于历史事件中，亲身感受历史的厚重和人文情感，这种体验不仅是知识的传递，更是对学生情感世界的深刻触动和启发。

最后，技术工具与思政教育内容的深度融合需要教育者的跨学科视野和创新思维。只有同时理解和掌握技术，才能真正将其应用于思政教育的深度与广度之中。教育者需要不断学习和探索，不断优化技术与教育内容的结合方式，以创造出更具教育价值和深度的学习体验。

（二）如何合理分配数智化资源并降低技术应用成本

数智化技术的应用需要一定的资金和资源投入。对于一些资源有限的高校，如何合理分配资源是一个重要问题。数智化转型是一个长期且复杂的过程，高校应该首先明确自身数智化转型的具体需求和长远目标。通过深入调研和需求分析，确定数智化技术应用的优先级，确保资源投入能直接服务于学校的核心发展目标。高校应根据自身实际情况，制订分阶段实施计划。初期可聚焦于基础设施建设和关键应用系统的部署，如校园网络升级、智能教室建设、教务管理系统优化等；随着经验的积累和资金的逐步到位，再逐步扩展到科研支持、学生服务、数据分析等更深层次的应用。对于部分资源有限的高校而言，需全面盘点学校现有的人力、物力、财力及信息技术基础设施等资源，了解资源现状，识别资源缺口。这有助于制订更加精准的资源分配计划，避免资源浪费。选取一两个具有代表性或示范意义的数智化技术应用作为示范建设项目，集中资源进行深入探索和实践，形成可复制、可推广的经验模式。通过成功案例的展示，激发全校师生的积极性和参与度，推动数智化转型的全面铺开。同时，要注重资源的整合与共享。在数智化建设过程中，应避免各院系、部门之间的"信息孤岛"现象，通过统一的规划和管理，实现软硬件资源的优化配置和高效利用。此外，高校还应积极探索与校外机构、企业的合作机会，通过共建共享、服务外包等方式，降低建设和运营成本。

开源软件和免费资源是降低数智化建设成本的有效途径。高校可以充分利用开源软件和平台，如 Linux 操作系统、Apache 服务器、MySQL 数据库以及各类开源教育软件（如 Moodle、Canvas 等），这些软件成本低廉甚至免费，且功能强大，能满足高校的基本需求。通过技术培训和社区支持，可以有效降低使用门槛和维护成本。

云服务具有弹性扩展、按需付费的特点，为高校数智化建设提供了灵活且经济的解决方案。高校可以通过采购公有云或混合云服务，构建统一的智慧校园平台。该平台可以集成教务管理、学生服务、图书资源、科研支持等多个功能模块，实现数据的集中管理和共享。同时，云服务提供商的专业运维团队可以确保平台的安全稳定运行，降低高校的运维成本。此外，产学研合作是提升高校数智化水平的重要途径。高校可以积极与地方政府、企业、科研机构等建立合作关系，共同开展数智化技术研发和应用推广。通过合作项目的实施，高校可以获得资金、技术、人才等多方面的支持；也可以将自身的科研成果转化为实际应用，服务于社会经济发展，有助于促进知识的交流和传播，提升高校的社会影响力和竞争力。

（三）生成式人工智能（AI）对课程思政带来何种影响

对于课程思政来说，生成式人工智能既带来了新的机遇，也提出了新的挑战。生成式 AI 可以为课程思政提供丰富多样的教学资源。通过生成式 AI，教师可以快速生成符合教学需求的内容，如文章、演示文稿、视频和互动模拟等，这有助于提高教学效率和质量。例如，教师可以利用生成式 AI 创建虚拟历史场景，让学生更直观地了解历史事件，从而增强课程的趣味性和吸引力。此外，生成式 AI 还可以帮助教师设计定制化的教学路径，根据学生的兴趣和学习进度提供相对应的学习资源，促进学生更好地理解和掌握思想政治教育内容。然而，生成式人工智能也带来了若干挑战。最为显著的一个问题是内容真实性和可靠性。生成式 AI 生成的内容可能存在偏差、不准确甚至虚假的信息，如果学生不具备辨别能力，容易被误导。此外，依赖 AI 生成内容也可能导致学生自主思考能力的下降，形成对技术的过度依赖，不利于独立思考和批判性思维的培养。

但是，通过提升学生的信息素养和批判性思维能力，正确引导生成式 AI 的使用，培养学生的伦理意识和社会责任感，以及加强教师培训和建立监管体系，可以有效应对这些挑战，充分发挥生成式 AI 的作用，这也正是思想政治教育的作用之一。

第一，需要提升学生的信息素养和批判性思维能力。在课程中融入信息素养教育，教会学生如何评估和辨别生成内容的真实性和可靠性。通过案例分析和实地练习，让学生了解生成式 AI 的工作原理及其局限性，培养其批判性思维能力。

第二，在思想政治教育中，要指导学生如何合理利用生成式 AI 进行辅助学习。例如，使用 AI 生成的内容作为参考材料，而非唯一的信息来源，鼓励学生多角度、多渠道地获取信息，形成全面和多元的认知。引导学生理解和遵守人工智能技术的伦理规范，避免滥用生成式 AI 进行不当行为，如传播虚假信息、侵犯他人隐私等。在思想政治教育中，强调技术应用的社会责任，培养学生的道德感和责任心。

第三，教师作为课程思政的引导者，需要不断提升自己的专业素养和技术应用能力。通过专业培训和持续学习，教师可以更好地理解和应用生成式 AI，科学设计教学活动，引导学生正确使用技术。作为教师自身，应根据教学目标和学生需求，合理选择和使用生成式 AI 技术，避免过度依赖技术。同时，通过多样化的教学方法和实践活动，培养学生的自主学习能力和批判性思维能力。

二、应变之问

（一）在课程思政各项资源建设中，如何预见并应对技术风险

数据安全问题在课程思政资源建设中尤为重要。课程思政涉及教育内容的多样性和敏感性，如何有效管理和保护相关数据，避免未经授权的获取和不当使用，是当前亟待解决的问题之一。数据安全方面的挑战包括教育信息系统中数据泄露、黑客攻击及系统漏洞等问题。例如，学生的学习记录、个人意见反馈以及教育统计数据，都需要被妥善管理和保护，以防止数据泄露、篡改或滥用。这些安全威胁可能导致敏感信息被窃取，不仅损害个人隐私，还可能影响教育机构的运行和声誉。特别是在课程思政资源建设中，涉及学生和教师的思想政治教育数据。此外，课程思政涉及学生的思想教育和个人成长，学生的隐私权应得到充分尊重和保护。例如，在在线学习平台上，学生个人信息的收集和使用必须符合相关法律法规，并且需要明确告知学生数据的使用目的和范围。同时，学校应建立健全的隐私保护政策和措施，确保学生在参与课程思政活动时的信息安全和个人隐私不受侵犯，避免信息被滥用或非法获取。为了预见并应对这些挑战，提出以下建议：

首先，建立健全的信息安全管理体系。包括制定和执行严格的数据安全政策和操作规程，确保数据在采集、存储、传输和处理的每一个环节都能得到有效的保护。采用安全加密技术、访问控制和身份验证系统，保障课程思政平台和数据库的安全性。同时，定期进行安全审计和漏洞扫描，及时修复和更新系统，防范潜在的安全威胁。

其次，加强教职员工的安全意识和技能培训。教育工作者需要了解数据安全和隐私保护的基本原则和最佳实践，学会处理和保护学生个人信息的方法。通过定期的培训和教育活动，提升教职员工在面对安全挑战时的应对能力和紧急处理能力。通过案例分析和实际操作，引导他们正确处理和使用教育信息，避免信息泄露和滥用。

再次，建立有效的法律合规机制和监管措施。教育机构应当严格遵守国家和地方的相关法律法规，特别是《个人信息保护法》等相关法律的规定，确保在教育数据处理过程中不违反法律法规，保障学生和教师的合法权益。明确教育机构和个人在数据处理和使用过程中的权利和义务。加强对违法行为的监督和惩处，维护教育信息的合法性和安全性。

最后，推动技术创新和合作发展。利用先进的数据安全技术和系统，如区块链技术等，加强对教育数据安全和隐私保护的保障。同时，促进教育机构、技术公司和政府部门之间的合作，共同研发和推广安全可靠的教育信息系统和平台，为课程思政资源建设提供更为安全和可靠的基础设施。校方通过借鉴和学习国际先进的数据安全和隐私保护经验，加强学校间的国际合作和交流，共同应对全球化背景下的数据安全挑战。通过跨境合作和标准化进程，提升课程思政资源建设的国际竞争力和可持续发展能力。

（二）教育元宇宙的出现将对课程思政带来何种影响

《2023教育元宇宙发展研究报告》提出，教育元宇宙是元宇宙在教育领域的应用，是以教育为目的而建设的新型数字化教育环境，教育元宇宙是未来教育环境的发展方向。在元宇宙中，教育理念正经历从"灌输"到"共创"的重构，学生可以以更加平等的身份参与课程思政的讨论与实践，通过模拟历史事件、角色扮演、虚拟辩论等多种形式，亲身体验并思考社会主义核心价值观、国家历史文化、法治精神等思政内容，实现从"要我学"到"我要学"的转变。教育元宇宙以其高度沉浸式的特性，为课程思政提供了前所未有的教学场景。教师可以根据课程内容设计虚拟的历史战场、红色教育基地、法治法庭等，让学生身临其境地感受历史事件的波澜壮阔、革命先烈的英勇无畏、法治社会的公平正义。在情景模拟下，能够极大地激发学生的学习兴趣和情感共鸣，使抽象的思政理论具象化、生动化，从而加深学生的理解和记忆。同时，元宇宙中的互动性和即时反馈机制，也使教师能根据学生的反应及时调整教学策略，实现个性化教学。学生可以在元宇宙中自由探索、交流、合作，参与线上讲座、研讨会、文化节等活动，与来自不同背景的同学和专家进行思想碰撞。元宇宙环境是支持多语言、多文化的学习，能够让学生在全球化的视野下深化对思政内容的理解和认识，从而拓宽学生的知识面和视野，促进跨文化交流和理解，为培养具有国际视野和跨文化交际能力的新时代人才奠定了基础。教育元宇宙打破了传统教育时空限制，使得师生之间的互动更加便捷和深入。在元宇宙中，教师可以随时随地与学生进行一对一或一对多的交流，解答疑惑、指导学习。元宇宙支持多种形式的协作工具，如虚拟会议室、共享文档等，便于师生共同完成课题研究、项目策划等任务。这种超越时空的师生互动模式，既提高了教学效率和质量，也增强了师生之间的情感联系和信任感。更重要的是，它为学生提供了更多展示自我、表达观点的机会，有助于培养学生的自信心和批判性思维能力。基于终身学习的属性，教育元宇宙支持学生和教师进行持续学习和自我提升。对于课程思政开展来说，这意味着学生不仅能在学校阶段接受思政教育，还能在职业生涯中持续深化对思政理论的理解和应用，实现思政教育的全程覆盖和持续推进。

诚然，在数智化时代下，教育元宇宙给课程思政带来诸多机遇，带给课程思政相关主体创新的教育模式和体验感。但是，从教育元宇宙的应用端来看，也存在一些不得不提前注意和防范的风险，我们在拥抱"数智"的同时也需要有所警惕。

一是要警惕意识形态风险。元宇宙作为集合了多种创新技术的高阶互联网应用，其开发者和运营者可能带有特定的意识形态背景。特别是当元宇宙技术主要由西方国家或企业主导时，其中可能蕴含着自由主义、个人主义等西方"普世价值"，这些价值观与我国的社会主义意识形态存在差异，有可能对课程思政中的价值观引导造成冲击。元宇宙的开放性和无界性可能导致信息来源的多元化，学生可能接触到各种价值观和思想观点，会导致价值观选择和认同的复杂化，削弱课程思政中主流价值观的引导力，增加学生价值观偏离的风险。

二是要警惕教育生态环境风险，避免教学关系弱化以及学科育人价值淡化。在元宇宙环境中，教师和学生可能更多地以虚拟身份进行互动，这种非面对面的交流方式可能削弱师生之间的情感联系和信任基础，进而影响课程思政的教学效果。同时，元宇宙的丰富性和趣味性可能使学生更关注于虚拟世界的探索和体验，而忽视了课程本身所承载的育人价值。特别是在思政课程中，如果缺乏有效的引导和约束，学生可能仅仅将其视为一种娱乐活动，而未能深入理解和内化其中的思政元素。

三是警惕技术成瘾风险。教育元宇宙因具身交互、沉浸体验以及对现实的"补偿效应"使得学习和互动更具吸引力和沉浸感，具有成瘾性风险。虚拟现实技术、多媒体交互和游戏化学习等功能，能让学生在虚拟环境中享受到与现实世界不同的体验和刺激，这可能会导致学生沉迷于虚拟世界的乐趣和刺激，而忽视现实世界的学习和社会交往。尤其是在学生群体中，如果教育元宇宙成为主要的社交平台，容易使学生在虚拟世界中形成孤立或过度依赖的社交模式，影响其身心健康和社会适应能力。另一方面，教育元宇宙的创新性和吸引力可能会使学生形成对虚拟学习环境的情感依赖和认同感，从而加剧成瘾风险。学生会将虚拟学习环境视为逃避现实和压力的避风港，长时间沉浸其中，以获得短暂的情感满足和安全感，从而形成对虚拟学习的情感依赖，而非基于学习和发展的真实需求。因此，学校应持续投入关注教育元宇宙的使用效果和影响，及时调整和优化教育实践，确保其对课程思政的正面促进作用，而非成瘾风险的滋生地。

应对教育元宇宙的应用与成熟对课程思政带来的风险，是一个多维度、系统性的任务，需要政府、学校、教师及学生等各方共同努力，从制度建设、技术应用、教育内容、教学方法以及伦理道德等多个层面入手。

一是要强化意识形态安全机制。在教育元宇宙的建设与应用中，必须始终坚持以习近平新时代中国特色社会主义思想的指导，把"立德树人"作为根本任务。通过制定相关政策文件，明确教育元宇宙的意识形态要求，为元宇宙环境下的课程思政提供坚实的思想保障。建立严格的内容审查机制，对进入教育元宇宙的思政教育资源进行严格筛选和把关，防止不良的信息和意识形态的渗透。同时，学校要积极开发符合社会主义核心价值观的原创思政内容，丰富教育元宇宙的思政资源库。加强对教师的思想政治教育和技术培训，提高他们在元宇宙环境下进行课程思政的能力和水平。引导教师树立正确的教育观和价值观，确保他们在元宇宙教学中能坚守意识形态阵地。

二是要优化教育生态环境。在元宇宙环境中，教师应努力与学生建立更加紧密、真实的情感联系，通过线上线下的互动活动，增进师生之间的了解和信任。这有助于提升学生的归属感和参与感，增强课程思政的吸引力和感染力。将思政元素融入各学科教学中，实现课程思政与专业知识的有机结合。通过跨学科的教学设计，让学生在掌握专业知识的同时，也能深刻理解其中的思政内涵，实现知识传授与价值引领的双重目标。在教育元宇宙中，通过设置角色荣誉榜、举办在线竞赛等方式，激发学生的学习兴趣和积极性。同时，加强对学生心理健康的关注，提供必要的心理支持和辅导，确保学生在元宇宙学习中保持健康的心态。

三是关注技术伦理与安全。学校需要投入专项资金用于技术研发和升级，确保教育元宇宙的技术稳定性和安全性。采用先进的加密技术和安全防护措施，保护学生的个人信息和隐私安全。多主体共同制定元宇宙环境下的教育伦理规范和行为准则，明确师生在元宇宙中的行为边界和责任义务。引导学生树立正确的网络道德观念，遵守网络秩序和法律法规。定期对学生开展网络安全和隐私保护教育，以提高他们的安全意识和自我保护能力。教育学生识别网络诈骗和不良信息的手段，避免在元宇宙中受到侵害。

三、发展之问

（一）如何培养具备数智素养的学生以适应未来社会需求

当前，人工智能的核心聚焦于数据驱动的智能，在数字化浪潮席卷全球的当下，正以前所未有的速度重塑我们的世界。掌握并灵活运用数据智能，不仅是通往未来世界的钥匙，更是塑造与引领未来的基石。而提升数智素养，不仅是掌握技术技能，更重要的是培养人们应对高速演进的技术与社会变革的能力。"青少年是数字时代的参与者、受益者，也是贡献者"。然而，我们面临的关键问题是如何有效地培养具备数智素养的社会主义建设者和接班人，为未来社会的发展和进步作出积极贡献。

数智素养在社会主义建设者和接班人培养中具有重要意义。数智素养不仅是掌握和运用数字技术的能力，更重要的是具备科学思维、创新能力和解决复杂问题的能力。在未来社会主义建设中，尤其需要能够利用先进技术手段的人才，推动经济结构转型、提升生产效率，同时保障社会公平和环境可持续发展。因此，应当全面优化课程设置和教学方法，注重学生科技创新的实际能力培养，使其具备扎实的数理基础和创新精神，能在面对各种挑战时，灵活运用科技手段解决问题。数智素养的培养不仅是高校育人的关键能力，更需要从基础教育开始。在基础教育阶段，应将信息技术教育纳入必修课程，通过趣味性的编程教学、数据可视化项目、智能机器人体验等活动，激发学生对数字技术的兴趣，培养其基本的计算思维与问题解决能力。同时，学校要加强网络安全与隐私保护教育，让学生从小树立信息安全意识。在高等教育阶段，围绕专业需求，在保持传统学科体系稳定性的基础上，将数据分析、编程基础、人工智能基础等课程作为必修或选修课程，使学生掌握基本的数字技能和工具使用方法。建立产学研用紧密结合的教育模式，通过校企合作、项目驱动等方式，让学生参与真实世界的数智项目，提升实践能力和创新能力。可以根据行业发展趋势和社会需求，开发一系列具有前瞻性和实用性的数智特色课程，如大数据分析与挖掘、人工智能伦理与法规、云计算与物联网技术、区块链基础与应用等，为学生提供更广阔的学习机会和实践平台。学校应注重加强数智伦理与法律的教育，培养学生的社会责任感与职业道德。积极组织各类数智技能竞赛、创新创业大赛和科研项目，激发学生的参与热情和创新潜能。通过竞赛和项目，锻炼学生的团队协作能力、项目管理能力和创新能力，同时也有助于发现和培养优秀的数智人才。

（二）如何将新质生产力理论融入高校课程思政中

习近平总书记强调，"要按照发展新质生产力要求，畅通教育、科技、人才的良性循环，完善人才培养、引进、使用、合理流动的工作机制。"教育、科技、人才"三位一体"对发展新质生产力具有重要支撑作用。高校课程思政作为落实立德树人根本任务的重要举措，应紧密围绕并始终服务于教育、科技、人才"三位一体"协同推进目标，将课程思政建设融入新质生产力发展，融入科教兴国战略、人才强国战略、创新驱动发展战略当中，推动课程思政建设与时俱进。

在数智化背景下，高校课程思政应树立创新教育观念，将培养学生的创新能力作为核心任务。这要求教育者不仅要传授知识，更要注重培养学生的创新思维、批判性思维和实践能力。通过引导学生关注科技前沿、参与科研项目、参加创新竞赛等方式，激发学生的创新潜能，为新质生产力的发展提供源源不断的智力支持。对于高校来说，应构建以课程思政为核心、以专业教育为支撑、以实践教育为平台的创新教育体系。在课程思政中融入新质生产力的相关内容，如数字经济、人工智能、大数据等，使学生了解新质生产力的发展趋势和前沿动态。同时，加强专业教育与实践教育的结合，通过校企合作、产学研融合等方式，为学生提供更多的实践机会和创新平台。及时更新课程内容，将新质生产力的相关理论、技术和应用成果纳入教学之中，包括数字经济、人工智能、区块链、量子计算等前沿科技领域的介绍和分析，以及这些技术如何改变生产方式、优化产业结构、推动经济社会发展的实例讲解。对于教师来说，要善于挖掘案例，帮助学生更好地理解理论知识并将其应用于实际情境中。在课程思政授课内容中引入与新质生产力相关的典型案例，如华为自主研发芯片等，通过透彻地讲解案例，引导学生深入理解新质生产力的内涵和特征，以及其在推动经济社会发展中的重要作用。加强与企业、科研机构等单位的合作，为学生提供更多的实践机会。通过参与科研项目、实习实训、创新创业等活动，学生可以将所学理论知识应用于实际情境中，加深对新质生产力的理解和认识。教师自身应积极参与科研项目和实践活动，发挥"教育家精神"，提升"言为士则、行为世范"能力，运用数字化技术进行教学创新和实践探索，以更好地涵养启智润心、因材施教的育人智慧。同时，在课程思政内容上，应紧密关注社会热点和时代变迁，及时将新质生产力发展的最新成果和趋势融入课程之中。这有助于增强课程思政的时代感和针对性，使学生更好地适应社会发展的需求。同时，通过关注社会热点和时代变迁，让学生掌握事物发展规律，认识世情国情，做到"家事国事天下事事事关心"，引导学生铭记肩上的担当与使命，牢固树立家国情怀，志存高远，培养其社会责任感和公民意识，构建能够有效发挥课堂育人主渠道作用的育人体系。

第三节　未来展望

一、数智化视域下的课程思政未来研究方向

数智技术如大数据分析、人工智能、虚拟现实等，为思政教育提供了前所未有的教学手段和资源。课程思政作为高等教育中加强思想政治教育、实现立德树人根本任务的关键环节，其未来发展必然需要紧跟时代步伐，深度融合技术与人文，探索个性化学习路径，强化跨学科综合应用，以应对新时代对人才培养的新要求。

一是技术与人文的深度融合亟待研究。在数智化背景下，课程思政的研究需跨越传统的学科界限，融合计算机科学、心理学、教育学等多学科的理论和方法。研究者可以探索如何将大数据分析、情感智能技术等前沿技术与人文关怀结合，形成新的课程思政研究框架。例如，通过计算机科学的技术手段对学生情感数据进行深度挖掘，结合心理学的情感理论，研究如何设计具有高度人文关怀的课程内容和教育活动。技术的应用应服务于人文关怀的目标，尤其是在情感教育方面。探索如何通过技术手段提升课程思政的情感教育效果具有重要意义。例如，通过大数据分析学生的学习行为和情感反应，运用情感智能技术精准识别学生的情感状态，从而在课程设计中融入个性化的情感支持。研究者需关注技术如何真正服务于学生的情感需求，而不仅是作为工具进行操作。

二是个性化学习路径和智能化辅导系统有待进一步发展和完善。随着科技的飞速发展和社会的不断进步，未来社会将对人才提出更高的要求，需要培养具备创新思维、自主学习能力、批判性思维和解决复杂问题能力的学生。个性化学习路径和

智能化辅导系统通过激发学生的学习兴趣、培养其自主学习能力、提升其思维品质等方式，为培养未来社会所需人才提供了有力支持。课程思政的个性化学习路径构建需要更加先进的算法支持，聚焦于如何优化算法，使其能够更精准地识别学生的个体差异，包括学习习惯、兴趣偏好、情感状态以及价值观倾向等。通过引入深度学习、强化学习等先进技术，算法可以更加深入地分析学生的学习数据，从而为学生量身定制符合其个人成长需求的思政学习路径。此外，研究还应关注如何使算法具备自适应能力，能够根据学生的学习进展和反馈动态调整学习路径，确保学习过程的持续性和有效性。然而，尽管人工智能、大数据等技术在近年来取得了显著进步，但在教育领域的应用仍处于初级阶段。个性化学习路径的构建依赖于对学生数据的全面收集与精准分析，而当前的技术手段在数据处理的精度、速度以及隐私保护方面仍存在不足。智能化辅导系统也面临着类似的问题，如自然语言处理技术的局限性导致在复杂情境下的理解与反馈不够准确，难以完全满足学生的个性化需求。要应对未来社会的挑战，还需要这些系统不断升级迭代，引入更先进的技术和理念，以适应不断变化的教育需求和社会环境。因此，如何构建一个内容丰富、形式多样、质量上乘的教育资源库，是个性化学习路径和智能化辅导系统发展需要解决的重要问题。

三是探索研究跨学科综合应用推动思政教育内容的创新和多样化。思政教育不应局限于单一学科范畴，而应广泛吸纳哲学、历史、文学、经济学、心理学、社会学以及信息技术等多领域的知识。未来学术研究应致力于构建跨学科的综合思政课程体系，打破学科壁垒，整合多领域资源，构建综合思政课程体系，通过整合不同学科的理论与方法，丰富思政教育的内容与形式。例如，结合经济学原理分析社会热点问题，运用心理学知识引导学生树立正确的价值观，或利用信息技术手段创新思政教学模式，使思政教育更加贴近学生生活，增强其吸引力和感染力。同时，在全球化背景下，课程思政教育教学也需要具备国际视野。跨学科的综合应用为拓展课程思政的国际视野提供了有力支撑。未来学术研究需要关注如何借鉴国际先进教育理念和方法，以结合我国国情和学生特点，创新思政教育模式；还需要加强与国际教育机构的交流与合作，共同推动思政教育内容的创新与多样化发展。

总体而言，数智化课程思政的演变不仅意味着技术在教育中的应用，更重要的是它将教育的内容、形式和方法全面提升到一个新的层次。未来，可以期待通过技术的支持，建立更为科学、个性化和实践化的教育体系，为学生的综合发展和社会责任感的培养提供更加坚实的支持和保障。

二、国际化视域下的课程思政创新

经济全球化加速了知识、技术、文化的跨国界流动，促进了全球教育资源的优化配置与共享。对于高等教育而言，这既提供了学习国际先进教育理念、教学方法的宝贵机会，也带来了文化冲突、价值观碰撞等挑战。课程思政作为立德树人的重要抓手，需要更加积极地应对经济全球化带来的复杂局面，引导学生正确认识和处理多元文化的关系，引导学生关注国际形势、了解多元文化，又要培养他们的爱国情感和民族自豪感，使他们在经济全球化浪潮中保持清醒的头脑和坚定的立场。随着"一带一路"倡议、人类命运共同体等理念的提出，我国高等教育国际化步伐加快，对人才培养提出了更高要求。课程思政不仅要关注国内政治、经济、文化等方面的教育，还需融入全球视野，引导学生关注世界发展动态，理解不同国家和地区的政治、经济、文化体系，培养具有国际竞争力和跨文化交流能力的人才。在此背景下，数智化技术为高校开展国际交流与合作提供了便利条件。高校可以利用网络平台与国际知名高校、研究机构等建立合作关系，共同开发具有国际视野的思政教育资源；也可以组织学生参与国际交流项目、国际会议等，拓宽学生的国际视野和跨文化交际能力。高校课程思政还应注重传播人类命运共同体理念。通过讲述中国故事、传播中国声音，让学生深刻理解中国在全球治理中的角色和责任。同时，引导学生尊重各国文化差异和多样性，培养具有国际情怀和全球视野的新时代青年。

课程思政应与思政课程同向而行，即将思想政治教育元素有机融入各类课程中，通过润物细无声的方式，引导学生树立正确的价值观念和道德情操。在国际化视域下，课程思政的内容既要保持中国特色，又要吸收国际先进文化和教育理念。在教学内容上，既要深入挖掘中国传统文化和当代社会发展中的思政教育资源，如中华优秀传统文化、社会主义核心价值观、中国特色社会主义道路等，通过生动的故事和案例，让学生感受到中华文化的魅力和中国的发展成就；也要通过引入国际案例、比较不同文化背景下的价值观念和行为规范，帮助学生形成开放包容的心态，增强对不同文化的理解和尊重，让学生在了解国际趋势的同时，深刻理解中国特色社会主义道路的独特性和优越性。同时，教导学生尊重和理解不同国家和地区的学生的文化背景和价值观念，促进文化的有效沟通和融合，通过与国际教育机构合作、参与国际学术交流等方式，推动本土课程的国际化进程。

此外，在国际化视域下的课程思政评价，也需要考虑与国际接轨，引入国际化的评价标准和方法，如国际学生评估项目（PISA）等，对学生的跨文化交流能力、国际视野等方面进行客观评价。同时，结合中国实际，制定符合中国国情的评价标准和方法。通过不断创新和实践，以培养出更多具有全球视野、家国情怀和跨文化交流能力的高素质人才，为构建人类命运共同体贡献中国智慧和力量。

结　语

数智融合，思政启航——构建新时代高校课程思政新生态

在数智化浪潮汹涌澎湃的今天，高等教育作为社会进步的引擎与知识创新的高地，正经历着前所未有的变革与重塑。课程思政，作为新时代高等教育的重要理念与实践，不仅是对"立德树人"根本任务的深刻践行，也是应对数智化挑战、培养德智体美劳全面发展的社会主义建设者和接班人的必由之路。

数智化技术的广泛应用，极大地拓宽了思政教育的边界，使传统课堂之外的广阔空间成为思政教育的新阵地。通过构建线上线下相融合的教学平台，学生可以随时随地获取丰富的思政教育资源，参与讨论、分享心得，形成全天候、全方位的思政教育网络。同时，利用大数据分析技术，可以精准把握学生的思想动态和学习需求，实现个性化教学，让思政教育更加贴近学生实际，以提高教育的针对性和有效性。数智化背景下，高校课程思政不再局限于单一学科领域，而是更加注重与其他学科的跨界融合，共同构建全方位、多层次的思政育人生态。无论是理工科的专业课程，还是人文社科的理论研究，都可以成为思政教育的有效载体。通过挖掘各学科中的思政元素，将其与专业知识有机融合，让学生在掌握专业技能的同时，也能受到思想的洗礼和道德的熏陶。

凝心聚力担使命——面对数智化带来的机遇与挑战，高校课程思政必须坚守立德树人的初心，强化责任担当，确保教育方向不偏离。一方面，要坚定文化自信，深入挖掘中华优秀传统文化、革命文化和社会主义先进文化中的思政资源，引导学生树立正确的世界观、人生观和价值观。要密切关注社会热点，及时回应学生关切的问题，用科学的理论、鲜活的事例、生动的语言解答学生疑惑，帮助他们明辨是非，增强社会责任感和使命感。同时，还要加强师德师风建设，提升教师队伍的思想政治素质和业务能力，确保他们在传道授业解惑的过程中，能以身作则，成为学生健康成长的引路人。另一方面，高校课程思政是一项系统工程，需要政府、学校、家庭、社会等各方面的共同努力。形成"课程思政育人共同体"，高校要加强与政府、企业、社会等各方面的合作与交流，构建协同育人的机制。通过共建实践基地、联合开展科研项目、举办思政论坛等方式。只有汇聚各方资源和力量，不断创新教育模式和方法，共同推动课程思政的深入发展，才能培养出更多德智体美劳全面发展的社会主义建设者和接班人，为实现中华民族伟大复兴的中国梦贡献青春力量。

奋楫扬帆新征程——技术与教学的有效融合仍然是一大挑战。如何将技术手段有效地应用于思政课程，避免技术的形式化和表面化，需要教育工作者进行深入思

考和探索。同时，在利用大数据和智能化技术进行教育教学的过程中，也面临信息过载、数据安全、技术伦理、教育公平等挑战。高校需加强数据安全防护，确保学生个人信息和教学资源的安全；注重技术伦理教育，引导学生正确使用数智化工具；同时，加大对教育薄弱地区的投入，以缩小数字鸿沟，确保每位学生都能享受到高质量的数智化思政教育。在课程思政扬帆起航的路上，数智化技术还打破了国界限制，为思政教育的国际交流与合作提供了平台。高校可以通过国际合作，借鉴国外的先进经验，推动课程思政的国际化发展。

展望未来，随着数智化技术的不断成熟和普及，高校课程思政将迎来更加广阔的发展前景。高校课程思政不再局限于思政课本身，而是向专业课程全面渗透，形成"课程门门有思政，教师人人讲育人"的良好局面。我们有理由相信，在全体教育工作者的共同努力下，一个更加开放、包容、创新、高效的思政教育体系将逐步形成。在这个体系中，数智化技术将成为推动思政教育创新发展的重要力量，而思政教育也将以更加灵活多样的形式，更加深入人心的内容，更加贴近学生实际的方式，为培养德智体美劳全面发展的社会主义建设者和接班人贡献力量。在教育的旅途中，让我们不忘初心、牢记使命，以科技赋能教育，为学生的全面发展与成长提供坚实的支持，为国家和社会培养更多全面发展的优秀人才。

参考文献

[1] 张志华，孙嘉宝，季凯．"变"与"不变"：高等教育数智化转型的趋向、风险与路径 [J]．高校教育管理，2022，16（6）：23-31，58.

[2] 林泉伶．"课程思政"：新时代高校思想政治教育新途径研究 [D]．南京：南京邮电大学，2019.

[3] 王晓宇．"课程思政"的价值观教育研究 [D]．长春：吉林大学，2022.

[4] 朱梦洁．"课程思政"的探索与实践——以专业课为视角 [D]．上海：上海外国语大学，2018.

[5] 杜源恺，韩春红．数智化时代大学生矛盾性内耗的表征、成因与应对 [J]．中国电化教育，2024（4）：59-65.

[6] 杜鹃．高校课程思政的协同、施教及保障机制研究 [D]．保定：河北大学，2022.

[7] 戚静．高校课程思政协同创新研究 [D]．上海：上海师范大学，2020.

[8] 刘佳．高校数智化党建的价值图景、实践限度及优化路径 [J]．思想理论教育，2022，（11）：80-85.

[9] 张磊．高校思政教育数智化发展的趋势、回应与把控 [J]．黑龙江高教研究，2024，42（7）：146-152.

[10] 杨季兵．高校专业课教师课程思政意识与能力提升研究 [D]．海口：海南师范大学，2022.

[11] 吕小亮．课程评价视角下的高校思政课教学改革研究 [D]．厦门：厦门大学，2019.

[12] 史秋衡，常静艳．人工智能赋能高质量高等教育的战略特征与制度建构 [J]．西安交通大学学报（社会科学版），2024，44（3）：1-10.

[13] 郑庆华．人工智能赋能创建未来教育新格局 [J]．中国高教研究，2024（3）：1-7.

[14] 罗旭．数智赋能社区治理的影响因素和作用机制研究 [D]．北京：北京邮电大学，2023.

[15] 张兆基，侯希文．数智赋能视域下西藏高校档案学一流专业建设路径研究 [J]．档案管理，2024（2）：95-98，102.

[16] 毛文秀．数智化背景下的教师发展研究 [D]．徐州：江苏师范大学，2021.

[17] 臧冀原，季桓永，黄庆学．数智化赋能传统产业转型升级 [J]．中国科学院院刊，2024，39（7）：1183-1190.

[18] 黄碧珠，陈瑞晶．数智化赋能职业教育、高等教育、继续教育协同创新发展 [J]．教育与职业，2023（22）：35-41.

[19] 贺书霞，孙超，冀涛．数智化赋能职业教育产教融合探索 [J]．教育与职业，2024，1051（3）：23-28.

[20] 闫桥，陈昌凤．传播生态变革与人机传播的未来 [J]．青年记者，2023（2）：12-15.

[21] 杜源恺，韩春红．数智化时代大学生矛盾性内耗的表征、成因与应对 [J]．中国电化教育，2024（4）：59-65.

［22］刘潇潇．数智化系统对思政知识传播的影响［J］．中学政治教学参考，2023（43）：后插6.

［23］宫长瑞．数智技术赋能理想信念教育常态化探赜［J］．兰州大学学报（社会科学版），2024，52（2）：88-97.

［24］吴茵．数智技术赋能政府治理效能探析［J］．理论视野，2023，284（10）：44-49.

［25］韩一凡．数智生活：数字技术赋能思政课教学生活化的新指向［J］．学校党建与思想教育，2024（1）：67-70.

［26］黄文武，王建华．数智时代的大学韧性治理：内涵、目标与路径［J］．中国高教研究，2024，（4）：39-46.

［27］王竹立，吴彦茹，王云．数智时代的育人理念与人才培养模式［J］．电化教育研究，2024，45（2）：13-19.

［28］付金辉．数智时代高校思想政治工作面临的挑战及对策［J］．学校党建与思想教育，2023（17）：74-76.

［29］王寅申，朱忆天．思想政治教育的数智化转型与路径创新［J］．河海大学学报（哲学社会科学版），2023，25（6）：27-35.

［30］白林驰，殷全玉．思政课叙事的数智赋能与优化路径［J］．重庆高教研究，2024，12（4）：103-112.

［31］冯世昌．拓维与共生：数智时代高校教学评价体系建设的高质量发展路径［J］．黑龙江高教研究，2024，42（2）：84-89.

［32］张博．新时代高校"课程思政"建设研究［D］．长春：吉林大学，2022.

［33］杨金铎．中国高等院校"课程思政"建设研究［D］．长春：吉林大学，2021.

［34］车文博．心理咨询大百科全书［M］．杭州：浙江科学技术出版社，2001：171.

［35］哈罗德·伊尼斯．传播的偏向［M］．何道宽，译．北京：中国人民大学出版社，2003：27.

［36］Richard P. Appelbaum, William J. Chambliss. Sociology : a brief introduction［M］. New York : Longman, 1996：235-236.

［37］王英龙，曹茂永．课程思政：我们这样设计（理工类）［M］．北京：清华大学出版社，2020.